Im Bauch der Organisation

Charles Handy

Im Bauch der Organisation

20 Einsichten für Manager und alle anderen,
die etwas bewegen wollen

Aus dem Englischen von Friedrich Mader

Campus Verlag
Frankfurt/New York

Der Text wurde in Übereinstimmung mit dem Autor für die deutsche Fassung leicht gekürzt

Die Deutsche Bibliothek – CIP-Einheitsaufnahme

Handy, Charles:
Im Bauch der Organisation : 20 Einsichten für Manager und
alle anderen, die etwas bewegen wollen / Charles Handy. Aus
dem Engl. von Friedrich Mader. – Frankfurt/Main ; New York :
Campus-Verl., 1993
Einheitssacht.: Inside organizations < dt. >
ISBN 3-593-34799-7

Inhalt

Seit Sie mich mit mir selbst bekannt gemacht haben, habe ich überhaupt kein Privatleben mehr.

Einleitung

Vor zwanzig Jahren stand ich auf den Stufen des Massachusetts Institute of Technology und blickte über den Charles River nach Boston. Ich war in die Neue Welt gekommen, an die Sloan School of Management des MIT, um in die Geheimnisse des Managements eingeweiht zu werden. Ich ging an das MIT in dem Glauben, all diese Geheimnisse seien in Zahlen und Technologie, in Buchhaltung und Ökonomie, in Statistik und Gleichungen und Computern verborgen – damals lauter unbekannte und fremde Größen für mich.

Als ich an diesem Morgen verunsichert und ein wenig einsam durch die Gänge wanderte, traf ich zufällig auf Professor Warren Bennis, ein Mitglied der Fakultät. Wahrscheinlich machte ihn mein britischer Akzent neugierig, auf jeden Fall lud er mich zu sich nach Hause ein, um einige Freunde und Kollegen kennenzulernen, die alle im Bereich ›organisational behavior‹ lehrten. Von diesem Fach hatte ich noch nie etwas gehört und wäre auch nicht von alleine darauf gekommen, daß sich Organisationen irgendwie verhalten. Ich hatte überhaupt noch nicht viel über Organisationen nachgedacht. Ich war einfach davon ausgegangen, daß sie immer da sind wie das Wetter und wie dieses nie den Erwartungen entsprechen.

Diese Begegnung auf dem Gang veränderte mein Leben. Ich gab die Suche nach Zahlen auf und wandte mich statt dessen Organisationen und Menschen zu. Allmählich gewann ich Einblick in sehr vieles, was mir vorher an Menschen und ihrem Verhalten ein Rätsel war. Organisationen in allen Spielarten faszinierten mich auf einmal und langweilten mich nicht mehr im geringsten. Das seltsame Verhalten von Leuten in Gruppen, in Familien und Komitees erschien mir weniger merkwürdig und dafür begreiflicher. Der Umgang der Menschen miteinander und auch mit sich selbst leuchtete mir ein, sobald ich ein wenig verstanden hatte, was in ihnen und zwischen ihnen vorging – etwas, das sich oft in den Pausen *zwischen* den Worten manifestierte.

Ich begriff, und dieses Verständnis half mir. Manchmal half es mir, weil ich erkannte, weshalb nicht alles so gut lief, wie es sollte, und wie ich etwas daran ändern konnte. Bisweilen konnte ich mir auch, weil ich die Reaktionen einer Gruppe oder einer Person recht gut abschätzen konnte, einen eigenen Ansatz zurechtlegen. Mitunter nahm das Verständnis einfach das Überraschende aus der Situation. Wenn man weiß, daß sich Leute wegen verschiedener Positionen oder Vorurteile in die Haare kriegen werden, dann stört man sich nicht weiter daran, auch wenn man nichts dagegen unternehmen kann.

Die Welt der Menschen und Organisationen bekam allmächlich sinnvolle Konturen, und da ich, wie fast jeder von uns, viel Zeit mit Leuten und in Organisationen verbringe, nahm auch mein Leben eine vernünftigere, wirkungsvollere und bestimmt eine erfreulichere Richtung. Im Rückblick kann ich nur darüber staunen, daß mir die Ideen, die ich in diesem Jahr in Boston kennenlernte, so lange verborgen geblieben waren. Man möchte meinen, daß diese einfachen, aber so aufschlußreichen Vorstellungen einen zentralen Platz im Lehrplan jeder Schule einnehmen sollten. Aber weit gefehlt. Man überläßt es einfach jedem einzelnen, diese Dinge um den Preis schmerzhafter Erfahrungen – Fehler, verlorene Freunde, Familienstreitigkeiten – selbst herauszufinden.

Aber wir müssen diese Dinge lernen, weil wir alle auf die eine oder andere Weise geordnet vorgehen müssen, wenn wir zu Hause oder in der Arbeit etwas zustande bringen wollen. Und gute Organisation setzt mehr voraus als eine Kartei und einen Wochenplan. Man muß lernen, mit anderen Leuten zusammenzuarbeiten, denn nur die wenigsten können etwas Bedeutendes völlig selbständig erreichen. Gute Organisation setzt also beim Verständnis für die Eigenarten von Menschen und Organisationen an. »Erkenne dich selbst und fürchte Gott, und es wird dir wohl ergehen«, sagten die Griechen. Sie hätten hinzufügen sollen, »erkenne die anderen«, denn niemand ist ein Einsiedler oder eine Insel – wir sind alle mit anderen verbunden. Diese für mich so wertvollen Einsichten lassen sich mit dünnen Lichtstrahlen vergleichen, die für viele eine erleuchtende Wirkung haben und so manchen Aha-Effekt auslösen werden.

Dieses Buch enthält meine persönliche Anthologie mit zwanzig solcher Einsichten. Einsichten, die vielleicht Ihre Anschauungen verändern und Ihnen helfen werden, Ihre Welt besser zu organisieren. Jede Einsicht wird erklärt, an Beispielen illustriert und mit ein, zwei Fragen am Kapitelende ergänzt, damit Sie die Einsicht auf Ihre eigene Situation übertragen können. Wenn Sie die Einsicht mit Kollegen oder mit Freunden und im Familienkreis besprechen können, wird es Ihnen leichter fallen, alles für Sie (und vielleicht auch für sie) Bedeutsame herauszuarbeiten. Zur Auflockerung habe ich an den Kapitelenden Zwischenspiele mit kleinen Geschichten eingeschaltet, die wahrscheinlich den meisten etwas sagen werden.

Das Buch richtet sich an alle, die mit anderen Leuten arbeiten müssen, und ganz besonders an jene, die – in einer Arbeits- oder einer Projektgruppe, einem Team oder einer Familie – Verantwortung für andere tragen. Einige der Ideen werden auf mehr Anklang stoßen als andere; manche werden erst später Sinn ergeben, wenn Sie andere Aufgaben übernehmen, oder hätten Ihnen vielleicht vor ein paar Jahren aus der Klemme geholfen. Das Buch ist daher absichtlich so angelegt, daß man es ohne Verlust am Beginn jedes Kapitels aufschlagen kann – eine gelegentliche geistige Erfrischung für all jene, die zusammen mit anderen Leuten arbeiten und leben.

»Zumindest ein Buch, das ich nicht lesen muß«, lachte Richard, als ich ihm von meiner Arbeit an einem Buch über Organisationen erzählte. Richard ist unser Pfarrer.

»Warum nicht?« fragte ich leicht gekränkt.

»Naja, es ist doch für Manager, Geschäftsleute und solche Leute, oder?«

»Nicht nur«, antwortete ich. »Es ist für jeden, der Verantwortung für andere trägt oder der etwas von anderen Leuten erledigen lassen muß. Und das betrifft doch auch Sie, Richard«, fügte ich hinzu.

»Oh, die Leute dazu bewegen, daß sie was machen – so was ist nicht gerade meine Stärke.«

»Das ist ja das Schlimme«, erwiderte ich, »eine Menge Leute tun sich damit schwer, aber trotzdem bewilligen sie die Sozialhilfe, kümmern sich um alte Leute, erziehen Kinder, leiten unsere Schulen und nicht nur Unternehmen. Eigentlich sind wir ja alle in einem Teil unseres Lebens Manager.«

»Dann werden Sie bestimmt viele Bücher verkaufen.« Richard verabschiedete sich lachend.

Dieses Buch richtet sich an all jene, die mit Hilfe anderer etwas erreichen wollen. Darin besteht nach meiner Überzeugung die eigentliche Aufgabe eines Organisators oder Managers. Er kann nicht alles alleine bewerkstelligen. Der Regisseur eines Stücks erscheint nicht auf der Bühne, nicht einmal um sich zu verbeugen; er muß sein Ziel durch andere Leute erreichen, auch wenn es ihn manchmal noch so reizt, alles selbst in die Hand zu nehmen.

Das Buch soll dem Dekan eines Fachbereichs genauso helfen wie dem Regionalmanager. Es wendet sich an den Redakteur einer Zeitung und den Produzenten einer Radiosendung, an den Kulturreferenten der Stadt und den Intendanten eines Theaters, an den Pfarrer und den Schullehrer, die Oberschwester und den Krankenhausdirektor, an die Sekretärin des Bootsklubs und den Vorsitzenden des Gemeinderats, an den Restaurantmanager und den Chefkoch, an den Leiter des Königlichen Instituts für XY und den Kapitalbeschaffer, an den ortsansässigen Arzt und Tierarzt, an die Leiterin des Kosmetikstudios und den Bauern am Ende der Straße, an jede Mutter und jeden Vater. Habe ich Sie vergessen?

1
Eine Welt der Unterschiede

In den frühen achtziger Jahren sah ich mir in einer Schule in Südengland ein Programm für Vierzehn- und Fünfzehnjährige an. Zwei Tage pro Woche verbrachte eine Gruppe von fünfundzwanzig Schülern außerhalb ihres normalen Klassenverbands in einem ›Spezialprojekt‹ unter der Leitung eines Lehrers. Er ließ sie für das Semester in Fernsehproduktionsteams mitwirken. Jede Untergruppe von acht oder neun jungen Leuten sollte Recherchen zu einem bestimmten Thema durchführen, das Skript für einen siebenminütigen Lehrfilm ausarbeiten und ihn am nahegelegenen Brighton Polytechnic drehen.

Ich wohnte den Dreharbeiten für das Programm im Studio bei. Alles lief genauso ab, wie im wirklichen Leben; das Rollenspiel der

Schüler, die Anspannung, die Aufregung. Ein Fünfzehnjähriger agierte als Regisseur, ein Vierzehnjähriger mit Afrolocken stand hinter der Kamera. Auch visuelle Hilfsmittel und eine improvisierte Gedächtnisstütze fehlten nicht: Jimmy, der junge Darsteller, konnte seine Stichwörter von hochgehaltenen Blättern ablesen. Jimmy, so hatte ich erfahren, war der Schüchterne in der Klasse, der Schweiger. Die Gruppe wollte ihn mit dieser Rolle aus der Reserve locken. Vor der endgültigen Aufnahme konnten sie nur eine Probeaufnahme machen. Trotz Gedächtnisstütze erstarrte Jimmy mitten in der Probeaufnahme zur Salzsäule. Robbie, der junge, nicht gerade umgänglich wirkende Regisseur, stürmte aus dem Kontrollraum, und ich fragte mich, was passieren würde. Er legte Jimmy den Arm um die Schultern. Der war leichenblaß und sehr still.

»Das war wunderbar, Jimmy, echt super. Jetzt drehen wir das Ganze wirklich, und du spielst es zu Ende. Irgendwelche Probleme?«

»Nein, Robbie, danke«, erwiderte Jimmy und gab anschließend eine fehlerlose Vorstellung. Wie viele Manager hätten wohl diese Situation nur halb so souverän gemeistert?

Auf dem Rückweg zur Schule sprach ich mit der Gruppe.

»Was machen eigentlich eure Schulkameraden?« fragte ich. »Warum seid ihr für dieses aufregende Projekt ausgewählt worden?«

»Oh, die anderen, die sitzen in der Klasse und lernen für die Abschlußprüfungen. Die Gescheiten eben. Wir sind bloß die Dummköpfe, da würden wir nur stören.«

Diese Erfahrung überzeugte mich schließlich ganz und gar davon, daß wir die Intelligenz viel zu eng definieren. Eine Untersuchung in Harvard aus dem gleichen Jahr befaßte sich mit der Messung von verschiedenen Formen der Intelligenz und benutzte dazu Begriffe wie linguistisch, logisch-mathematisch, räumlich und körperlich-kinästhetisch. Dabei gelang ein erster Nachweis ihrer tatsächlichen Meßbarkeit. Entscheidende Erkenntnis dieser Studie war jedoch, daß die verschiedenen Formen von Intelligenz nicht zwangsläufig miteinander in Zusammenhang stehen müssen. Vielleicht hatten die Griechen also nicht so unrecht, wenn sie von verschiedenen ›Fähigkeiten des Verstands‹ sprachen.

Vergessen Sie die Fachbegriffe. Denken Sie nur daran, daß Intelligenz viele Gesichter hat, die nicht unbedingt miteinander in Verbindung stehen. Intelligent kann man auf ganz verschiedene Art sein. Vorläufig würde ich sieben verschiedene Typen benennen.

Logisch	– ein Mensch, der gut argumentieren, analysieren und Fakten speichern kann.
Räumlich	– jemand, der in Dingen Ordnungsmuster ausmachen und selber erzeugen kann.
Musikalisch	– ein Mensch, der singen und die verschiedensten Arten von Musik spielen und machen kann.
Praktisch	– jemand, der einen Katalysator auseinandernehmen kann, ohne zu wissen, wie man das Wort schreibt, und ohne erklären zu können, wie er es angestellt hat.
Physisch	– die Fußballer, Sportler und Tänzer unter uns.
Intrapersonal	– die sensiblen Leute, die schweigend wahrnehmen und sich ihrer selbst bewußt sind.
Interpersonal	– ein Mensch, der mit anderen und durch andere etwas bewegen kann.

Die Liste ist nicht unbedingt erschöpfend. Kommunikationsgeschick läßt sich als Mischung aus interpersonaler und logischer Intelligenz auffassen oder als völlig eigenständige Form. Auch die Gabe zur Problemlösung erscheint einerseits als praktische und räumliche Intelligenz und andererseits als unabhängige Fähigkeit. Doch die genaue Liste spielt keine Rolle. Entscheidend ist nur die Möglichkeit oder vielmehr Wahrscheinlichkeit, daß jeder Mensch in irgendeiner Weise intelligent ist – auch wenn wir es oft nicht erkennen.

Unsere Schulausbildung verleitet uns dazu, den logischen Intelligenztyp für den einzig wichtigen zu halten. Jede Bemerkung unserer Freunde oder Kollegen im späteren Leben beweist uns jedoch, daß die anderen Formen von Intelligenz mindestens genauso, wenn nicht sogar stärker, ins Gewicht fallen. Eigentlich erkennen die Lehrer alle von mir aufgeführten Typen an, aber meistens faßt man sie mit Ausnahme der logischen Fähigkeiten als nichtschulische und damit als nebensächliche Aktivitäten zusammen. Wir sollten uns dazu anhalten, nicht nur nach dem Grad der Intelligenz, sondern auch nach ihrer Art zu fragen.

Etliche Kapitel dieses Buchs betonen die Bedeutung der richtigen Mischung von Leuten für die jeweilige Situation. Es kommt darauf an, die anderen genauso zu verstehen wie sich selbst und sie als selbständige Persönlichkeiten zu behandeln und nicht als austauschbare Funktionsträger. Daß jeder Mensch anders ist, mag abgedroschen klingen, wird aber allzu oft vergessen. Wir gehen davon aus, daß alle gleich reagieren, daß sie so sind wie wir, oder manchmal, daß sie alle völlig anders sind. Kurzfristig erleichtern wir uns das Leben, wenn wir die Menschen in Schubladen sortieren können: »Das ist ein englischer Fußballanhänger« (also ein Hooligan); »Er ist Steuerprüfer«; »Sie ist Lehrerin« und viel zu oft sogar: »Sie ist eine Frau«, oder »So was kann auch nur ein Mann von sich geben«. Kaum einer von uns ist um Stereotypen verlegen.

William studierte an der Universität. Er war klug, talentiert und konnte sich artikulieren. Er zog sich modisch an, das heißt, er trug einen Pferdeschwanz, ausgebeulte schwarze Hosen, einen schwarzen Pullover und unförmige Schuhe. Eines Abends baten ihn seine Eltern, sich ihnen und ihren Gästen zum gemeinsamen Diner anzuschließen. Sein bestürzter und verachtungsvoller Gesichtsausdruck beim Anblick der beiden Paare im grauen Anzug bzw. Cocktailkleid sprach Bände, und sein schweigsames und mürrisches Benehmen in der ersten Hälfte des Abends nicht weniger. Genausogut hätte er fragen können: »Was soll ich denn mit euch anfangen?« Aber im Lauf des Abends wurde die Unterhaltung lebhafter, und auch William taute auf. Seine radikalen Ansichten erwiesen sich in manchen Punkten als weniger radikal als die der Gäste. Er freundete sich mit ihrem Esprit und ihren Argumenten an und sie sich mit ihm. Als sie gingen, war es schon spät.

»Hat es dir gefallen?« fragten seine Eltern.

»Ja, aber erst, als ich ein bißchen hinter ihre Fassade geblickt habe.«

»Genau das haben sie auch von dir gesagt«, antworteten seine Eltern. »Sie hielten dich für einen ziemlichen Tolpatsch, bis du den Mund endlich aufgemacht hast.«

Die Leute sind verschieden. Wir alle haben unsere Persönlichkeit und unsere Eigenheiten, aber auf irgendeine Weise sind wir auch alle intelligent. Die positive Annahme lautet, daß sich jeder irgendwo und irgendwie als nützlich und produktiv erweisen kann; daß sich die Unterschiede in einen Vorteil umsetzen lassen. Die negative Annahme hingegen heißt, daß Unterschiede Schwierigkeiten schaffen und daß das Leben um so leichter wird, je mehr man die Ecken und Kanten der Leute abschleift und sie zur Konformität zwingt.

Gute Organisation setzte früher voraus, daß man die Unterschiede ausradierte, heute gilt es hingegen, sie zu nutzen. Das mag trivial klingen, ist jedoch von enormer Tragweite für die Organisation eines Unternehmens, eines Büros, einer Schule und sogar einer Familie.

In der *Familie* bedeuten Unterschiede, daß die Kinder zur Ausbildung der eigenen Persönlichkeit und Talente ermutigt werden und nicht einfach in die Fußstapfen ihrer Eltern treten sollen. Eine entsprechende *Schule* erwartet von ihren Schülern einen eigenen Entwicklungsplan, individuelle Fachauswahl und Persönlichkeit. Ein *Unternehmen* sollte erkennen, daß die einzelnen Mitarbeiter ihre Talente in verschiedenem Alter entfalten und daß die einzelnen Gruppen nach verschiedenen Arbeitsweisen verlangen. Die Verkaufsabteilung wird nur ungern ein Abbild der Buchhaltung sein wollen und umgekehrt. Eine *Gesellschaft*, die Unterschiede berücksichtigt, akzeptiert, daß der Erfolg sehr verschiedene Gesichter zeigen kann; daß die Klassenzugehörigkeit oder der Geburtsort keine Rolle spielen; daß Ihre bevorzugte Kleidung oder Lebensweise nur Sie etwas angeht, vorausgesetzt sie beleidigt nicht Ihren Nachbarn.

Solch eine Welt der Unterschiede kann sehr leicht zu einer selbstsüchtigen Welt verkommen nach dem Motto: »Mir geht's gut, und wie's den anderen geht, ist mir egal.« Eine gute Organisation ist also dazu aufgefordert, diese Vielfältigkeit in den Dienst einer gemeinsamen Sache zu stellen. Zweifelsohne ist es einfacher, eine Organisation zu leiten, deren Mitarbeiter wie Roboter funktionieren und nur auf Gehorsam gedrillte Nummern sind. Einfacher, aber auch gefährlicher, weil damit die Verantwortung für die Planung, die Strategie und das Überleben der Organisation auf den Schultern einiger weniger Leute und der in ihrem Sinne ausgebildeten Nachwuchskräfte ruht. Aber Menschen werden alt, und die Welt ändert sich zu rasch, als daß man darin eine sichere Strategie erblikken könnte. Nur ein unbesonnener Großvater würde seiner Enkelin die richtige Berufslaufbahn voraussagen wollen. Kluge Großeltern und Organisationen kultivieren die Unterschiede und versuchen dann, eine ergiebige Mischung herzustellen. Darin besteht heutzutage das Geheimnis einer guten Organisation.

Vor vielen Jahren arbeitete ich eine Zeitlang in der ehemaligen britischen Kolonie Sarawak auf Borneo. Bis vor zehn Jahren hatte sie sich praktisch im Besitz und unter der Verwaltung der englischen Familie Brooke befunden. Bei meinen Reisen durch das Land fiel mir auf, wie sehr sich die älteren Bezirksverwalter und leitenden Regierungsbeamten ähnelten. Später erfuhr ich, daß der alte ›Rajah‹ Brooke vor dem Zweiten Weltkrieg die Leute auf höchst einfache und wirkungsvolle Weise für den Dienst auf seinem Besitz rekrutierte. Die Grundvoraussetzung für ein Einstellungsgespräch lautete, daß der Kandidat eine Public School im Westen Englands besucht hatte. Diese Schulen bildeten den erzieherischen Hintergrund der Familie Brooke und sorgten so für eine Art Stammeszugehörigkeit. Außerdem mußten sie über 1,85 m groß sein, um den Eingeborenen Borneos, den Dajak, gehörigen Respekt einzuflößen. Wenn sie diese Bedingungen erfüllten, lud man sie zum Diner ins Savoy. Dort servierte man ihnen noch vor dem Essen zwei starke Drinks, Wein zum Essen, und nochmals zwei starke Drinks danach; wenn sie dennoch eine zivilisierte Konversation aufrechterhalten konnten und am Ende die Tür erreichten, ohne ins Wanken zu geraten, erhielten sie die Stellung. (Die Dajak brauten ein starkes Getränk, das man nach Landessitte trinken mußte, ohne Wirkung zu zeigen.)

Die Geschichte mag im einzelnen zweifelhaft sein, auch wenn ich dort in der Tat nur großgewachsene, trinkfeste Beamte nach Art der Country-Gentlemen kennenlernte. Dennoch veranschaulicht sie den einheitlichen Organisationsstil jener Tage: »Man suche sich Leute, die einem möglichst gleichen, dann weiß man, woran man ist.« Stimmt zwar, aber das heißt noch lange nicht, daß deswegen auch die Organisation überlebt.
Sarawak fiel 1946 an die britische Regierung.

Der Aufbau einer guten Organisation verlangt Verständnis für die Unterschiede zwischen den Leuten. Die offensichtlichen, wie männlich oder weiblich, klein oder groß, jung oder alt können sich dabei als sehr viel unwesentlicher erweisen als die weniger auffälligen Unterschiede in der Intelligenz.

Einige der interessanteren, aber weniger ins Auge springenden Unterschiede zeigen sich in unserer Lebenseinstellung. Da gibt es zum Beispiel:

Originale und Bauern

Diese Unterscheidung traf in den sechziger Jahren der Wissenschaftler de Charme. Ein *Original* ist ein Mensch, der sich als Herr über sein eigenes Schicksal begreift. Seine Taten schreibt er seinem freien Willen zu. Er denkt sorgfältig über seine Wünsche nach, ist sich seiner Fähigkeiten und Grenzen bewußt und steckt sich dementsprechend Ziele, die nicht zu riskant sind, aber auch nicht zu einfach.

Ein *Bauer* dagegen fühlt, daß ein anderer oder etwas anderes sein Leben bestimmt. Er macht dies oder jenes, weil es sich so ergeben hat oder weil man ihn dazu aufgefordert hat. Bauern planen also ihr Leben und ihre Handlungen nicht gewissenhaft. Sie hoffen, daß ihnen die Glücksgöttin hold ist. Oft tut sie ihnen auch den Gefallen. Und wenn es anders kommt, dann resignieren sie und begnügen sich mit dem, was ihnen das Leben beschert.

Organisationen aller Art benötigen sowohl Originale als auch Bauern; mit lauter Häuptlingen und ohne Indianer läßt sich keine vernünftige Organisation aufbauen. Zu viele Bauern deuten in der Regel auf Mangel an Initiativen, Veränderungen und somit Fortschritt. Wohlgemerkt bedeutet es nichts Ehrenrühriges, ein Bauer zu sein. Bauern können sich nach Maßgabe aller oben beschriebenen Formen als sehr intelligent erweisen – sie wollen bloß nicht ihr Geschick in die eigenen Hände nehmen.

Typ A und Typ B

Diese Unterscheidung stammt von den beiden Wissenschaftlern Friedman und Rosenbaum. Menschen des Typs A zeichnen sich durch extremen Wettbewerbseifer aus, durch Leistungsdrang, Aggressivität, Eile, Ungeduld, Rastlosigkeit, äußerste Wachsamkeit, überschäumende Sprechweise, angespannte Gesichtsmuskeln und die Vorstellung, unter großem Zeit- und Verantwortungsdruck zu stehen. Der Typ B ist in jeder Hinsicht entspannter, ruhiger, weniger begeisterungsfähig, weniger aggressiv – oft ein wesentlich angenehmerer Zeitgenosse! Manche Untersuchungen stellen einen Zusammenhang zwischen extremen Verhaltensweisen nach dem Typ A-Muster und Gesundheitsrisiken wie hohem Blutdruck, hohem Cholesterinspiegel, hohem Harnsäuregehalt, Rauchen und mangelnder körperlicher Fitneß her. Dennoch läßt sich aus einem Typ A nur schwer ein Typ B machen; umgekehrt gilt das gleiche. Man bleibt sich eben treu. Und Organisationen müssen sich auf beide stützen können.

Die vier Temperamente

Es sind schon viele Versuche zur Kategorisierung von Persönlichkeitstypen unternommen worden, aber mitunter werde ich das Gefühl nicht los, daß wir nicht weit über die Lehre der alten Alchemisten von den vier Temperamenten hinausgelangt sind. Hier also ihre traditionelle Unterteilung (mit einigen modernen Übersetzungen):

Melancholisch – launisch, besorgt, streng, nüchtern, pessimistisch, reserviert, unleidlich, schweigsam.

Cholerisch – reizbar, unruhig, aggressiv, nervös, wankelmütig, impulsiv, optimistisch, aktiv.

Sanguinisch – gesellig, extrovertiert, gesprächig, aufgeschlossen, leichtfertig, unbekümmert, lebhaft.

Phlegmatisch – passiv, vorsichtig, bedächtig, friedlich, beherrscht, ruhig, ausgeglichen.

Wir alle finden Aspekte dieser vier Gemütslagen in unserer Persönlichkeit wieder, aber unsere Vorfahren gingen wohl zu Recht davon aus, daß jeder Mensch vor allem zu einer von ihnen neigt.

Es erscheint immer verlockend, die Welt nach dem eigenen Vorbild gestalten zu wollen; seine Kinder oder Arbeitsgruppen zu Abziehbildern des eigenen Selbst zu formen. Das ist freilich nicht nur eine herkulische Aufgabe, sondern im Normalfall auch falsch. Wir müssen einfach lernen, uns über die Unterschiede zu freuen, auch wenn wir es nur ungern sehen, wenn sich unsere Kinder für eine andere Lebensweise und und für Werte entscheiden, mit denen wir nicht übereinstimmen. Ein Trost bleibt dennoch: Man kann sich leichter mit Unterschieden anfreunden und das Beste daraus machen, wenn man sie kennt und zu erkennen weiß.

Einige Fragen zum Nachdenken und Diskutieren

Gute Organisation setzt voraus, daß Sie das Beste aus den Unterschieden machen. Klassifizieren Sie zuerst sich selbst und Ihre Familie oder Ihre Arbeitsgruppe nach der Liste von Intelligenzformen.

1 Stimmen Sie mit der Liste überein? Streichen Sie alles aus, was Sie für unrichtig halten. Fügen Sie hinzu, was Ihnen notwendig erscheint. Das ist schließlich Ihre Liste, nicht die von jemand anderem.

2 Bewerten Sie sich selbst mit Punkten von 1 (niedrig) bis 5 (hoch) in jeder Intelligenzkategorie auf der Liste. Verfahren Sie genauso mit den anderen Mitgliedern. Zählen Sie zusammen. Durchaus möglich, daß bei allen ungefähr das gleiche Ergebnis herauskommt. Was wiederum beweist, daß die meisten Leute gleich ›intelligent‹ sind, nur auf verschiedene Weise.

3 a) Betrachten Sie sich Ihre Arbeit und die Rollen, die Sie spielen. Machen Sie, wofür Sie am besten geeignet sind?
   b) Verfahren Sie genauso mit den Menschen, für die Sie bei der Arbeit oder zu Hause verantwortlich sind?

4 Wenn Sie selbst oder diese Menschen nicht die Arbeit machen, für die Sie (oder sie) am besten geeignet sind, was können Sie dagegen unternehmen?

5 Welche anderen Möglichkeiten zur Beschreibung von Unterschieden finden Sie nützlich? Können Sie sich damit klassifizieren?

Mit fünfundzwanzig wurde ich zum Leiter der Marketingabteilung meiner Ölgesellschaft in Sarawak ernannt und wollte unbedingt beweisen, daß man zu Recht auf meine Fähigkeiten vertraute. Sarawak ist ein Teil von Borneo, so groß wie England, aber mit Flüssen statt Straßen. Die eingeborenen Dajak befahren diese Flüsse in Kanus mit Außenbordmotoren. Meine Gesellschaft verkaufte ihnen das Benzin für die Motoren.

Erstaunt stellte ich fest, daß das gesamte Benzin in Tonnen Hunderte von Kilometern flußaufwärts transportiert wurde. Ziemlich teuer, rechnete ich aus. Viel billiger wäre es doch, in den großen Städten große Tanks aufzustellen und sie nach Bedarf von einem Benzintanker nachfüllen zu lassen.

Ich holte mir die Zustimmung der Zentrale und ließ die Tanks am Ende der Regenzeit aufstellen. Dann charterte ich einen Benzintanker und ließ sie auffüllen. Zugegeben, während der Montage war mir ein Lächeln in den Gesichtern der Dorfbewohner aufgefallen, aber das führte ich auf ihre Verwunderung über die moderne Technik zurück. Ich lehnte mich zurück und wartete auf die Glückwünsche. Statt dessen erhielt ich einen Notruf vom Bezirksleiter in Kapit, dreihundert Kilometer stromaufwärts.

»Der Fluß ist auf seinen Trockenzeitpegel gefallen«, meinte er, »und Ihr Tank liegt jetzt dreißig Meter über dem Fluß. Keiner kann ihn erreichen. Ich habe tausend gestrandete Dajak hier, und jeden Augenblick kann es zu Krawallen kommen. Wie schnell können Sie uns ein paar Tonnen Benzin schicken?«

»In zwei Wochen.«

»Gott steh uns bei«, war seine Antwort.

Als ich ihn wieder sah, entschuldigte ich mich. Krawalle hatte es nicht gegeben, aber das Bier ging aus.

»Fragen Sie nächstes Mal lieber die Eingeborenen«, sagte er. »Die wissen normalerweise, was geht und was nicht.«

Seit damals frage ich immer zuerst die ›Eingeborenen‹.

2

Vitamin E

»Willst du nicht endlich was wegen deiner Tochter unternehmen?«
fragte mich meine Frau. »Es ist schon Mittag vorbei, und sie liegt
immer noch im Bett.« Im Stillen konstatiere ich, daß es immer »deine
Tochter« heißt, wenn es Probleme gibt. Laut gebe ich nur zu beden-
ken, daß wohl im Augenblick kein ›Vitamin E‹ im Leben unserer
Tochter wirksam ist. Aber wenn wir nur ein wenig zurückdenken –
noch vor einem Monat arbeitete sie fleißig wie eine Biene am College.

»Was soll das heißen, Vitamin E?« Meine Frau verzog leicht ver-
ächtlich die Mundwinkel.

»All die Faktoren, die Energie auslösen, Emotionen, Enthusiasmus, Einsatz, Erregung und Engagement. Sie ist offensichtlich zu

dem Ergebnis gekommen, daß sich das Aufstehen im Augenblick einfach nicht lohnt.«

»Ich nenne so was Faulheit«, beschied sie mich.

Die meisten würden es so bezeichnen. Wenn wir uns nicht über Faulheit beschweren, dann über Grausamkeit oder mangelnde Disziplin, wenn die Leute nicht genügend Vitamin E in die Arbeit oder das Leben investieren. In solch einem Fall appellieren wir gern an ihre bessere Natur: »Ach komm, das kannst du doch besser.« Und wenn das nicht klappt, probieren wir es mit Schreien und Drohungen: »Wenn Sie nicht umgehend ..., dann ...« Bis sie schließlich mürrisch einsehen, daß Nachgeben besser ist als Strafe. Dennoch werden sie sich auf das absolute Minimum an Vitamin E beschränken. Gerade noch genug, um durchzukommen. Klar, daß es in einer solchen Konstellation nur Verlierer gibt.

Wir alle wissen aus eigener Erfahrung, daß mitunter die Stunden nur so vorüberfliegen. Man hat keine Zeit mehr fürs Essen und nicht einmal mehr zum Schlafen, der Akku läuft auf Hochtouren, und Adrenalin strömt durch die Adern. Zu anderen Zeiten fällt es einem schwer, nur die Hand zu heben, geschweige denn aus dem Bett zu klettern. Aber es ist nicht einfach so, daß das Leben manchmal großen Spaß macht und manchmal nur trostlose Arbeit bereit hält. Der Schauspieler und Dramatiker Noel Coward bemerkte einmal: »Arbeit macht viel mehr Spaß als Spaß.« Nur muß es sich eben um die richtige Arbeit handeln.

Wie kitzelt man also das Vitamin E aus sich heraus? Oder wie bringt man es als Manager, Lehrer oder Mutter bei anderen in Bewegung? Mit Geld vielleicht?

Ich mußte mir mein Studium selbst finanzieren. Zu diesem Zweck machte ich ein Miniunternehmen auf. Auf meiner kleinen Handdruckmaschine druckte ich Briefpapier mit Briefkopf und individuelle Weihnachtskarten. Verkauf und Design waren interessant, das eigentliche Drucken überhaupt nicht. Zweihundert Mal in der Stunde mußte ich einen Bogen Papier auf Pappe in die Presse legen, die Kurbel in Bewegung setzen, die Karte wieder herausnehmen und sie auf einen Stoß bereits fertiger Exemplare legen. Dabei durfte ich nicht vergessen, die Druckfläche mit einem Zettel zu bedecken, damit die Karte nicht verschmierte. Die Arbeit war öd und monoton, aber ich durfte keinen Fehler machen. Niemand will einen verschmierten oder verrutschten Briefkopf.

Ich arbeitete zehn Stunden am Tag, um die zweitausend Karten herzustellen – und das einen ganzen Monat lang während der Ferien. Ich verzichtete auf Geselligkeit und gönnte mir höchstens eine kurze Tennispartie oder einen Spaziergang. Ich machte es für das Geld, aber ich arbeitete auch mit Einsatz, Energie und sogar ein wenig Enthusiasmus.

Damals dachte ich wirklich, daß ich nur fürs Geld arbeitete. Wenn ich jedoch ehrlich sein soll, dann war das Geld nur Mittel zum Zweck. Heute, viele Jahre später, weiß ich, daß ich das Geld brauchte, um am College bleiben zu können. Und das hielt ich damals im Hinblick auf meinen weiteren Werdegang für sehr wesentlich. Der Wahrheit näher kommt sicherlich, daß ich beweisen wollte, daß ich es schaffen konnte; daß ich mit meinem eigenen Grips und meinem Einsatz Geld verdienen konnte und daß ich niemanden um ein Almosen oder um einen Job anflehen mußte. Ich darf vielleicht hinzufügen, daß sich meine Gesprächspartner bei meinen ersten Einstellungsgesprächen weit mehr von meinem embryonalen Unternehmen beeindruckt zeigten als von meinem Universitätsabschluß.

Es wäre also ein Trugschluß, Geld als Auslöser für Vitamin E zu betrachten. Nicht das Geld selbst zählt, sondern das, wofür es verwendet wird. Dient das Geld der Befriedigung grundlegender Bedürfnisse – dazu also, daß man buchstäblich seine Brötchen verdient –, dann kann es einen bestimmten Grad an Einsatzwillen hervorrufen. Aber mehr auch nicht. Kein vernünftiger Mensch wird sich mehr ins Zeug legen als nötig, um diesen Betrag zu erhalten. Wenn allerdings mehr Einsatz, Energie oder Enthusiasmus zu mehr Geld führen würden, dann gäbe es vielleicht mehr Brötchen oder vielleicht die Chance, das Geld für andere Dinge auszugeben wie Urlaub, Reisen und einige der materiellen Freuden des Lebens. Dafür läßt sich schon ein bißchen mehr Vitamin E verausgaben. Vielleicht kommt dann bisweilen noch die Genugtuung hinzu, heute mehr erreicht zu haben als gestern oder die Kollegen und Rivalen übertroffen zu haben. Geld wird dann zum Maßstab für Leistung und ist nicht mehr bloßes Mittel der Existenzsicherung. Unternehmer ziehen sich nach der ersten Million seltsamerweise nicht aufs Altenteil zurück, sondern verdienen eine zweite, dritte und vierte hinzu, obwohl sie nie die Zeit finden und den Drang verspüren, dieses Vermögen für mehr Häuser, Autos oder sonstige Kinkerlitzchen auszugeben. Geld dient ihnen als Maßstab ihres Erfolgs.

Mit anderen Worten, Geld ist kompliziert. Es bietet kein Motiv an sich, sondern lediglich einen Hinweis auf andere Motive.

John brachte die von den Dekorateuren angeforderten Leitern.

»O Gott, das ist vielleicht eine Hitze«, rief er. »An einem solchen Tag könnte ich auf solche Sonderaufträge wirklich verzichten.«

»Klingt, als ob das Geschäft gut läuft«, bemerkte ich.

»Ja, leider. Viel zu gut!«

»Wie können Sie so was sagen!«

»Naja, ich kriege immer den gleichen erbärmlichen Lohn, ob das Geschäft nun läuft oder nicht. Und an einem solchen Tag würde ich lieber ein bißchen weniger arbeiten. Ich wär' lieber unten am Fluß bei einem Bierchen mit meinen Freunden.«

»Angenommen, man würde Ihnen für jeden Extraauftrag eine Zulage bezahlen«, fragte ich. »Würde das einen Unterschied machen?«

»Ah, das läßt sich schon eher hören, aber ich glaub' nicht, daß sie sich darauf einlassen würden.«

Hätte man John für die zusätzliche Arbeit bezahlt, dann hätte er für das Geld und seine Kaufkraft gearbeitet. Aber hätte er nicht, unter Umständen unbewußt, seine Sonderaufträge auch deshalb erfüllt, um seine Tüchtigkeit und Leistungsfähigkeit unter Beweis zu stellen? Wir werden es nie erfahren. Im Lauf der Jahre hat man immer wieder versucht, durch Befragungen herauszufinden, was die Menschen in erster Linie von ihrer Arbeit erwarten. Was also am meisten Vitamin E freisetzte. Die Antworten fielen unabhängig von der Person, dem Status oder dem Alter des Befragten sehr einheitlich aus. Eine 1981 in Großbritannien durchgeführte Befragung hatte folgendes typisches Ergebnis:

Persönliche Freiheit
Respekt der Kollegen
Etwas Neues lernen
Herausforderung
Vollendung eines Projekts
Anderen helfen

Die Befragten setzten Geld an die vierundzwanzigste Stelle. Vielleicht machten sie sich selbst oder uns etwas vor, aber diese Liste hat sich in ähnlicher Rangordnung schon so oft und bei so vielen verschiedenen Gruppen ergeben, daß man sie nicht einfach von der Hand weisen kann. Auf jeden Fall scheint sie uns mitzuteilen, daß die Arbeitsmotivation nicht nur aus Geld besteht. Und wenn wir wüßten, woraus, dann könnte ich meinen Sohn am Morgen leichter aus dem Bett holen, und wir alle könnten das Vitamin E in unseren Zeitgenossen zur Wirkung bringen.

»Das aufregendste für mich ist, wenn Jungen oder Mädchen allmählich merken, daß sie in irgendeinem Fach wirklich sehr gut sind. Ihre Augen leuchten, ihre ganze Persönlichkeit erwacht zum Leben – ein neuer Mensch wird geboren. Solch ein Erlebnis läßt sich mit Geld nicht kaufen.«

Ein Grundschullehrer

»Ich erinnere mich noch an damals, als wir den Ajaxi-Vertrag bekamen. Wir hatten so viele Stunden dafür geschuftet; wir hatten uns so viele Sorgen gemacht, miteinander diskutiert und gerungen, wir hatten unseren Zulieferern wegen mehr Ressourcen in den Ohren gelegen, ja, wir hatten ohne Übertreibung unseren Ruf darangesetzt, diesen Auftrag zu kriegen. Als dann die Nachricht kam, daß wir gewonnen hatten, fingen die Leute gleichzeitig an zu weinen und zu lachen und fielen sich in die Arme – erwachsene Männer, die sich vor lauter Glück umarmten. Und nicht, weil uns das finanzielle oder ähnliche Vorteile gebracht hätte. Nein, es war einfach das tolle Gefühl, daß wir es geschafft hatten.«

Ein Projektleiter

Muß man Akademiker für Dummköpfe halten, weil sie Artikel für Zeitschriften schreiben, die kein Honorar bezahlen? Und Ärzte für übergeschnappt, die um die ganze Welt jetten, um ohne Bezahlung auf Kongressen zu sprechen? Bestimmt nicht. Sie tun es zur Förderung ihres Rufs, zur Verbesserung ihres Ansehens im Kollegenkreis und vielleicht sogar, um ihrem Ego auf die Sprünge zu helfen. Bezahlung ist in ihrem Fall überflüssig, weil sich das, worauf sie aus sind, mit Geld ohnehin nicht bezahlen läßt. Sie suchen die Genugtuung, die daraus erwächst, daß man der Welt seinen Stempel aufdrückt – den Beweis, daß man nicht nur ein Mitläufer ist, sondern eine eigene Rolle spielt.

Tom Watson, der Gründer von IBM, war stets darum bemüht, seine Anerkennung für gelungene Leistungen zum Ausdruck zu bringen. Beispielsweise konnte er einem Mitarbeiter, der ein besonders lukratives Geschäft abgeschlossen hatte oder auf eine neue Idee gestoßen war, postwendend fünfhundert Dollar in die Hand drücken. Eines Tages, so berichtet die IBM-Legende, betrat ein junger Mann sein Büro und berichtete von einer spektakulären Leistung. Freudestrahlend suchte Tom Watson in den Taschen und im Schreibtisch nach irgend etwas, das als unverzügliche Belohnung dienen konnte. Er fand nichts außer einer Banane. Er reichte sie dem jungen Mann. Und der nahm sie bereitwillig entgegen. Seitdem erfüllt die Banane bei IBM die Funktion eines Symbols für Leistung.

Die Versicherungsgesellschaft Allied Dunbar bietet ihren Mitarbeitern eine Ruhmesleiter. Sie können je nach ihrer Leistung bestimmte Stufen erklettern, die nach Greifvögeln benannt sind. Einige Bausparkassen handhaben ihre Zweigstellen wie das Teilnehmerfeld einer Fußballliga: Die Gewinner erhalten Pokale und Preise. Von all diesen Organisationen können wir lernen, daß man zur Freisetzung von Vitamin E nicht unbedingt Geld, aber auf jeden Fall ›Leistungsabzeichen‹ braucht.
Wir alle haben unsere persönliche Liste mit Dingen, die wir vom Leben erwarten. Natürlich wollen wir unsere Grundbedürfnisse befriedigen, Essen, ein Dach über dem Kopf und Zuwendung. Ohne sie würden wir nicht weit kommen. Aber wir wünschen uns auch die Gelegenheit, uns auszuzeichnen, zu brillieren. Desgleichen brauchen wir die Freundschaft

und den Respekt der anderen und die Chance, etwas Nützliches und Lohnenswertes zu tun. Allem voran jedoch möchten wir den Freiraum, wir selbst zu sein; wir wollen entdecken, wozu wir imstande sind und was wir alles sein könnten. Daß man in seinem ganzen Leben nur ein Viertel seiner Talente erkennt, mag zwar nur schwer zu beweisen sein, klingt jedoch sehr einleuchtend.

Ich wünsche mir, sagte sie an ihrem einundzwanzigsten Geburtstag:
- daß ich die Stromrechnung immer ohne Sorgen zahlen kann
- meine eigene Wohnung
- ein kleines Auto und einen kleinen Hund
- jedes Jahr Urlaub in Griechenland
- daß ich einmal mein eigenes Geschäft führe
- ein Kind, aber jetzt noch nicht
- echte Freunde
- daß mich jemand braucht
- daß ich glücklich bin.
»Und deine Arbeit?« fragte ich.
»Ach, das ist ja nur, damit ich die Gasrechnung zahlen kann. Aber das muß ja nicht so bleiben, wer weiß?«

Je mehr Punkte unsere persönliche Liste enthält, um so mehr Vitamin E werden wir verausgaben, wenn die Aufgabe mit der Liste in Einklang steht. Nur sieht diese bei jedem wieder anders aus. Glücklicherweise läßt sich jedoch ein allgemeines Grundmuster ausmachen. Ein Gesichtspunkt besitzt zum Beispiel allgemeine Priorität: Wir wollen alle die Befriedigung unserer Grundbedürfnisse sicherstellen, und dafür brauchen wir Geld. Ehe dies nicht gewährleistet ist, lassen wir uns mit irgendwelchen Mätzchen wie Bananen bestimmt nicht zu größeren Leistungen motivieren. Wenn wir uns aber über die Grundbedürfnisse nicht mehr den Kopf zerbrechen müssen, dann machen wir uns auf die Jagd nach unseren Lieblingsdelikatessen. Für die einen heißt das die Chance zu schöpferischer Tätigkeit, für manche der Griff nach der Macht und für andere Ruhm, Reichtum oder Unabhängigkeit und die Freiheit des Andersseins. Wenn mir der Geruch meiner Lieblingsdelikatesse in die Nase steigt, dann werde ich mich in die Sache hineinknien. Wenn jedoch nur für die nötigsten Bedürfnisse gesorgt ist, dann zeige ich auch nur den nötigsten Einsatz.

Viele Organisationen glichen in der Vergangenheit Supermärkten mit leeren Regalen. Ihr Angebot deckte nur die Grundbedürfnisse. Für den Grundlohn sollten die Mitarbeiter nach Ansicht der Arbeitgeber ihr Bestes geben. Es war eine Art Privileg, ihrem Supermarkt anzugehören. Der drohende Rauswurf reichte als Ansporn, und Disziplin samt guter Überwachung sorgten dafür, daß wirklich hart gearbeitet wurde. Nicht nur Unternehmen dachten so, auch Schulen, Krankenhäuser und sogar Freiwilligenorganisationen setzten voraus, daß ihnen alles Vitamin E einfach in den Schoß fallen würde, nur weil sich der Betreffende ihrer Sache verschrieben hatte.

Eine überaus naive Vorstellung. Ein sicherer Arbeitsplatz allein reicht nicht als Anreiz für Bestleistungen. Der beste Lehrer will Anerkennung für seinen Einsatz genauso wie die beste Krankenschwester und natürlich auch der beste Schüler. Wir alle brauchen unsere Noten. Kassenkräfte in Supermärkten wollen genausowenig als menschliche Automaten behandelt werden wie Schuljungen oder Sekretärinnen. Sie wollen, daß man sie als Persönlichkeit anerkennt, sich ihre Ideen anhört, ihnen Verantwortung überträgt und sie für Erfolge belohnt. Auch um die Grundbedürfnisse wollen sie sich natürlich keine Sorgen machen müssen. Kein Mensch wird sich voller Energie und Enthusiasmus auf seine Arbeit stürzen, wenn er nicht weiß, wovon er die Busfahrt nach Hause bezahlen soll. Die Luxusgüter im Regal können also Brot und Butter nicht ersetzen. Natürlich hilft es, wenn man an seinen Job glauben kann, weil man dann nicht einfach nur Lohnsklave ist, aber man kann auch nicht von der Hand in den Mund leben.

Was würde wohl passieren, wenn wir Schüler behandeln würden wie erwachsene Arbeiter? Angenommen, wir gäben ihnen Geld, echtes Geld, zur Belohnung für ausgezeichnete Leistungen. Würden wir das Bestechung nennen oder es wie in der Erwachsenenwelt als angemessenen Leistungsbonus sehen? Eltern aus der Mittelschicht verfahren ja schon seit langem so. Ein kleines Geldpräsent für gute Noten in der Abschlußprüfung, ein Skiausflug für die bestandene Aufnahmeprüfung am College und so weiter. Vielleicht könnte die Schule so etwas übernehmen. Geld stellt schließlich ein bequemes Mittel der Anerkennung dar und ist den meisten willkommener als ein Buch für den besten Aufsatz.

Wie wär's, wenn Schulkinder öfter in gemischtaltrigen Gruppen zusammenkämen, in denen die Älteren den Jüngeren etwas beibringen und sie überwachen müßten? Erschiene uns das als vorzeitige und schlechte Einführung in die Freuden der Macht und Privilegien für die Vorgesetzten, oder sähen wir darin eher – wie wir es ja auch bei Erwachsenen tun – die Chance zu schöpferischer Tätigkeit, zur Ermutigung und Förderung anderer? Welches Vitamin E würde das Experiment wohl auslösen?

Kinder reagieren, an der Schule oder anderswo, genauso wie Erwachsene. Eine aufregende Schule ist wie ein aufregendes Unternehmen – ihre Regale sind vollgefüllt mit Gelegenheiten. Jede Form von Vitamin E wird unterstützt und belohnt. Für die Grundbedürfnisse ist gesorgt, aber alle wissen, daß es sich auch darüber hinaus noch zu arbeiten lohnt. Jeder ist eine Persönlichkeit, kein Handlanger, und keiner muß sich als Mitläufer behandeln lassen.

Für mich liegt die Sache klar auf der Hand. Jeder Mensch steckt voller Vitamin E in all seinen Formen. Es kommt nur darauf an, wie man es zum Vorschein bringt – die Emotion wie den Einsatz, den Enthusiasmus wie die Energie. Jeder trägt seine Einkaufsliste mit sich herum, auf der steht, was er sich von der Arbeit und vom Leben wünscht, auch wenn er es nicht aufgeschrieben hat. Je besser sich eine Organisation auf diese Einkaufslisten einstellen kann, desto mehr darf sie auch von ihren Mitarbeitern erwarten. Wer seinen Mitarbeitern nur den Lebensunterhalt bietet, der kann nicht auf hohe Arbeitsmoral hoffen. Hören Sie auf die echten Bedürfnisse Ihrer Leute, und erfüllen Sie sie. Dabei fällt keinem ein Zacken aus der Krone, und um so mehr Spaß macht es, einer Organisation anzugehören, die vor Vitamin E nur so überschäumt.

Einige Fragen zum Nachdenken und Diskutieren

Gute Organisation setzt voraus, daß Sie soviel Vitamin E wie möglich bei den Mitarbeitern freisetzen.

1 Bitten Sie eine kleine Gruppe um die Erörterung folgender Fragen:
  a) Wovon sähen Sie gerne *mehr* in der Organisation?
  b) Wovon sähen Sie gerne *weniger* in der Organisation?
  c) Was würden Sie gerne beibehalten?

2 Analysieren Sie die Ergebnisse:
  1c) bietet Ihnen eine Liste der guten Dinge, die den Grundeinsatz der Mitarbeiter gewährleisten.
  1b) gibt Ihnen einige Hinweise auf die Kräfte, die einen stärkeren Vitamin E-Fluß blockieren.
  1a) gibt Ihnen ein paar Tips, wie Sie mehr Vitamin E freisetzen können.

3 Überlegen Sie sich zu diesem Zweck:
  a) was Sie selbst tun können.
  b) was Sie der Organisation empfehlen könnten.

Auf einem frühmorgendlichen Spaziergang begegnete ich Paul. Er fuhr gerade mit seinem Traktor Strohballen nach Hause. Es war ein wunderschöner Herbstmorgen, Tau lag auf dem Gras, und Nebel hob sich allmählich von den Stoppeln. Die Sonne ging auf, und die ersten Blätter entfalteten sich.

»Sie sind ja früh auf, Paul«, begrüßte ich ihn, um ein Gespräch anzuknüpfen.

»Die Ernte ist fast eingebracht«, antwortete er. »Ein gutes Jahr.«

»Fahren Sie jetzt eine Weile in Urlaub?« wollte ich wissen.

»Ich glaube nicht.«

»Fahren Sie nie weg?«

»Nur mal einen Tag, manchmal. Wüßte gar nicht, wozu. Was ich mache, mache ich gern, und zwar hier. Wieso sollte ich da woanders hinfahren?«

Der hat's gut, dachte ich. Wie viele von uns könnten das von sich behaupten? Bestimmt mehr, wenn sich die Organisationen nur ein bißchen mehr auf die Hinterbeine stellen würden.

3
Der Geheimvertrag

»Einander in Freud und Leid zu lieben und euch die Treue zu halten, bis daß der Tod euch scheide.« Die bekannten Sätze der kirchlichen Trauung strahlen eine furchteinflößende Endgültigkeit aus. Auf einen wahrhaft ungeheuren öffentlichen Vertrag läßt man sich da ein. Ich selbst habe dieses Gelübde abgelegt, habe diesen Vertrag unterzeichnet. Aber trotz der erhabenen Wortwahl und Feierlichkeit der Veranstaltung war der Vertrag noch lange nicht vollständig. Er brachte nämlich weder zur Sprache, wie unsere jeweiligen Aufgaben und Pflichten in dieser neuen Beziehung aussehen würden, noch erwähnte er, was jeder vom anderen berechtigterweise erwarten durfte.

Nach meiner Ansicht bestand meine Hauptaufgabe darin, Geld zu verdienen. Heute bin ich darüber erstaunt, mit welcher Selbstverständlichkeit ich daraus das Recht ableitete, mit dem gemeinsamen Auto zur Arbeit zu fahren, während meine Frau die zwei Kinder mit dem Fahrrad zur Schule transportieren mußte. Ich machte mir keine Gewissensbisse, weil ich morgens das Haus um halb acht verließ, wenn die Kinder noch schliefen, und erst abends um acht heimkam, wenn sie schon wieder gewaschen und satt unter der Bettdecke lagen. Meine Tochter vertraute mir neulich halb im Spaß an, daß sie mich mit vierzehn zum ersten Mal bemerkte; ich war der Mann, der am Sonntag zum Mittagessen kam. Und meine Frau sagt, daß diese Jahre, in denen sie die Kinder großzog und ich den Workaholic mimte, die schlimmsten unseres Lebens waren. Doch damals wäre es mir nicht eingefallen, den stillschweigenden Arbeitsvertrag unserer Ehe in Frage zu stellen oder mit ihr darüber zu diskutieren.

Heute ist das alles anders. Viele Paare besprechen bis ins einzelne, wer wofür zuständig ist. Für ein Kind entscheidet man sich ganz bewußt, nachdem man sehr lange über die sich daraus ergebenden Veränderungen und Anpassungen des Lebensstils, der Rollen und Erwartungen nachgedacht hat. Ich erinnere mich noch, wie stolz ich darauf war, daß meine Frau als freiberufliche Beraterin für Innenarchitektur arbeitete. Aber immer noch erwartete ich insgeheim, daß sie nach den Kindern und dem Haus sah und daß das Essen auf dem Tisch stand, wenn ich heimkam. Eines Tages trat ich um acht Uhr abends durch die Tür, und der Frühstückstisch war noch nicht abgeräumt, die Betten nicht gemacht, die Vorhänge nicht zugezogen. Beim Anblick dieser Schlamperei explodierte ich. Solch ein Verhalten würde mich heute als unverbesserlichen Chauvinisten bloßstellen. Doch es war nur der sichtbare Ausdruck eines unausgesprochenen und daher mißverstandenen Vertrags zwischen meiner Frau und mir.

Derlei Kontrakte beschränken sich allerdings nicht nur auf die Familie. Man stößt überall darauf. Jede Beziehung, jede Gruppe von Menschen birgt Erwartungen – und sehr oft falsche Erwartungen. Jeder trägt für je verschiedene Beziehungen seinen eigenen unausgesprochenen Vertrag mit sich herum. Keinen formalen, rechtskräftigen, sondern einen psychologischen. Doch der läuft auf das gleiche hinaus wie ein geschriebener und unterzeichneter Kontrakt. Wir fühlen uns hintergangen, wenn der/die Betreffende(n) nicht nach unseren Vorstellungen handeln; wir erwarten für unsere Leistung eine Gegenleistung und halten uns solange zurück, bis die andere Seite ihre Pflicht getan hat. Unglücklicherweise setzen sich die Leute nur ganz selten zusammen, um diese Verträge so genau auszutüfteln, wie sie es mit einem rechtsgültigen Vertrag machen würden. Sie legen sich die Bestimmungen nach eigenem Dafürhalten zurecht und erwarten oder hoffen einfach, daß die andere Seite die Dinge genauso sieht.

Marina war Graphikdesignerin. Sie leistete sehr gute Arbeit und war seit acht Jahren bei demselben Unternehmen beschäftigt. Sie konnte auf einen erfolgreichen beruflichen Werdegang zurückblicken, und ihr Kundenstamm schätzte ihre Arbeit. Es traf sie daher wie ein Schock, als sie eines Morgens aus einem Rundschreiben erfuhr, daß in Zukunft alle Kontakte mit Klienten mit dem neu ernannten Marketingleiter arrangiert werden mußten, »um eine bessere Kommunikation mit unseren Kunden zu gewährleisten«.

»Aber Marina, das ist doch nur vernünftig. Wir brauchen einfach jemanden als Verbindungsmann, wenn soundso viele Leute Aufträge für denselben Kunden ausführen«, erklärte der Seniorchef beschwichtigend, als Marina wutentbrannt in sein Büro stürmte.

»Darum geht's doch überhaupt nicht«, legte sie los. »Ich habe es immer als Teil meiner Arbeit aufgefaßt, direkt mit meinen Kunden Verbindung zu halten. Nur so kann ich mir sicher sein, daß ich nach ihren Vorstellungen arbeite. Sie können mir dieses Recht doch nicht ohne mein Einverständnis wegnehmen.«

Die Betroffenen waren außerstande, das Für und Wider dieser Entscheidung vernünftig zu diskutieren. Marina sah darin eine Verletzung ihres (unausgesprochenen) Vertrags. Das nächste halbe Jahr zog sie sich in den Schmollwinkel zurück und weigerte sich, mit dem Marketingleiter zusammenzuarbeiten. Ihre Arbeit wurde schlechter, und im Spätherbst des gleichen Jahres schied sie aus der Firma aus. Der Seniorchef, der zunächst mit Verwunderung und dann mit Verärgerung reagiert hatte, nannte sie unkooperativ und eigensüchtig und war schließlich heilfroh über ihren Abschied. Ein unnötig vergeudetes Talent.

Man schätzt die Geheimverträge anderer immer falsch ein. In einer amerikanischen Fabrik wurden alle Leute gefragt, was ihnen an ihrer Arbeit wichtig war. Die Vorarbeiter waren felsenfest davon überzeugt, daß die normalen Arbeiter Geld an die erste Stelle ihrer Liste setzen würden und an die zweite Stelle den Wunsch, nicht so hart arbeiten zu müssen. Sie selbst waren da natürlich tugendhafter und zogen »eine anspruchsvolle Aufgabe« oder »eine Gelegenheit zu schöpferischer Arbeit« dem Geld und der Bequemlichkeit bei weitem vor. Letzten Endes setzten jedoch die meisten Arbeiter die gleichen Dinge an die erste Stelle wie die Vorarbeiter. Und viele erwähnten das Geld nicht einmal.

Man muß sich diese Fabrik nur vorstellen. Die Vorarbeiter als Tugendapostel, die ihre Leute für gierig und faul halten, handeln aufgrund ihres einmal gefaßten Vorurteils, ohne es zu überprüfen. Für ein reizendes Betriebsklima ist gesorgt. Die Arbeiter, ihren Chefs viel ähnlicher, als diese es wahrhaben wollen, reagieren mit Wut und Verärgerung. Wenn ich sehe, wie oft wir Jüngeren oder Untergebenen vorhalten, daß sie anders sind als wir oder nicht so wie wir in ihrem Alter, dann frage ich mich, ob das nicht eine Macke der menschlichen Natur ist.

Andererseits dürfen wir auch nicht einfach unterstellen, daß alle so sind wie wir. So mancher ganz in seiner Arbeit aufgehende gestandene Manager, der nur für seine Abteilung lebt und persönlichen Anteil an ihrem Erfolg nimmt, wird automatisch von jedem anderem das gleiche Maß an Interesse und Hingabe verlangen, gleich, ob es sich um einen Nachwuchsmanager, eine Sekretärin oder einen Fahrer handelt. Viele von ihnen kommen aber vielleicht nur wegen der Brötchen, oder, etwas prosaischer ausgedrückt, wegen des Lohns und der netten Kollegen. Der Ruf nach mehr Einsatz im Namen der Abteilung stößt also auf taube Ohren, wenn es nicht auch noch zusätzlich im Portemonnaie klingelt. Für diese Menschen zählt eben bei diesem Job nur das Geld.

Grob gesprochen, lassen sich diese stillschweigenden psychologischen Verträge unter einem von drei »Z«s fassen:

Zwang – man ist hier, weil man muß, und man macht, was einem gesagt wird, sonst nichts. Gefängnisse natürlich, aber auch manche Schulen und sogar einige Unternehmen und Regierungsstellen verhalten sich, als müßten sie solch einen Vertrag einhalten.

Zweckgemeinschaft – man ist hier, weil man ein reelles Geschäft abgeschlossen hat. Soundso viel von einer Sache (normalerweise

Geld) als Gegenleistung für Einsatz. Und mehr Einsatz heißt dann eben auch mehr Geld.

Zusammenarbeit – man ist gern hier, weil man die Ziele der Gruppe teilt und dazu beitragen will. Die meisten Organisationen bilden sich ein, sie seien mit ihren Mitarbeitern einen solchen Vertrag eingegangen. Aber viele täuschen sich darin.

Die meisten Menschen werden in ihren jeweiligen Lebensrollen zu verschiedenen Mischungsverhältnissen der drei »Z«s neigen. Aber es läßt sich nicht immer vorhersehen, welches »Z« in welcher Situation vorherrscht. In vielen Familien fühlen sich die Kinder entgegen den Absichten der Eltern in einen Zwangsvertrag, der den Eltern alle physischen und finanziellen Mittel einräumt, um sie zum Gehorsam zu nötigen. Man sollte jedoch nicht die Tatsache aus den Augen verlieren, daß sich Verträge im Lauf der Zeit ändern können – der Aufstieg im Unternehmen, das Aufwachsen der Kinder, ein Wandel der eigenen Bedürfnisse und Prioritäten.

In einer meiner Studien untersuchte ich die ehelichen Beziehungsmuster einer Gruppe von Managern zwischen dreißig und vierzig. Die einzelnen Kandidaten wurden je nach ihren Antworten auf einen Fragebogen einer von vier Gruppen zugewiesen. Gruppe A umfaßte die »Beteiligten« – Leute, denen es auf Leistung und Macht, aber auch auf Geborgenheit und Unterstützung ankam. Die Männer dieser Gruppe arbeiteten im Staatsdienst, im Personalwesen oder in Pflegeberufen. Die Frauen hatten alle Teilzeitjobs als Lehrerinnen oder als Selbständige. In der Gruppe B erschienen die »Ellbogentypen«, denen Leistung und Macht über alles ging, die erfolgreichen Unternehmensmanager beiderlei Geschlechts. Gruppe C enthielt die »Einsamen«, die besonderen Wert auf ihre Autonomie legten, die Freiheit, eigene Wege zu gehen. Der Gruppe D schließlich, den »Fürsorglichen«, war vor allem an Geborgenheit und Fürsorge gelegen und nicht im geringsten an einer Karriere. In diesem eher traditionell orientierten Kreis von Befragten erschienen in Gruppe D nur Frauen und kein einziger Mann.

Der interessante Teil begann jedoch erst, als wir in Gesprächen und im gemeinsamen Umgang miteinander beobachteten, wie die einzelnen Gruppenmitglieder mit ihrer Partnerschaft zurechtkamen. Ich möchte vorausschicken, daß alle Probanden freiwillig an der Untersuchung teilnahmen, so daß man in jedem Fall von einer glücklichen Partnerschaft ausgehen darf. Die am meisten verbreitete Kombination war eine BD-Ehe, ein »Ellbogen«-Mann und eine »fürsorgliche« Frau. Eine altmodische Beziehung: der Mann ist für den Status und das Geld zuständig, die Frau für den Haushalt. Diese Partner lebten in einem konventionellen Heim mit Eßzimmer, Wohnzimmer, Büro und Küche in der Vorstadt und gehorchten einer traditionellen Rollenverteilung: Sie kochte, er reparierte das Haus.

Ganz anders das AA-Paar. Beide waren »beteiligt«, beide arbeiteten, kümmerten sich um die Kinder, wenn sie konnten, kochten und machten sauber. Die Wohnung hatte ein großes Gemeinschaftswohnzimmer, und man teilte miteinander Freunde, Verantwortung und Gefühle.

Die BB-Ehen, beides Ellbogentypen mit anspruchsvollen Berufen, delegierten Hausarbeit und Kinderbetreuung an bezahltes Personal und konnten es sich als Doppelverdiener leisten, häufig essen zu gehen. Sie hatten ihr Leben gut organisiert, begegneten einander aber auch als Konkurrenten – oft im gleichen Beruf.

Die letzte Konstellation in unserer Gruppe von Befragten bestand aus einer CC-Ehe oder Partnerschaft zwischen zwei »Einsamen«, die ihr eigenes Leben lebten, außer der Wohnung kaum etwas miteinander teilten, nur wenige Mahlzeiten zusammen einnahmen, mit ihren Belangen alleine fertig wurden und von ihren Kindern schon ab einem sehr frühen Zeitpunkt dasselbe erwarteten.

Zunächst einmal möchte ich anmerken, daß all diese glücklichen und stabilen Partnerschaften auf verschiedenen psychologischen Verträgen beruhten, auf verschiedenen Erwartungen. Den einzig richtigen Ehevertrag gibt es nicht.

Ein zweiter Punkt kam mir zu Bewußtsein, als ich mich mit anderen Leuten über die Untersuchung unterhielt. »Sie haben eine Aufnahme in der Zeit gemacht«, erklärten sie mir. »Diese Paare stehen in verschiedenen Entwicklungsstadien ihrer Beziehung. Wir erkennen all diese verschiedenen Rollenverteilungen in unserer Ehe wieder. Viele von uns fingen als AA- (zwei Beteiligte) oder sogar als BB-Ehen (zwei Ellbogentypen) an. Dann entwickelten wir uns zu einer traditionellen BD-Beziehung, als die Kinder kamen und sich einer von beiden – im Normalfall der Mann – sehr stark im Beruf engagieren mußte. Später, als die Kinder etwas älter waren, lautete die große Frage, ob wir wieder eine AA-Beziehung mit mehr Gemeinsamkeiten bilden wollten oder eine CC-Partnerschaft, in der beide eigene Wege gehen.«

Glückliche Ehen, so schloß ich, waren jene, in denen beide Partner die Beziehungskonstellation und deren Konsequenzen kannten. Man kann und sollte den psychologischen Vertrag von Zeit zu Zeit verändern, aber nicht unabhängig voneinander. Beide Partner müssen damit einverstanden sein.

Diese Ehemuster unterscheiden sich, wie ich heute weiß, nicht besonders stark von den Arbeitsbeziehungen, auf die man in Organisationen trifft. Es fällt nicht weiter schwer, seine Mitarbeiter je nach ihren Prioritäten in eine der vier Schubladen zu stecken: Neigen sie zu Leistung und Macht, zu Geborgenheit, zu Autonomie oder zu Fürsorglichkeit? Daraus kann sich zum Beispiel ergeben, daß eine Gruppe fürsorglicher D-Leute kaum zu eigenständigen Leistungen fähig ist, aber als Unterstützungsteam Hervorragendes erreichen kann. Oder daß eine B-Sekretärin schlecht zu einem C-Boß paßt. Die Geheimverträge zwischen beiden würden sich für die Organisation als wenig nützlich und für sie selbst als nicht gerade glücklich erweisen.

Psychologische Verträge sind viel zu oft Geheimverträge. Wir legen uns die Erwartungen anderer nach eigenem Dafürhalten zurecht, und meistens täuschen wir uns dabei gewaltig. Je offener wir diese Verträge gestalten können, desto leichter fällt auch die Zusammenarbeit mit anderen Menschen.

1989 leitete die National Association of Head Teachers in Großbritannien ein Pilotprogramm ein, um die Idee von Partnerschaften zwischen Heim und Schule zu testen. Grundstein dieser Idee war ein Einzelvertrag zwischen Schule und Heim, der auseinandersetzte, was jede von beiden Seiten tun und erreichen sollte. Damit war ein Versuch gemacht, den ganzen Wust von unausgesprochenen Erwartungen ans Licht zu bringen, die Eltern und Schüler den Schulen und Lehrer den Schülern und Eltern entgegenbringen.

Viele Organisationen halten sich an ein Management mittels Vorgaben oder ähnliche Strategien, um den Mitarbeitern ein Ziel vor Augen zu stellen. Darin besteht eine Seite des Geheimvertrags, eine sehr wesentliche. Aber die andere Seite fehlt oft. Welche Maßnahmen zur Unterstützung sieht die Organisation vor, und welche zur Belohnung, wenn die Ziele erreicht werden? Jede Arbeit ist eine Art von Partnerschaft. Ein weniger geheimniskrämerischer Vertrag erkennt diese Tatsache an. Und wenn das erst einmal klargestellt ist, dann läßt sich auch leichter darüber verhandeln. Bleibt alles geheim, können sich die Menschen ausgebeutet, manipuliert oder übergangen vorkommen, und die Chefs können ihrerseits mit Enttäuschung, Zorn oder Ernüchterung reagieren.

Wir dürfen jedoch nicht vergessen, daß ein Vertrag nur dann Erfolge bringt, wenn beide Seiten zustimmen. Ein aufgezwungener Kontrakt wird nur dem Buchstaben nach befolgt und nicht nach seinem Geiste.

In meiner Zeit im Fernen Osten gehörte es zu meinen Aufgaben, in jeder Stadt mit chinesischen Vertretern Handelsvereinbarungen zu treffen. Nachdem wir uns über die Bedingungen und die Preisnachlässe geeinigt hatten, zog ich die Rechtsurkunde hervor, damit beide Seiten unterschreiben konnten.

»Wozu wollen Sie das?« fragte der Vertreter.

Ich sah ihn überrascht an. »Aber wir haben uns doch schon darauf geeinigt, das ist doch nur der formale Teil.«

»Wenn es eine ehrliche Vereinbarung ist«, erwiderte er, »dann werden beide Parteien bekommen, was sie wollen. Keiner wird also den Vertrag brechen wollen. Mit Ihrer Urkunde sieht es aus, als hätten Sie mich über den Tisch gezogen und wollten es jetzt rechtlich zementieren. Nur schlechte Absprachen brauchen einen Rechtsanwalt.«

Einige Fragen zum Nachdenken und Diskutieren

1 Fangen Sie bei sich selbst an. Notieren Sie auf einer Liste:
 a) was Sie zu Ihrer Beziehung oder Ihrer Organisation beitragen;
    z. B.: Zeit und Geld,
        Aufgaben und Pflichten,
        Ziele und Vorgaben;
 b) was Ihnen die Beziehung oder die Organisation bietet;
    z. B.: Geld,
        Sicherheit,
        Chancen,
        Gemeinschaft.
 c) Wodurch läßt sich der Vertrag ausgeglichener und abwechslungsreicher gestalten?

2 Bitten Sie Ihren Partner, Kollegen oder Boß um eine ähnliche Liste zum Vergleich mit der Ihren. (Am Anfang hilft es vielleicht, wenn Sie zuerst Ihre Fassung vorlegen und sie nach ihrer Meinung fragen.)

3 Gehen Sie von der Vertragsidee aus, wenn Sie in Ihrer Arbeitsgruppe darüber reden, welche Beiträge von den einzelnen Mitgliedern geleistet oder erwartet werden und was sie nach eigenem Bekunden als Gegenleistung erhalten oder erhalten sollten.

Lohnstreifen finde ich furchtbar deprimierend. Die Zahlen fangen so hoffnungsfroh an, bis sie am Schluß nach all den Abzügen zu fast nichts zerronnen sind. Viele, viele Jahre lang war für mich Geld gleichbedeutend mit der monatlichen Lohnabrechnung. Dann verkaufte ich eines Tages einen selbstverfaßten Artikel. Ich erhielt einen Scheck. Ein tolles Gefühl, auch wenn der Betrag gering war.

All die Jahre hatte ich meine *Zeit* verkauft. Und jetzt hatte ich zum ersten Mal meine *Arbeit* verkauft. Natürlich hatte ich auch dafür Zeit gebraucht, und natürlich hatte auch die verkaufte Zeit normalerweise zu Arbeit geführt. Logisch bestand da kein Unterschied. Aber psychologisch fühlte ich mich einfach befreit.

Vielleicht hatte Marx doch recht: Zeit für Geld zu verkaufen ist falsch, eine Form der Sklaverei. Arbeit für ein Honorar zu verkaufen ist dagegen okay. Was würde passieren, wenn wir alle ein Honorar verlangten?

41

4
Der Revierinstinkt

Für Dolchstöße in den Rücken bin
doch wohl ich zuständig, und der da
sieht nicht wie einer von
mir aus!

Eines Tages bot ich einem meiner Freunde eine Wette an. Er war Personalmanager einer erfolgreichen Werbeagentur, die sich viel auf die Kreativität ihrer Mitarbeiter einbildete. »Unsere Zimmer sind unsere Spiegel«, sagte ich. »Wenn du mich die Zimmer dieser Leute sehen läßt, die Einrichtung und die Ordnung, dann erzähle ich dir, wie sie als Arbeitskollegen sind.« Er lächelte ungläubig, aber ließ mich trotzdem eines frühen Morgens die Geschäftsräume betreten, noch bevor der erste kreative Spätaufsteher seine Nase durch die Tür steckte.

Ich muß hinzufügen, daß es sich um ein sehr freizügig denkendes Unternehmen handelte, das ein kleines Lager mit alten Möbeln unterhielt, aus dem sich jeder nach Lust und Laune bedienen konnte. Außerdem räumte man jedem Neubezieher eines Büros ein kleines Budget für Verbesserungen ein. Die Mitarbeiter konnten ihr Zimmer nach eigenem Gutdünken gestalten.

Die Unterschiede sprangen einem förmlich ins Auge. Ein Büro war eine richtige Designerwerkstatt. Das Reißbrett dominierte den ganzen Raum, und die Wände waren mit Kork bezogen, so daß man ein richtiges Mosaik aus alten Anzeigen und anderen Zeichnungen daran befestigen konnte. Keine Stühle, nur ein Hocker unter dem Reißbrett und überall gebrauchte Kaffeebecher, manche davon voller Kugelschreiber und Bleistifte. Das Nachbarzimmer war das Abziehbild eines gutbürgerlichen Studierzimmers. Mahagonischreibtisch, Sofa und Bücherschrank mit Glastüren, alles gepflegt und ordentlich und aus Leder. Man konnte sich unschwer vorstellen, wie sich die Inhaber dieser beiden Arbeitsräume anzogen, wie sie ihre Zeit verbrachten, wie sie sprachen und worin ihre Arbeit bestand: das junge kreative Genie und der Kundenbetreuer in mittleren Jahren. Im Hinblick auf die Verschiedenartigkeit in Stil und Prioritäten konnte man sich auch an den Fingern einer Hand ausrechnen, daß die beiden im Umgang miteinander Probleme haben mußten.

Andere Unterschiede zeigten eine subtilere Nuancierung. Einige Schreibtische waren der Tür zu-, andere abgewendet. Manche Zimmer waren sauber, manche glichen einem Saustall. Die einen wirkten einladend, die anderen schlicht entmutigend, die einen jung und fast leichtfertig, die anderen gesetzt, die einen protzig, die anderen so gewöhnlich, daß man den Eindruck nicht los wurde, ihre Bewohner hätten sich überhaupt keine Mühe gegeben, den Raum zu ihrem zu machen.

»Bist du sicher, daß du die Leute nicht kennst?« fragte mein Freund. »Völlig unnötig«, erwiderte ich. »Ich kenne ja ihre Zimmer.«

Und es stimmt wirklich. Wo immer wir uns niederlassen, da graben wir unseren kleinen Bau, der unserer Gestalt entspricht; nicht physisch natürlich, sondern psychologisch. In der Kindheit fängt es an mit den Zeichnungen über dem Bett, und dann kommt das Teenagerzimmer mit dem »Betreten der Baustelle verboten«-Schild an der Tür. Wir alle brauchen unser eigenes Revier, auch wenn es sich nur um die Küche oder die Garage handelt. Und wir sollten jene bedauern, die weder zu Hause noch in der Arbeit einen Rückzugsort haben. Ohne diesen Ort sind sie nur auf der Toilette ungestört, und in meiner alten Schule hatte man sogar von dort alle Türen entfernt.

Manchmal glaube ich, daß die traditionelle Zurückhaltung der Briten auf einen Mangel an persönlichen Revieren in der Jugend zurückzuführen ist. Da ihnen die Privatsphäre verwehrt bleibt, verbergen sie sich hinter einer Fassade aus Schüchternheit und Ritualen. Mit einem Gespräch über das Wetter und den Weg lassen sich allemal die Fallstricke persönlicher Fragen umgehen. Ein eigenes Revier ist wesentlich für die Ausdrucksfähigkeit. Wer den Menschen kein Revier einräumt, der gibt ihnen zu verstehen, daß persönlicher Ausdruck überflüssig und Individualität unerwünscht sind, daß die Dinge besser laufen, wenn alle die gleiche Luft atmen und im Gleichschritt marschieren.

Manche Organisationen wollen es so, kein Zweifel. Am Fließband oder in einer Gruppe von kaufmännischen Angestellten können sich individuelle Unterschiede zum Ärgernis auswachsen. Hier erfordert der effiziente Ablauf ganz im Gegenteil die Austauschbarkeit, die Fähigkeit, den Kollegen an der Registrierkasse zu ersetzen. Standardisierung bedeutet Produktivität, aber auch, daß niemand in seiner Arbeit eine Extrawurst gebraten bekommt. Aber was vom ökonomischen Standpunkt so vernünftig klingt, schlägt allen menschlichen und sogar tierischen Instinkten ins Gesicht.

Robert Ardrey ist Verfasser eines einflußreichen Buches mit dem Titel *Adam und sein Revier*. Darin behauptet er, daß »... der Mensch ein ebenso territoriales Geschöpf ist wie eine Nachtigall, deren Lied uns erfreut. Der Hund, der hinter dem Zaun den Fremdling anbellt, tut dies aus den gleichen Motiven, aus denen sein Herr den Zaun errichten ließ.«

Dann beschreibt er die Reviere der Wasserböcke in Ostafrika. »Ein Stampfplatz, die Paarungsarena einer Antilopengeneration, ähnelt am ehesten einem kleinen Golfplatz, der zur Unterhaltung müßiger Gäste hinter einem Luxushotel angelegt wurde. Ein Stampfplatz ist nicht groß, jedes Grün mit seinem kurzen Gras und einem

44

Durchmesser von achtzehn Metern stellt das Territorium eines einzigen Bocks dar, dem es gehört und der es verteidigt. Hier führen die stärksten Böcke aus einer Population von fast tausend Tieren ihre Kampfspiele durch und erobern ihren Rang. Hierher kommen trostbedürftige Kühe.

Innerhalb der Arena sind bestimmte Grundstücke von größerer sexueller Anziehungskraft als andere. Die Weibchen wollen Zärtlichkeit, aber sie wollen auch eine gute Adresse. Da die Liebe mit dem Wertinstinkt des Männchens parallel läuft, ergibt sich ein außerordentliches System natürlicher Auslese. Nur ein ganz besonderer Bock hält sich auf einem zentralen Territorium. Verläßt er sein Grundstück, um Wasser oder Nahrung zu suchen, wird er es bei seiner Rückkehr besetzt finden und muß es neuerlich erobern. Auf seinem Grün ist er der fortwährenden Herausforderung ehrgeiziger junger Rivalen ausgesetzt.«

Ardrey merkt an, daß ein Mann, der zum ersten Mal auf solch ein Revier trifft, nicht umhin kann, sich mit den Geschehnissen zu identifizieren.

Ein Revier heißt jedoch nicht unbedingt ein eigenes Zimmer. Auch wenn es wünschenswert wäre, aber in den heutigen Innenstadtbüros wird so ein Einzelzimmer immer mehr zu einem kostspieligen Luxus. Unter Revier kann man auch das jeweilige Berufsgebiet verstehen, den psychologischen Freiraum, der aus der Arbeit entsteht. Dieses psychologische Revier ist nicht weniger wichtig als das körperliche und wirkt sich praktisch genauso auf unsere Gefühle und Handlungen aus.

Ob mit oder ohne Arbeit, jeder muß im Leben kleine Aufgaben erfüllen. Ich erinnere mich, daß ich in meiner Jugend für das Zurechtschneiden der Dochte in den Öllampen unserer elektrizitätslosen Landwohnung zuständig war. Die Aufgabe machte mir keinen Spaß, und ich wurde auch bestimmt nicht dafür bezahlt, aber es war *meine* Aufgabe. Als mir meine Mutter eines Morgens, ohne zu fragen, diese Arbeit abnahm, weil sie an diesem Tag schon früh mit der Hausarbeit fertig sein wollte, war ich davon nicht gerade begeistert. Sie meinte es sicherlich gut, aber ich erblickte darin einen Einbruch in mein Revier und schmollte ihr einen ganzen Tag.

Man muß sich nicht lange umsehen, wenn man auf Ähnliches stoßen will. Die Geschichte von den Öldochten wiederholt sich in anderer Form Tag für Tag und in jeder Organisation. Irgendwo platzt jemandem der Kragen, weil irgend etwas viel zu umständlich abläuft. Er greift in das Geschehen ein, um die Sache auf seine Weise zu lösen, und vergißt entweder, die Erlaubnis einzuholen, oder verzichtet darauf, weil er befürchten müßte, sie nicht zu erhalten. Der Unterschied spielt ohnehin keine Rolle, denn in beiden Fällen schafft dieses eigenmächtige Handeln böses Blut und führt oft sehr schnell zu wirklichen Konflikten für die Organisation. Reviere, ob real oder eingebildet, stellen einen äußerst kostbaren Besitz dar, den man nicht leicht aus der Hand gibt und dessen Invasion man nicht widerspruchslos duldet.

Als stellvertretende Direktorin war Margaret für den Zeitplan der Schule verantwortlich. »Alle Wege führen über Margaret« – in ihren Worten. Sie war die einzige, die über alle Informationen verfügte, um das komplexe Gefüge aus Räumen, Schülern und Lehrern für den siebenstündigen Schultag zusammenzustellen. Einmal beschlossen, war die Reihenfolge der Klassen so schwierig umzustoßen wie ein offizieller Zeitplan der Bahn. Eine Veränderung löste nur die nächste aus, wie Margaret zu wiederholen pflegte, und so weiter ohne Ende, am besten ließ man also überhaupt keine Veränderung zu.

John und Angela standen jedoch vor einem Problem. Für eine bestimmte Klasse brauchten sie beide einige Doppelstunden, aber Margaret hatte ihnen nur Einzelstunden zugestanden. Sie trafen eine informelle Tauschvereinbarung. Jeder gab dem anderen zwei Stunden und bekam zwei zurück, so daß sie aus vier Einzelstunden zwei Doppelsitzungen bilden konnten. Niemand sonst war von der Regelung betroffen. Also bestand auch kein Anlaß, jemandem etwas davon zu sagen. Sie machten es einfach.

Margaret fand es natürlich heraus. Wegen eines kranken Kindes suchte sie das Klassenzimmer auf, in dem nicht wie vorgesehen Angela unterrichtete, sondern John. Was folgte, waren Untersuchungen, Verleumdungen und heftige Ausbrüche. Vergeblich protestierten John und Angela, daß es sich ja nur um ein zeitlich begrenztes Arrangement handelte. Sie seien dazu nicht befugt, hielt ihnen Margaret entgegen, sie hätten einen klaren Verstoß gegen die Vorschriften begangen. Die Regelung mußte zurückgenommen werden. Keine Widerrede.

Natürlich war die ganze Sache verrückt, wie auch der Direktor zugab, aber sie waren in Margarets Revier eingedrungen. Der Zaun mußte repariert werden, die Störenfriede hatten sich zu entschuldigen. Margaret bestand auf ihrem Recht. Erst danach entwarf sie in dem Bemühen, zu zeigen, daß sie sich vernünftigen Argumenten durchaus nicht verschloß, einen noch besseren Zeitplan, mit dem John und Angela mehr als zufrieden sein konnten. Aber zwei geschlagene Wochen hatte man mit Groll, Mißtrauen, Verleumdungen und Streitereien vergeudet. Die Verletzung von Grenzen stellt einen Übergriff dar – auch mit noch so guten Gründen.

Die Leute schützen ihr Arbeitsrevier mit allen nur erdenklichen Mitteln. Am auffälligsten wirken physische Barrieren. Das Großbüro zerfällt in lauter kleine Grüns des Wasserbocks, die markiert sind mit Topfpflanzen, Aktenschränken, Schirmen und schließlich der schalldichten Wand und dem Vorzimmer mit einer Sekretärin als Wachtposten. Subtiler läßt sich das Revier mit Informationen schützen. Wenn ich, und nur ich, über alle Informationen verfüge, dann kann niemand anderer ohne mein Einverständnis richtig handeln. Wenn es Ihnen in erster Linie auf den Schutz Ihres Reviers ankommt, dann sorgen Sie dafür, daß Ihnen sämtliche Informationen zufließen und nichts davon weitergegeben wird.

Gute Manager halten allerdings ›offenes Haus‹. Keine verschlossenen Schubladen und Türen, alle Bücher liegen offen zutage. Diese Philosophie erfordert jedoch mehr Selbstvertrauen, als man meinen möchte, und mehr Vertrauen zu seinen Kollegen. Cliquen und Verschwörungen könnten daraus entstehen, man könnte Sie für überflüssig erklären und am Ende mehr wissen als Sie. Da ist es natürlich nur allzu verlockend, auf sein Recht als Grundbesitzer zu pochen, den Schrank verschlossen zu halten und Besucher nur nach Voranmeldung zu empfangen.

Nur wenige von uns halten ein vollkommen offenes Haus. Wir erinnern unsere Gäste gern daran, daß es *unser* Haus ist, daß die Arbeit letzten Endes in *unsere* Zuständigkeit fällt, daß wir dafür den Kopf hinhalten. Umgekehrt sollten wir die Arbeitsreviere anderer, auch wenn sie noch so offenherzig auftreten, nur auf ausdrückliche Einladung betreten, sollten uns umsichtig bewegen und nie vergessen, wer der Gastgeber ist. Wer die einfachen Höflichkeitsregeln mißachtet, der sollte sich auf verschlossene Türen und Schränke und frostige Mienen gefaßt machen.

Gruppen verfügen über eigene Methoden der Abschirmung. In einigen Organisationen gibt es immer noch verschiedene Kantinen für die verschiedenen Gehaltsstufen. Ich erinnere mich noch an eine Besprechung in einem solchen Mehrklassenunternehmen. Wir unterbrachen die Sitzung und gingen zum Mittagessen. Ich mußte zusammen mit einem anderen hinunter in die Kantine. Die übrigen fuhren zum Speisesaal für leitende Angestellte im dreiundzwanzigsten Stock. Beim Warten auf den Lift zeigte sich eine deutliche Kluft zwischen Insidern und Outsidern. Es lag auf der Hand, *wer* hier das Sagen hatte.

Andere Methoden sind informeller. Gruppen erschaffen sich eine eigene Sprache und Kultur – waren Sie schon einmal Neuling in einem Segelklub? Sie genießen ihre eigenen kleinen Rituale – Freitagabend im Gasthof, wie immer. Sie garnieren ihre Mitteilungen mit Initialen, die nur den Eingeweihten ein Begriff sind – Kopien an MKS, DJF und JFR. Sie klammern sich an Informationen – nein, wir haben keine Notizen über unsere Montagszusammenkünfte. Einige Gruppen sind so schwer zu knakken wie ein festgefügter Block von Rugby-Angreifern.

Gruppen brauchen ihre Reviere. Unter anderem dadurch definieren sie sich ja als Einheit. Aber wenn diese Reviere zu gut geschützt sind, dann wird die Gruppe zur Insel, die vom Rest der Organisation abgeschnitten ist. Wie so oft im Management braucht es auch hier einen Kompromiß. Ein eigenes physisches Territorium oder ein Klubraum kann sich als sehr nützlich erweisen. Dann müssen die Gruppenmitglieder weniger auf psychologische Verteidigungsmaßnahmen als Ersatz zurückgreifen. Sie sollten jedoch dazu angehalten werden, auch andere in ihrem Klubraum willkommen zu heißen. Schulkinder, die kein eigenes Klassenzimmer haben und von einem Lehrraum zum nächsten hetzen, bilden über kurz oder lang Banden und sichern sich so ein Gefühl des Schutzes im eigenen Revier. Und weshalb belegen in den Secondary Schools, den höheren Schulen Englands, meist nicht die Schüler, sondern die Lehrer die Klassenzimmer mit Beschlag? Auch dies zeugt nicht weniger von einem Streben nach territorialer Sicherheit als von Bequemlichkeit.

Eine Neuorganisation bringt unweigerlich eine Neuverteilung der Reviere mit sich. Deshalb wahrscheinlich wollen die meisten gar nichts davon hören, und deshalb wahrscheinlich greift das Führungsmanagement so gern darauf zurück, wenn es gilt, eine Organisation aus dem Winterschlaf zu rütteln. Nach dem Gewinn eines Kriegs ziehen die siegreichen Staaten fast immer neue Grenzen und schreiten zur Neuverteilung des Grundbesitzes. Und ebenso gewiß führt jede Revolution zur Landreform. In Organisationen spielt sich nichts anderes ab, und die Reaktionen dürfen niemanden überraschen: verzweifelter Widerstand der Enteigneten, gefolgt von verdrossener Resignation und dem schweigenden Abzug. Und die Neuen möchten nach der triumphalen Inbesitznahme einem natürlichen Wunsch gehorchend dem neuen Besitz ihren Stempel aufdrücken – so wie die neuen Wohnungsinhaber fast immer die Küche ihrer neuen Bleibe umgestalten, auch wenn sie bereits tadellos funktioniert.

Ein Revier bedeutet eben Sicherheit. Und Macht. Es fällt schwer, sein Revier aufzugeben. Selbst bei einer Beförderung kann sich der Drang, am Vertrauten festzuhalten, als stärker erweisen als die Anziehungskraft des neuen Betätigungsfelds.

Richard war befördert worden. Das Unternehmen war so schnell gewachsen, daß eine neue Führungsposition in der Zentrale geschaffen werden mußte. Richard hatte jetzt die Funktion eines Leiters für alle Regionen inne, während er früher nur für die Koordinierung von London und Südostengland zuständig war.

In die Ecke seines großen Arbeitszimmers wurde ein zweiter Schreibtisch gepreßt. Er zog nur zehn Meter von seinem alten zu dem neuen Schreibtisch um, der etwas größer war. Er blickte geradewegs auf den Rücken seines alten Stuhls, auf dem jetzt die frisch beförderte Barbara saß. Es war eng und unbequem, aber Richard kümmerte sich ohnehin wenig ums Protokoll, und außerdem erwartete er eine hektische Zeit, in der er auf die vielen Nachfragen und Bedürfnisse aus allen Regionen einzugehen hatte. Seltsamerweise blieben die Anfragen jedoch aus. Statt dessen standen ihm seine Kollegen wie eine schweigende Mauer der Feindseligkeit gegenüber, die Kollegen, die früher wie er dem Direktor zu berichten hatten, aber jetzt ihm Rede und Antwort stehen mußten. Es war nicht als persönlicher Affront gemeint, aber Richard konnte sich allmählich dieses Eindrucks nicht mehr erwehren.
pp145

49

Niedergeschlagen und frustriert aus Mangel und nicht aus Überfluß an Arbeit wandte sich Richard wieder seiner alten Wirkungsstätte zu, in der ja seine Nachfolgerin Barbara noch soviel zu lernen hatte. »Lassen Sie mich das in die Hand nehmen«, sagte er zu ihr, nachdem er ein Telefongespräch mitgehört hatte. Oder: »Da seien Sie mal lieber vorsichtig« oder: »Brauchen Sie dazu vielleicht ein paar Hintergrundinformationen, Barbara?«

Es kränkte Richard noch viel mehr, als ihm Barbara höflich, aber bestimmt mitteilte: »Nein danke, Richard. Ich möchte das lieber selbst erledigen.« Schließlich war das ja einmal sein Schreibtisch gewesen, es waren seine Probleme, seine Kinder. Und so fühlte er sich auch. Es tut furchtbar weh, sein Revier zu verlieren, wenn man nicht weiß, wo man sich ein neues suchen soll.

Reviere sind für uns etwas Selbstverständliches, dem wir kaum Beachtung schenken. Aber fragen Sie nur eine beliebige Organisation nach ihrem Hauptproblem. In neun von zehn Fällen lautet die Antwort: die Kommunikation. Doch meistens sind diese Schwierigkeiten nur das Symptom eines Revierstreits. Fragen Sie eine Familie nach ihren Problemen, und sie wird antworten: »Wir verstehen uns nicht.« Und oft heißt das nichts anderes, als daß die einen das Recht der anderen auf ein eigenes Revier, auf eigene Handlungsfreiräume nicht respektieren.

Der Reviergedanke erklärt viel über die Menschen. Nicht immer kann er einen Anhalt für die richtige Handlungsweise geben, aber vielleicht erfährt man wenigstens, was man vermeiden sollte. Und das ist manchmal genauso nützlich.

Einige Fragen zum Nachdenken und Diskutieren

Gute Organisation setzt territoriales Denken voraus, sowohl im physischen als auch im psychologischen Sinne. Benutzen Sie den Begriff Revier als Metapher in Ihren Diskussionen mit der Gruppe. Damit lassen sich auf anschauliche Weise Probleme beschreiben, die ansonsten eine zu starke persönliche Färbung annehmen würden.

1 Haben Sie ein physisches Revier? Wie könnten Sie es verbessern? Wirkt es für Außenstehende eher einladend oder abschreckend?

2 Wie sieht Ihr psychologisches Revier aus, Ihr Verantwortungsbereich? Wird es von anderen anerkannt? Können Sie es klarer definieren?

3 Diskutieren Sie mit Ihrer Arbeitsgruppe über physische und psychologische Reviere. Sind die Mitglieder der Gruppe damit zufrieden? Suchen Sie nach Verbesserungsvorschlägen.

4 Bestehen klare Reviervorschriften, wie zum Beispiel, wer wessen Revier ohne Einladung aufsuchen oder inspizieren darf? Bedarf es einer Erlaubnis? Welche Formen der Kontrolle sind legitime Privilegien und welche nicht? Erörtern Sie, wie die Grundregeln aussehen und wie sie aussehen sollten.

Der Nachspann zu dem Dokumentarfilm im Fernsehen gestern abend war ziemlich lang. Schätzungsweise nahm er über zwei Minuten kostbare Sendezeit in Anspruch. Das kostet doch bestimmt eine Menge Geld. Wieso machen die so was? Ich meine, wen interessiert es denn, daß Doreen Ismael als Assistenzrequisiteurin an dem Film mitgewirkt hat? Ja, die Namen des Regisseurs und vielleicht des Kameramanns und des Sprechers waren wichtig. An sie wollte ich mich vielleicht einmal erinnern. Aber der Rest ...?

»Das siehst du ganz verkehrt«, erklärte mir ein Freund vom Fernsehen. »Du willst vielleicht nicht wissen, wer sie sind, aber sie wollen dir mitteilen, wer sie sind. Damit unterschreiben sie ihre Arbeit. Und ich kann dir nur sagen«, fügte er hinzu, »wenn wir auch nur einen Buchstaben in diesen Namen falsch schreiben, dann ist die Hölle los.«

Weshalb können wir nicht alle unsere Arbeit irgendwie unterschreiben?

5
Der umgekehrte Doughnut

»Also das hätten wir«, meinte der Elektriker und räumte sein Werkzeug in die Tasche. »Vielen Dank«, sagte ich. Dann bemerkte ich ein auffälliges Stück Draht an der Seite eines Dachbalkens. »Muß der Draht da so vorstehen?« fragte ich. »Sieht wirklich häßlich aus.« Er setzte ein Gesicht auf, als wollte er in Verteidigungsstellung gehen. »Ja, da müßte man halt mal nachsehen, wo es herkommt, aber das hätten Sie mir schon vorher sagen müssen. Jetzt hab' ich keine Zeit mehr, ich muß weg. Wenn Sie das noch machen lassen wollen, dann können Sie mir ja einen neuen Auftrag erteilen.« Bei den letzten Worten hatte er sich durch die Tür gedrückt. Jahrelang lebte ich mit diesem Draht, und jeden Abend dachte ich mir: »Warum muß man diesen Idioten eigentlich immer alles bis ins kleinste vorkauen? Haben die denn keinen eigenen Kopf zum Nachdenken?«

Ein Job ist ein Job ist ein Job, wie mein Boß gern bemerkte. Heute hätte er damit unrecht. Ein Job ist mittlerweile in hohem Maße das, was man daraus macht. Wie ein umgekehrter Doughnut! Lassen Sie mich das erklären.

Ich spreche von einem New Yorker Doughnut, einer Art Krapfen, aber in der Mitte mit einem Loch statt mit Marmelade. Um eine gute Organisation in die Wege zu leiten, müssen Sie den Doughnut in Ihrem Kopf umdrehen, so daß das Loch gefüllt und der Leerraum auf der Außenseite ist. Wenn Sie sich so etwas vorstellen können. Sieht ungefähr so aus:

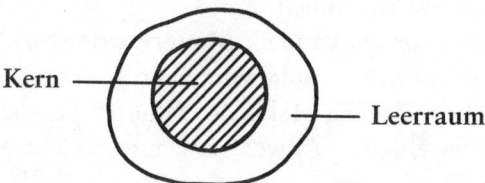

Sie können es sich auch als Spiegelei denken, wenn Ihnen das lieber ist. Für mich hört sich einfach die Umgekehrter-Doughnut-Managementtheorie interessanter an als die Spiegeleitheorie, aber ein jeder nach seinem Geschmack!

Die Theorie lautet folgendermaßen. In all unseren Jobs und Rollen gibt es eine Reihe von Dingen, die wir nicht unterlassen dürfen, wenn wir nicht versagen wollen. Diese Angelegenheiten können in einem Vertrag festgelegt sein oder in der offiziellen Arbeitsbeschreibung in Ihrer Schreibtischschublade liegen. Wenn Sie in einem fortschrittlichen Unternehmen tätig sind, dann orientieren Sie sich vielleicht an Zielvorgaben. Oder Sie haben den Komplex, den Sie bewältigen müssen, im Kopf, auch ohne daß man Sie ständig daran erinnert: die Kinder waschen und anziehen, ihnen das Essen zubereiten und sie in die Schule bringen.

Verschlossene Ladentüren um zehn Uhr, da hat jemand verschlafen; dem Restaurant geht das Essen aus, jemand hat geschlampt; keine Treppe und kein Gang zum Empfang des ankommenden Flugzeugs, kein Leitartikel für die morgige Zeitung – die Zeichen für Versagen können trivial und offensichtlich sein oder kritisch und ohne unmittelbare Auswirkungen, so zum Beispiel, wenn es das Topmanagement versäumt, in neue Technologien zu investieren.

Die Dinge, die man tun muß, wenn man nicht versagen will, repräsentieren den festen Kern des umgekehrten Doughnut, das Eigelb. Aber das

Leben ist leider unfair. Die Sache hat einen Haken. Auch wenn man alles nach Wunsch erledigt, hat man den Erfolg noch nicht in der Tasche. Es wird noch mehr erwartet. Man muß den ganzen Doughnut ausfüllen, auch das Eiweiß, nicht nur das Eigelb. Das Dumme ist nur, niemand kann voraussagen, wie man den Hohlraum mit Leben füllt. Wenn es bekannt wäre, dann stünde es auf der Liste für den Kern. Dieser Raum stellt den eigentlichen Hohlraum im Doughnut dar, den Raum, in dem man seinen eigenen Kopf bemühen muß, um über den Kern hinauszugelangen und die notwendigen Aufgaben so weit auszudehnen, daß sie den Doughnut bis zu seinen unsichtbaren Grenzen ausfüllen.

Früher war das alles ganz anders. Man erwartete von den Leuten, daß sie machten, was ihnen aufgetragen worden war, nicht mehr, nicht weniger. »Drehen Sie hundertfünfzig Mal in der Minute an dieser Kurbel.« »Füllen Sie diese Formulare so aus. Abweichungen sind nicht gestattet.« »Halten Sie sich an den Zeitplan.«

Manche Leute sind engstirnig. Bei meiner Arbeit in der Ölbranche im Fernen Osten gehörte die Inspektion einer Reihe von Öldepots zu meinen Aufgaben. In jedem Depot mußten Schreiber täglich über den Zu- und Abfluß Buch führen und die Ergebnisse mit der Anzeige des Ölstandmessers in den Tanks vergleichen. All ihre Zahlen trugen sie in das offizielle Geschäftsbuch ein. Es handelte sich ausnahmslos um gute Arbeiter, die die Meßzeiten peinlich genau einhielten und die Zahlen ohne Fehler übertrugen. Eines Tages jedoch warf ich beim Besuch eines ziemlich entfernt gelegenen Depots einen Blick in das Geschäftsbuch. Auf dem neuesten Stand und ordentlich, das sah ich auf einen Blick, aber dann bemerkte ich eine stetig wachsende Abweichung zwischen der Menge, die sich laut Buchführung in den Tanks hätte befinden müssen, und der tatsächlich vorhandenen Quantität. Entweder ein Leck oder ein Dieb.

»Wie lange ist der Unterschied schon zu bemerken?«

»Seit zwanzig Tagen«, antwortete der Schreiber.

»Und warum haben Sie nichts unternommen?« fragte ich wütend.

»Meine Aufgabe ist es, Buch zu führen, Sir. Niemand hat mir gesagt, daß ich die Zahlen auch auslegen soll.«

Und ich kenne genügend Buchhalter, die so denken!

In der Vergangenheit störte es nur, wenn Angestellte ihre Kompetenzen überschritten. Die Organisationen sollten reibungslos funktionieren wie ein Uhrwerk, und so wurden sie auch aufgezogen. Jedes Teil an seinem Platz, und ein genau festgelegter Platz für jedes Teil. Auch Familien boten solch ein Bild, Klassenzimmer und Krankenhäuser ebenfalls (bei manchen hat sich bis heute nichts daran geändert).

Und es klappte auch ganz gut in einer Welt, in der sich fast nichts veränderte. Die Organisation konnte sich darauf verlassen, daß die Rezepte von gestern oder vom letzten Jahr auch morgen noch Gültigkeit besitzen würden. Wichtiger noch, die Leute an der Spitze wußten genau, was in jedem einzelnen Bereich gespielt wurde oder eigentlich gespielt werden sollte. Dadurch hielten sie alles unter Kontrolle. Es heißt, der französische Kultusminister konnte früher auf die Uhr und den Kalender sehen und wußte ganz genau, was jeder einzelne Schüler seines Landes gerade lernte. Eine beispielhaft straffe Organisation! Vielen Managern schwebte in der Vergangenheit als Ideal eine ähnliche Präzision vor. Aber nicht nur ihnen, sondern auch den Lehrern, den Oberschwestern und den Armeeausbildern. Eine Welt der vorgefüllten Doughnuts.

Jetzt, wo ich in die mittleren Jahre gekommen bin, erinnere ich mich an praktisch nichts mehr von dem, was ich in der Schule gelernt habe. Ein paar Brocken aus auswendig gelernten Gedichten, Multiplikationstafeln, ein, zwei wirre Bruchstücke aus der Geschichte und einige seltsame Ortsnamen wie Hindukusch oder Montevideo, die ich kaum auf der Landkarte ausfindig machen, geschweige denn bereisen könnte. Eines habe ich jedoch viel zu gut gelernt. Und zwar, daß jedes Problem im Leben irgendwo von irgendwem bereits gelöst worden ist. Die Antwort lag schon bereit. In den Notizen des Lehrers, im Lösungsteil des Lehrbuchs. Es kam also nur darauf an, herauszufinden, wer die richtige Antwort hatte, dann war das Problem gelöst. Ich brauchte viele Jahre, um damit zu Rande zu kommen, daß die meisten Probleme ihrer Art nach neue Probleme sind, mit denen wir uns herumschlagen müssen, bis wir auf eine neue Lösung stoßen. Alte Antworten können sich vielleicht als nützlich erweisen, aber sie bieten nicht unbedingt die Antwort auf neue Probleme. Meine Schulausbildung bereitete mich auf eine Welt von Doughnuts vor, die alle von älteren und klügeren Köpfen vorprogrammiert worden sind. Bald fand ich heraus, daß mich die meisten meiner Jobs und Lebensrollen mit einer Unmasse an Hohlraum konfrontierten. Als ich dann Vater wurde, schrillten alle Alarmglocken. Weder Bücher noch Lektionen hatten mich auf diese furchteinflößende Aufgabe vorbereitet. Eine Aufgabe, die jeden Fehler schonungslos offenlegte, den Erfolg in weite Ferne rückte und überhaupt kaum zu definieren war. Eine Rolle, die schier endlos neue Fragen aufwarf, die niemand außer meiner Frau und mir beantworten konnte.

Unsere heutigen Doughnuts weisen einen sehr viel größeren Raum außerhalb des Kerns auf. Das Weiße des Eis ist ungleich größer als das Gelbe. Zum Teil liegt das daran, daß jeder mehr nach seinem eigenen Willen handeln und seine Zeit und Arbeit ein wenig mehr kontrollieren möchte. Sicherlich hat es auch etwas mit der besseren Ausbildung der Menschen zu tun und dem größeren Zutrauen, das die Vorgesetzten ihren Fähigkeiten entgegenbringen. Entscheidend ist jedoch, daß die Welt nicht mehr so berechenbar und beherrschbar ist. Die Ereignisse lassen sich nicht mehr vorhersehen, die geeigneten Anweisungen nicht mehr erteilen. Natürlich kann sich die Kassenkraft im Supermarkt auf ihre Anleitungen stützen, und sie kann auf den Klingelknopf drücken, wenn sie damit nicht mehr zurechtkommt, aber auch in einer solchen Routinearbeit voller Disziplin läßt sich das Unerwartete nicht ausschließen. Der übergeschnappte Kunde, der nicht funktionierende Computer, der verärgerte Käufer, alles Fälle, in denen keine Vorprogrammierung hilft und sich die Kassenkraft auf die eigene Initiative und den eigenen Verstand verlassen muß. Mit dem Spruch »Davon steht aber nichts in den Vorschriften, gnädige Frau« kommt man nicht durch.

Größere Doughnuts, das bedeutet demnach verantwortungsvollere Jobs und kompetentere Mitarbeiter. Es ist nur konsequent und auch richtig, wenn diese Leute mehr kosten. Dafür braucht man auch weniger Mitarbeiter und vor allem weniger Führungskräfte, die den Mitarbeitern sagen, was sie zu tun haben, und die sie überwachen. Früher nannte man das Arbeitserweiterung, aber das bedeutete oft nur, daß der Betreffende für mehr Geld mehr von derselben Arbeit zu leisten hatte. Größere Doughnuts mit mehr Hohlraum bringen andere Jobs mit sich, Arbeiten mit neuem Spielraum für Initiative, Umsicht und Entscheidungsfähigkeit.

Deshalb werden die Organisationen überall immer flacher, die Zahl der Hierarchiestufen nimmt ständig ab, und immer mehr Mitarbeiter berichten ein und derselben Person. In Japan heißt es zum Beispiel, daß der Vorarbeiter hundert Leute beaufsichtigt. Diese Aufgabe kann er nur dann bewältigen, wenn sie sich die meiste Zeit um sich selbst kümmern, ihr eigenes Urteilsvermögen einsetzen und die Initiative ergreifen dürfen und können – wenn sie also über geräumige Job-Doughnuts verfügen. Das gleiche gilt für den Schulunterricht; den Lehrern muß immer größere Unabhängigkeit eingeräumt werden. Die neuen Erziehungskriterien gehen sogar noch einen Schritt weiter, wenn sie auch die Schüler zu eigenständigem Denken auffordern, damit sie selbst ihre Doughnuts auffüllen und nicht immer nur vom Lehrer Antworten und Anweisungen erwarten. Verkäufer, Wartungspersonal, Installateure und Elektriker, Lastwagenfahrer und Flugzeugpiloten, sie alle müssen Vorschriften befolgen und Systeme einhalten, aber man erwartet auch von ihnen, daß sie darüber hinausgehen, wenn sich eine unerwartete Situation oder Gelegenheit ergibt.

Wir baten John (den bewußten Elektriker) um den Einbau einer Sicherheitslampe, eine dieser Lampen mit einem Sensor, die sich einschalten, wenn man daran vorbeigeht. »Klar«, meinte er. »Kann ich machen, wann Sie wollen.« Ein paar Tage später unterhielten wir uns mit Maurice, einem anderen Elektriker. »Solche Sicherheitslampen verdienen doch gar nicht mehr ihren Namen«, erzählte er uns. »Jeder Einbrecher weiß Bescheid, damit hat er bloß noch mehr Licht für seine Arbeit. Abschrecken läßt sich von so was bestimmt keiner. Aber ich sag' Ihnen mal was, ich könnte den Sensor mit einer Lampe im Haus verbinden, neben einem Schlafzimmerfenster. Das sieht für jeden Einbrecher so aus, als hätte er drinnen jemanden aufgeweckt. Damit könnte man ihn wahrscheinlich wirklich abschrecken.«

John hätte bestimmt nicht versagt, wenn er sich an unsere Anweisungen gehalten hätte, aber er hätte sich nur an den Kern seines Doughnut gehalten. Maurice hingegen nahm in seinem den ganzen Raum ein. In Zukunft wenden wir uns wegen Elektroarbeiten nicht mehr an John, sondern an Maurice.

Die Führung von Leuten mit großen Doughnuts kann Kopfzerbrechen bereiten – man weiß einfach nicht, was sie die ganze Zeit treiben. Wie unternehmungslustige Kinder möchte man sie gern zur Unabhängigkeit ermuntern, aber was passiert, wenn sie es falsch verstehen? Ein wirkungsvolles Mangement ihrer Doughnuts setzt voraus, daß man den Kern mit großer Sorgfalt umreißt, damit man zumindest sicher sein kann, daß die wesentlichen Aufgaben verstanden und die Regeln eingehalten werden. Auch der äußere Rand der Doughnuts muß genau begriffen werden: »Verlassen Sie nicht diesen Bereich«; »Geben Sie nicht mehr aus als ...«; »Handeln Sie nicht ohne Rücksprache mit der Finanzabteilung« und ähnliche Anweisungen sollten klare Grenzen ziehen. Aber selbst damit ist es noch nicht getan. Der einzelne muß den Zweck seiner Arbeit hundertprozentig einsehen. Wenn er seine Initiative fruchtbar einsetzen soll, dann müssen alle darin übereinstimmen, was als Verbesserung zählt. Wenn der Schüler seinen Unternehmungsgeist und seine Umsicht zum Schuleschwänzen und nicht zu Nachforschungen für sein Projekt benutzt, dann ist die Philosophie des großen Doughnut ein Fehler. Er muß dem Projekt verbunden sein, der Lehrer muß sich auf ihn verlassen können, und jemand muß sich vergewissern, daß er für die Nachforschungen auch über die nötige Kompetenz verfügt. Auch die besten Chancen helfen einem nichts, wenn man nicht die richtige Ausbildung hat, um sie zu nutzen.

Verbundenheit, Vertrauen und Ausbildung, so heißen die drei Grundvoraussetzungen für gutes Doughnut-Management und für *jede* gute Organisation. Leicht zu sagen, aber schwer zu erreichen. Doughnut-Denken ist immerhin schon so alt wie die Menschheit. Selbst in der Bibel finden wir das Gleichnis von den Talenten. Der Vater verteilt Geld an seine Söhne. Der eine versteckt es und bringt es ihm unangetastet wieder zurück, stolz, seiner Pflicht Genüge getan zu haben. Aber der andere investiert das Geld und bringt ein Vielfaches des Betrags zurück – ein Doughnut, der über den Kern hinaus angefüllt ist. Wir sollten uns freuen. Doughnuts mit viel Spielraum außerhalb des Kerns bieten uns mehr Gelegenheiten, unsere besonderen Gaben zu verwirklichen. Wir sind keine Rädchen im Getriebe mehr, sondern selbständige, unverwechselbare Persönlichkeiten.

Einige Fragen zum Nachdenken und Diskutieren

Gute Organisation setzt nicht zuletzt gezieltes Doughnut-Denken voraus.

1 Fangen Sie bei Ihrer Arbeit an, oder bei einer von Ihren Arbeiten. Notieren Sie, was Sie für den Kern halten, was Sie tun *müssen*. Ziehen Sie die Grenzen Ihrer Umsicht und Kompetenz, wenn es welche gibt (Unternehmer kennen bekanntlich keine Grenzen). Schreiben Sie auf, was nach Ihrem Verständnis in Ihrer Arbeit als Erfolg anerkannt würde. Geben Sie ein paar Beispiele.

2 Zeigen Sie diese Liste Ihrem Partner oder Boß. Sind sie Ihrer Meinung? Arbeiten Sie mit ihnen zusammen eine gemeinsame Definition des Erfolgs aus, einen Maßstab dafür und ein Ausbildungsprogramm, damit Sie einen noch größeren Doughnut ausfüllen können. Lassen Sie Ihre Untergebenen eine ähnliche Liste erstellen, und besprechen Sie sie mit ihnen.

> Es war ein wundervolles Konzert. Der Chor der Kathedrale hatte sein Bestes gegeben. Voller Stolz hatten wir auf unseren neunjährigen Sohn geblickt, der als Mitglied des Chors an den herrlichen Darbietungen teilnehmen durfte. Als wir ihn an der Seitentür abholten, bot er einen Anblick des Jammers, und eine Träne lief ihm über die Wange.
>
> »Was ist los?« fragten wir bestürzt.
>
> »Beim letzten Refrain hat mir Mr. Robinson einen Blick zugeworfen.« Er schluckte ein paar Tränen hinunter.
>
> »Was soll denn daran so schlimm sein? Was für einen Blick denn?«
>
> »Einen giftigen. Ich habe nämlich den falschen Ton gesungen.«
>
> »Hab' ich nicht gehört.«
>
> »Du natürlich nicht, aber er und ich und alle. Ich habe sie im Stich gelassen.«
>
> Kein Wunder, dachte ich, daß der Chor so gut singt. ›Null Fehler‹ nennt man das in der Industrie, im Chor heißt es die ›richtige Tonlage‹. Entweder man trifft den Ton, oder man trifft ihn nicht. Das ist Qualität. Und der schafft das alles mit einem einzigen Blick!

6
Die Rollen des Schauspielers

> Meine Rolle? Was ich für eine Rolle spiele? Ich bin Mr. Robotniks Stellvertreter oder, man könnte auch sagen, Ersatzmann.

»Ich verstehe nicht, wie Sie sich als schüchtern bezeichnen können«, sagte sie. »Sie stehen vor hundert Leuten, wickeln Sie mit Ihren Geschichten um den Finger, Sie beherrschen die Situation, ohne eine Spur von Nervosität – ich könnte so was nicht. Und dann erzählen Sie mir, daß Sie gegenüber Fremden schüchtern sind.«

»Ja, aber da spiele ich auch eine Rolle«, erklärte ich ihr. »Ich besitze eine Spielerlaubnis. Aber wenn Sie mich in eine Gruppe setzen, in der mich niemand kennt und in der ich nur ein ganz gewöhnliches Gesicht vorzuweisen habe, dann bringe ich keinen Ton heraus. Niemand hat mir meine Rolle zugeteilt, und es fällt mir schwer, ins Gespräch einzugreifen. Und wenn ich es schaffe, dann entsteht eine kurze Pause, und die Unterhaltung geht wieder weiter, als hätte ich nichts gesagt. Eine Art Plopp-Effekt, wie bei einem Stein, der in einen Weiher fällt und stumm bis zum Grund hinabsinkt.«

Jeder Mensch benimmt sich je nach Ansprechpartner anders. Jeder Mensch stellt sich anders auf die jeweilige Situation ein. Diese offensichtliche Tatsache sollten wir nicht aus den Augen verlieren. Meine Schwiegermutter ist eine wunderbare Gastgeberin, aber ein ziemlich unangenehmer Gast. Anders ausgedrückt, viele Leute wollen die Situation kontrollieren, und nur dann können sie sich entspannen und ihre wahre Persönlichkeit entfalten. Kinder bleiben vor ihren Eltern Kinder, auch wenn sie schon fünzig Jahre alt sind, weil sie sich in diesem ›Stück‹ die ›Kinderrolle‹ haben zuweisen lassen. Die Rolle, die wir spielen, weil wir sie akzeptieren oder uns aufzwingen lassen, beeinflußt unser Verhalten.

Je älter ich werde, desto klarer erkenne ich, daß im Hinblick auf Glück und Erfolg viel von der rechten Wahl der Rollen abhängt. Es gilt, sich nur die Rollen auszusuchen, die einem liegen. Die Fähigkeit dazu hängt zum einen von der Reife des Alters ab, aber auch von der Einsicht, daß manche Rollen unpassend sind. In der Jugend bilden wir uns aufgrund einer natürlichen Ignoranz oder Arroganz ein, wir könnten uns jede Rolle nach der eigenen Façon zurechtbiegen. Aber das trifft nur selten zu. Erfolg haben die, die schon früh mit Glück oder Geschick die ihnen passende Rolle finden und nie in eine schlüpfen wollen, die ihrem Typ nicht entspricht.

Ganz ähnlich besteht das Geheimnis guter Organisation oft darin, die Persönlichkeit auf die Rolle einzustellen, oder manchmal auch darin, die Rolle auf die Persönlichkeit abzustimmen. Organisationen, die jedem Kandidaten eine feste Reihe von Arbeiten vorschreiben und von ihnen erwarten, daß sie in jeder mit gleichem Erfolg abschneiden, handeln einfältig. Eine vernünftigere Einstellung zeigen da die Japaner, die ihre neuen Mitarbeiter im Schnellauf durch verschiedene Jobs mit gleichem Schwierigkeitsgrad schleusen, um herauszufinden, für welche Bereiche und Rollen sie sich am besten eignen.

Auch wir selbst sollten uns zur Selbstfindung schon früh im Leben auf solch einen Schnellauf einlassen. Ich kann mich nur darüber wundern, wie viele Menschen in irgend welche Karrieren und Berufe hineinschlittern, »weil schon mein Vater in dieser Branche gearbeitet hat« oder »weil es sich so ergeben hat«, und dort glücklich oder unglücklich ein Leben lang hängen bleiben. Dabei hätte der schlappe Anwalt vielleicht einen Superlehrer und der überforderte Beamte einen brillanten Verkäufer abgegeben. Erzwungene Lebensveränderungen können zu neuen Entdeckungen führen.

Richard war Sohn eines Pastors, hatte aber seine Vergangenheit hinter sich gelassen. Er wollte sich ins Erwerbsleben stürzen, wollte Geld, aufregende Reisen, suchte die Freude an Auseinandersetzungen, nicht an seelsorgerischer Tätigkeit. Dreißig Jahre lang folgte er in einer Reihe von Jobs bei verschiedenen Unternehmen seinem Wunsch. Er verkaufte alkoholische Getränke, Tabak oder Immobilien. Aber irgendwie schaffte er nie den Durchbruch zur ersten oder auch nur zur zweiten Garnitur. Ständig frustriert wechselte er immer wieder zu einem neuen Unternehmen – mit neuen Hoffnungen und voller Ehrgeiz. Aber schon nach wenigen Jahren hatte ihn die Realität wieder eingeholt.

So wurde er zum unfreiwilligen Experten in Sachen Arbeitssuche, Stellenvermittlung, Einstellungsgespräche und -verfahren für das mittlere Management. Es erschien nur folgerichtig, daß ihm der Personalberater, über den er sich für seine neueste Arbeit beworben hatte, eines Tages einen Job in seiner Agentur anbot. Man erklärte ihm, daß er in dieser Funktion Arbeitssuchende unterweisen und anleiten sollte. Mit seiner Erfahrung und seiner hilfsbereiten Einstellung würde er ihnen von großem Nutzen sein. Begeistert nahm er das Angebot an: »Genau die Arbeit, die mir liegt.«

Sein Vater mußte bestimmt noch im Grab grinsen. So wenig kennen wir uns selbst und die Rollen, die zu uns passen.

Die Rollen im Leben sind eine Sache, die in einer Organisation eine andere. Den wenigsten von uns geht wie es wie Pooh-Bah in *The Mikado,* der die Funktionen eines ersten Premierministers, General-

staatsanwalts, Schatzkanzlers, Verwalters der Privatschatulle und Privat-
sekretärs auf sich vereinigte und, immer wenn er in einen Zuständigkeits-
konflikt geriet, mit sich selbst zu streiten begann. Und trotzdem wird
jeder, der andere führen muß, feststellen müssen, daß seine vordergrün-
dig so einfache Aufgabe in Wirklichkeit dem Hut eines Zauberers
gleicht, aus dem immer neue Tücher hervorquellen.

»Naja, ich würde sagen, meine Hauptaufgabe besteht in der Organisation. Ich muß dafür sorgen, daß jeden Tag alle nötigen Sachen da
sind, und zwar in gutem Zustand. Dann muß ich zusehen, daß jede
Person unter meiner Aufsicht zum richtigen Zeitpunkt dort ist, wo
sie hingehört. Aber das ist nur der Anfang. Außerdem muß ich auch
noch Unterricht und Anweisungen erteilen, denn im Grunde genommen liegt meine Hauptaufgabe darin, daß jeder von ihnen so schnell
wie möglich lernt und wächst und bis an die Grenzen seiner Leistungsfähigkeit geht. Das würde mir auch Spaß machen, aber natürlich muß ich sie nicht nur unterrichten, sondern auch beurteilen,
nicht nur belohnen, sondern auch tadeln. Bei Streitereien und Auseinandersetzungen muß ich schlichten und ernsthafte Zusammenstöße
abwenden. Manchmal muß ich meine ganze Persönlichkeit in die
Waagschale werfen, um meine Autorität durchzusetzen. Auch das
ginge ja noch, aber nebenher muß ich auch noch meine eigene Arbeit
erledigen, ans Telefon gehen, Briefe beantworten, Lieferanten bezahlen oder bestellen, und das alles täglich. Manchmal fühle ich mich,
als müßte ich gleichzeitig fünf verschiedene Leute an fünf verschiedenen Orten sein.«
»Und was machen Sie?«
»Ich bin Mutter.«

Jedes Tuch in diesem Zauberhut verlangt etwas anderes von uns. Niemand kann in jeder Situation Experte sein. Es kommt also darauf an,
mehr von dem zu machen, was man am besten kann. Aber dazu muß
man jede Rolle kennen und sich selbst gegenüber aufrichtig sein.

Eine Arbeit läßt sich auch als Spinnennetz betrachten. Sie sind die
Spinne, die in der Mitte sitzt, und von dort führen Linien zu allen, zu
denen Sie in Ihrer Funktion Kontakt halten. Einige Linien sind kurz und

fest, weil die Leute für Sie von großer Bedeutung sind und Sie viel mit Ihnen zu tun haben. Andere, lange und dünne Linien bezeichnen die Verbindung zu weniger wichtigen Leuten, mit denen Sie seltener Kontakt haben. Und schließlich tritt auch die eine oder andere kurze, aber dünne Linie auf – das seltene Zusammentreffen mit jemandem von hoher Bedeutung (dem Chef des Chefs). Das Ganze könnte in etwa so aussehen:

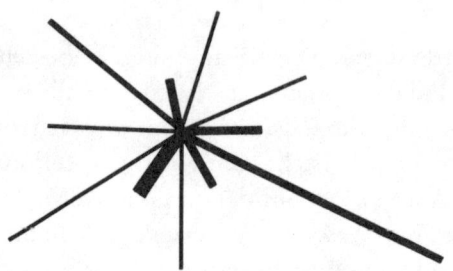

Erstaunlicherweise bereitet es in der Regel keine Schwierigkeiten, zwanzig verschiedene Leute in einem solchen Rollennetz auszumachen. Das Dumme ist nur, daß jeder von den zwanzig Sie anders einschätzt, andere Erwartungen an Sie heranträgt und ein anderes Verhältnis zu Ihnen hat. Sie müssen demnach zwanzig verschiedene Rollen spielen, und Sie können nicht in allen gut sein. »Wer bin ich eigentlich?«, möchte man fragen, wenn man sich so vielen verschiedenen Einschätzungen ausgesetzt sieht. Eine gute Frage. Eine Schwierigkeit in der Zusammenarbeit mit jeder Gruppe besteht darin, sich selbst treu zu bleiben und zu wissen, welche Rollen wirklich zur eigenen Persönlichkeit gehören.

Wie so viele andere Dinge im Bauch der Organisation traf mich die Erkenntnis, daß die Leute mich anders sehen als ich selbst oder daß sie mir mit anderen Erwartungen begegnen, wie ein Blitz aus heiterem Himmel. Eine schockierende Einsicht vielleicht, aber eine sehr wichtige. Wenn wir nur mit denen sprechen, die wir hören wollen, wie es die Diktatoren aller Zeitalter hielten, dann erfahren wir nichts Überraschendes oder Bestürzendes, aber dafür entgeht uns vielleicht die eine oder andere wesentliche Information. Wenn wir unsere Arbeit gut erledigen wollen, dann müssen wir wissen, wie die anderen unsere Rolle und unsere Leistung beurteilen. Nur dann können wir entweder unser Leistungsprofil verändern oder gegen falsche Erwartungen angehen.

Roger war deprimiert. Er hatte sich voller Enthusiasmus in die neue Arbeit gestürzt. Er war Anfänger in seiner Abteilung, aber er wollte alles lernen und zurechtkommen. Er wollte seinen Mitarbeitern das Gefühl geben, daß er nicht nur zur Planung und Kontrolle da war, sondern auch, um ihnen zu helfen.

Er war entschlossen, sich als Leiter von seinem eher kalten und abweisenden Vorgänger zu unterscheiden, den alle mehr gefürchtet als respektiert hatten. Roger befleißigte sich also eines ›volksnahen‹ Managementstils. Schaute bei dem einen auf einen Sprung vorbei, fragte den anderen nach seinen Ideen und zeigte sich insgesamt von seiner zwanglosesten und freundlichsten Seite. Aber irgendwie ließ sich die Theorie nicht in die Praxis umsetzen. Die Leute lächelten nicht zurück. Das Gespräch erstarb, wenn er den Raum betrat. Er konnte es nicht begreifen. Er war kein furchteinflößender Mensch, und auch unpopuläre Entscheidungen hatte er weder getroffen noch geplant. Eines Tages wandte er sich an Marjorie, die Personalmanagerin. »Es ist nicht Ihre Aufgabe, in den Büros herumzuschleichen«, erklärte sie ihm. »Wenn Ihr Vorgänger so etwas machte, dann nur, um jemanden zu maßregeln oder zu kontrollieren. Die Leute verstehen nicht, daß Sie ganz andere Absichten haben. Sie müssen ihr Bild von Ihrer Rolle verändern, weil Sie die Rolle Ihres Vorgängers geerbt haben. Sie müssen sie zu Ihrer eigenen machen. Vielleicht fangen Sie einfach damit an, daß Sie ihnen Ihre Absichten erklären. Einige werden Ihnen Glauben schenken, und ihre Ansicht wird die der anderen beeinflussen.«

Der amerikanische Unternehmensberater Roger Harrison hat eine überaus wirkungsvolle Übung für den Umgang mit den Verwirrungen im Rollennetz entworfen. Er nennt es Rollenverhandlung. Die Sache funktioniert folgendermaßen:

Setzen Sie sich mit Leuten aus Ihrem Rollennetz zusammen. Jeder nimmt sich drei Zettel. Auf den ersten schreibt man auf, was die anderen *mehr* machen sollten. Auf den zweiten, was sie *weniger* machen sollten. Und auf den dritten, was sie genauso weitermachen sollten. Dann werden die Zettel ausgetauscht.

Der dritte läuft auf eine positive Verstärkung eines Großteils der eigenen Tätigkeit hinaus. Den sollte man also auf jeden Fall zuerst lesen! Die anderen beiden enthalten praktische Ratschläge, denen Sie zustimmen oder auch nicht. Roger Harrison regt an, daß man die Punkte auf diesen beiden Listen für einen Tauschhandel mit seinen Partnern benutzt. Man erklärt sich bereit, einige Dinge zu machen oder zu unterlassen, wenn auch die andere Seite entsprechende Gegenleistungen bietet. Es handelt sich also wirklich um eine Verhandlung, die zu einer neuen Übereinkunft führt.

Das tatsächliche Vorgehen in der Rollenverhandlung kann sich als beschwerlich erweisen, aber das sollte einem nicht den Blick für den Wert der dahinterliegenden Idee trüben. Ihre Rolle wirkt sich nicht nur auf Sie aus, sondern betrifft unweigerlich auch andere Menschen. Je mehr Sie deren Auffassung Ihrer Rolle mit der Ihren in Einklang bringen, desto besser werden Sie die Rolle spielen können. Theaterschauspieler stützen sich auf die Hilfe des Regisseurs, um zu einem Verständnis ihrer Rolle zu gelangen. Wir normal Sterblichen können selten auf solche Hilfe rechnen. Wir müssen uns selbst helfen.

Die meisten Rollen im Leben werden uns zugewiesen. Wir können sie bis zu einem gewissen Grad ausgestalten, aber die Kernaufgabe als Abteilungsleiter oder Manager, als Krankenschwester oder Inspektor, ja sogar als Vater oder Mutter steht schon fest. Über die Interpretation der Rolle jedoch, ihre Charakterisierung können wir selbst bestimmen. Wir können uns für die Rolle des Komödianten oder des Organisators entscheiden, für die des Kommentators oder des Ratgebers oder einfach für die des passiven Zuschauers, der sich nicht ins Geschehen hineinziehen läßt und auch nicht daran teilnimmt. Wir können sogar je nach Gruppe von einer Figur zur nächsten springen – Organisator in der Arbeit, Ratgeber zu Hause.

Der Entscheidung für eine bestimmte Interpretation kommt eine größere Bedeutung zu, als es auf den ersten Blick scheinen mag. Die Leute nehmen uns beim Wort. Wenn wir in die Rolle des Komödianten schlüpfen, dann lachen sie vielleicht mit uns, aber sie werden uns kein Organisationstalent zutrauen, wenn wir nicht gelegentlich auch diese Rolle ausfüllen können. In alten Zeiten trugen die Schauspieler Masken. Und genau das machen auch wir im wirklichen Leben. Dem Außenstehenden fällt es schwer, die Realität hinter den Masken zu erkennen, also muß man seine Maske mit Bedacht auswählen. Ein Kind, das in den ersten Tagen an der

Schule den Schlingel spielt, wird wahrscheinlich im nächsten Jahr auf erheblichen Widerstand stoßen, wenn es auf einmal ernst genommen werden möchte. Oft läßt sich in solch einem Fall die Schule leichter wechseln als die Maske. Und wir wollen uns nichts vormachen, für uns Erwachsene gilt genau das gleiche.

Einige Fragen zum Nachdenken und Diskutieren

Eine gute Organisation läßt sich leichter gestalten, wenn jeder seine Rolle versteht und weiß, wie sie sich auf andere auswirkt. Niemals sollte man einfach unterstellen, daß andere wissen, was man selbst weiß, oder umgekehrt. Je mehr man sich ausspricht, desto besser.

1 Machen Sie die Übungen aus diesem Kapitel. Zeichnen Sie zuerst Ihr Rollennetz. Wählen Sie sich einen Partner aus, und spielen Sie mit ihm im Geiste eine Rollenverhandlung durch. Was würden Sie an Ihrem Verhalten ändern?

2 Verfahren Sie genauso mit Ihrer Arbeitsgruppe.
   a) Lassen Sie jedes Mitglied sein Rollennetz zeichnen, und vergleichen Sie die Ergebnisse.
   b) Lassen Sie je zwei versuchsweise eine Rollenverhandlung durchspielen.
   c) Besprechen Sie die Einsichten und Probleme, die sich daraus ergeben.
   d) Welche Veränderungen müssen sich innerhalb von Rollen und Arbeitsgewohnheiten vollziehen?

3 Welche Rolle (Komödiant, Organisator, Ratgeber oder Zuschauer etc.) nehmen Sie in den verschiedenen Teilen Ihres Lebens ein? Welche würden Sie gern ändern und wie?

Im Fernsehen sah ich Fiona Campbell-Walker, die ihr Leben als Topmodell in den fünfziger Jahren und dann ihre Ehe mit Baron Thyssen beschrieb, einem der reichsten Männer der Welt.

»Ich habe mich sehr darum bemüht, ihm eine gute Frau zu sein«, erzählte sie. »Ich lernte Italienisch, Französisch und Deutsch, so gut ich konnte. Als Gastgeberin empfing ich die Leute, die ihm wichtig waren, und ich versuchte immer, schön auszusehen für ihn. Es kostete mich große Anstrengung, und oft war es sehr schwer, und ich fühlte mich einsam. Als er die Scheidung einreichte, fragte ich ihn, was falsch gelaufen war.«

»Du warst so langweilig«, antwortete er.

Manchmal nehmen wir in der besten Absicht unsere Rolle so ernst, daß wir unsere wirkliche Persönlichkeit verlieren.

7
Marathon und Pferderennen

Der Start des London Marathon, und eigentlich jedes Marathon-laufs, fasziniert mich immer wieder. Zwanzigtausend Leute in einem Rennen. Sie brauchen zehn Minuten, bis sie alle durch das Starttor gelaufen sind. Verrückt, wo doch nur einer gewinnen kann. »Das sehen Sie ganz falsch«, erklärte mir einer der Läufer, als ich ihm das sagte. »Ein Marathonlauf ist kein Pferderennen. Wir wollen nicht das Rennen gewinnen, wir laufen gegen uns selbst. Sieger ist jeder, der ankommt.«

Pferderennen oder Marathon, zwischen beiden liegen Welten. In einem Pferderennen zählen die ersten drei, und die anderen erscheinen unter ›ferner liefen‹. In einem Marathon hat jeder gewonnen, der es bis ins Ziel schafft. Fast allen Teilnehmern kommt es nur darauf an, ihre alte Zeit zu verbessern. Die Atmosphäre am Ende eines solchen Marathonlaufs – allgemeine Erschöpfung und Euphorie – unterscheidet sich spürbar von einem Pferderennen, bei dem einige wenige jubeln, den meisten jedoch die Niedergeschlagenheit und die Enttäuschung deutlich ins Gesicht geschrieben stehen.

Wir können Teile des Lebens und das Leben selbst als Pferderennen oder als Marathon auffassen. Und unsere Entscheidung für das eine oder das andere kann von enormer Tragweite sein. Manchmal werde ich gebeten, anläßlich einer Preisverleihung an einer Schule eine Rede zu halten. Doch ich lehne immer ab. Zum Teil, weil ich gar nicht weiß, was ich sagen sollte, und zum Teil auch, weil mich ein Unbehagen beschleicht, wenn ich so vielen Menschen gegenübertreten muß, die *keinen* Preis bekommen. Ich würde mir vorkommen wie in einer Versammlung von Verlierern, nicht von Gewinnern.

Prüfungen an britischen Schulen waren früher organisiert wie ein Pferderennen. Das Verfahren trug den Namen ›Normerfüllung‹. Die Arbeiten wurden korrigiert, und dann setzte man ganz einfach das Durchschnittsergebnis als Marke an, die zum Bestehen reichte; die oberen zehn Prozent hatten mit Auszeichnung, die nächsten zwanzig Prozent mit Anerkennung bestanden. In einem solchen System mußte die untere Hälfte per definitionem und unabhängig von der tatsächlichen Qualität ihrer Arbeiten durchfallen. Ein Mammutpferderennen. Doch das System wurde abgeschafft. Jetzt werden die Mindestvoraussetzungen von vornherein festgelegt. Und das Ganze nennt sich jetzt ›Kriterienerfüllung‹. Jeder, der dieses Niveau erreicht, hat die Prüfung bestanden – unabhängig von der Gesamtzahl der erfolgreichen Kandidaten. Und so erhielten 1989 vierzig Prozent der Bewerber für die Lateinprüfung die Note 1. Jetzt ist die Prüfung ein Marathon, ein Rennen, das eines Tages alle gewinnen werden. Nur die wenigsten Leute bestehen nie ihre Fahrprüfung. Sie scheitern vielleicht beim ersten, zweiten oder dritten Mal, aber mit genügend Ausdauer schaffen sie es am Ende doch. Und niemand hält den Test für zu leicht, nur weil ihn zuletzt jeder besteht.

Wir können sowohl das Leben als auch Organisationen als Marathonläufe oder als Pferderennen gestalten. Das hängt zum größten Teil von uns ab. Die Konkurrenz ist schließlich überall. Wir müssen uns ihr stellen, aber wir können die Konkurrenten als diejenigen sehen, die uns den Preis wegschnappen, oder aber als Läufer in einem gemeinsamen Rennen.

Konkurrenz belebt das Geschäft. Sie setzt Standards. Bei einem Besuch in einem osteuropäischen Land mit nur zehn Millionen Einwohnern beeindruckte mich besonders, daß man in der dortigen zentralen Planwirtschaft drei Düngemittelfabriken errichtet hatte, wenngleich eine optimale Kostenplanung eigentlich nur eine große zugelassen hätte. Tatsächlich bestätigte man mir, daß eine Fabrik effizienter arbeiten könnte, aber man müßte dann die Leistungsfähigkeit zentral über Meßstandards bestimmen. Bei drei Fabriken setzt die beste die Standards für die anderen.

Konkurrenz setzt Energie frei. Kein Zweifel, daß die Menschen in einem Rennen schneller laufen als im Training. Man rafft sich eben nicht so leicht auf, wenn man keinen Mitbewerber hat. Monopolinhaber neigen zur Trägheit wie auch Organisationsteile, die praktisch eine Monopolstellung besitzen: die Buchhaltungsabteilung, die Prüfungsstelle, die Personalabteilung. All diese Bereiche stellen innere Monopole dar, wohingegen sich ein Vertreterstab wenigstens an den anderen messen lassen muß.

Konkurrenz sorgt für neuen Elan. Jogging kann stinklangweilig sein, und auch das Leben und die Arbeit in einer Organisation werden manchmal zur echten Tretmühle. Niemand macht es Spaß, tagein, tagaus Muttern in ein Gerät zur Herstellung von Schrauben einzulegen, immer schön eine nach der anderen. Sorgt man jedoch für ein Bewertungssystem, für Konkurrenz und Preise, dann wird die Arbeit Mittel zum Zweck und bleibt nicht reiner Selbstzweck.

Aber Konkurrenz kann auch lähmen. Manche Leute sehen den Hauptvorzug der Konkurrenz darin, daß sie die Spreu vom Weizen trennt und die leistungsschwachen Mitarbeiter aussortiert. In diesem Fall dient sie als eine Art Unkrautmittel, das die Schwächsten vertilgt. Diese Form der Konkurrenz wirkt entzweiend. Die Leute machen sich Sorgen, besonders wenn dem Klassenletzten eine harte Bestrafung wie die Entlassung droht. Besorgte Menschen zetteln Intrigen an, um sich zu schützen. Immer mehr Energie fließt in das Bemühen, nicht auf die Verliererstraße zu geraten. Man denkt nicht mehr ans Gewinnen, nur noch an die mögliche Niederlage. Die Konkurrenz ist zum Konflikt geworden.

Die amerikanischen Autoren Peters und Waterman berichten in ihrem Buch *Auf der Suche nach Spitzenleistungen*, daß:
– die Unternehmen 3M, Fluor, TI und Bechtel interne ›Märkte‹ für Mitarbeiter unterhalten, die einem Projektteam zugewiesen werden wollen. Dadurch sind die Teamleiter gezwungen, um die besten Leute zu kämpfen.
– bei Procter and Gamble die Marken gegeneinander konkurrieren.
– Digital, HP, 3M, J&J und Wang ihre Unternehmensabteilungen und Produktlinien so einrichten, daß sich ihre Zuständigkeitsbereiche überschneiden.
– IBM mehrere Gruppen dazu ermutigt, sich in gegenseitiger Konkurrenz um Lösungen für dieselben Probleme zu bemühen.

Konkurrenz erweist sich also für jeden als angenehme Nachricht, aber nur, wenn jeder gewinnen kann. Wenn der Erfolg einen größeren Kuchen mit sich bringt und damit auch größere Stücke für alle, dann hat das seine Ordnung. Wenn aber nur einem ein größeres Stück vergönnt ist und die anderen weniger bekommen, dann sind Konflikte und Energieverschwendung vorprogrammiert. Durchaus möglich, daß einige der von Peters und Waterman aufgezählten Gruppen weniger Zeit auf die Entwicklung eigener Ideen verwandten als auf das gegenseitige Ausspionieren und Kopieren, für den Fall, daß sie auf den einen oder anderen Dreh nicht selbst gekommen waren.

Die Yale-Professorin Rosabeth Moss Kanter schreibt in ihrem Buch *When Giants Learn to Dance* über große Organisationen. Darin erzählt sie eine deprimierende Geschichte über ein AIDS-Labor in Atlanta. Hochbezahlte Wissenschaftler wurden beschuldigt, an den Experimenten interner ›Konkurrenten‹ herumgepfuscht, Forschungsmaterial der Rivalen weggeworfen und die Veröffentlichung entscheidender Ergebnisse hinausgezögert zu haben. Mit den Worten von Ms. Moss Kanter: »Als Glasschalen mit hochempfindlichen Viruskulturen umgeräumt und mit menschlichem Speichel verunreinigt wurden und als andere Materialien statt bei der Überprüfung auf dem Müll landeten, da hatte sich die hausinterne Konkurrenz weit über den Punkt hinaus entwickelt, wo man sie noch als einen Ansporn für höhere Leistungen betrachten konnte!«

Aus ihrer Untersuchung vieler großer Unternehmen zieht sie den Schluß, daß Kooperation *innerhalb* und Konkurrenz *außerhalb* der Organisation das beste Rezept für Produktivität bieten. Damit unterstreicht sie den Wahrheitsgehalt in der Metapher dieses Kapitels: den Schaden durch Pferderennen und den Nutzen von Marathonläufen. Die Konkurrenz von außen kann jeder überbieten, auch wenn sich der eine oder andere besonders dabei hervortut. Aber ein interner Markt führt meistens zu einem Pferderennen, weil nur ein Team oder eine Person die Nase vorn haben kann.

Ein Unternehmen für Haushaltsreinigungsmittel mit dem fiktiven Namen Bluline wollte seine Vertreter zu größeren Leistungen anstacheln. Also bot man der Familie des Vertreters, der die größte Umsatzsteigerung verzeichnete, einen kostenlosen Ferienaufenthalt in einer Luxusvilla mit Bediensteten auf Sardinien. Alec Mottaso gewann. Zuerst war er begeistert, aber dann bestürzt, als ihm die anderen Vertreter vorwarfen, er habe bei der Buchführung geschummelt und einige Verkäufe aus dem vergangenen Quartal im laufenden verbucht. Dadurch hätte er sein Gesamtergebnis in diesem Quartal gesteigert und gleichzeitig das des letzten gesenkt, das ja die Ausgangsbasis für den Wettbewerb lieferte. Er wies den Vorwurf zurück, aber das Gerücht hielt sich hartnäckig. Schließlich schlug er den Urlaub aus und verließ sogar später das Unternehmen. Es dauerte Monate, bis die Arbeitsmoral des Vertreterstabs wiederhergestellt war.

Im folgenden Jahr bot man den Sardinienurlaub jedem an, der eine zwanzigprozentige Umsatzsteigerung vorweisen und drei Quartale lang aufrechterhalten konnte. Zehn von achtzehn Vertretern schafften es. Man mußte noch drei weitere Villen anmieten, um das Versprechen einlösen zu können, aber über diese Rechnung ärgerte sich der Marketingleiter bestimmt nicht.

Verkaufswettbewerb läßt sich problemlos in einen Marathon verwandeln. Die Konkurrenz um Führungspositionen läßt sich auf diese Weise nicht so leicht in den Griff bekommen. Nicht jeder befindet sich in einer solch glücklichen Lage wie der Vorstand eines Familienunternehmens, der aus einer Gruppe von drei sehr begabten Managern seinen Nachfolger zu bestimmen hatte. Jeder von ihnen war der Herausforderung gewachsen, und jeder von ihnen wäre enttäuscht gewesen, wenn er das Nachsehen gehabt hätte, und hätte vielleicht sogar das Unternehmen verlassen. »Und wie haben Sie dieses Problem gelöst?« fragte ich. »Ich ernannte den einen und kaufte für jeden der beiden anderen ein neues Unternehmen!« erwiderte er.

Die Antwort auf die Konkurrenz um Führungspositionen sieht ähnlich aus: Man muß so viele wie möglich schaffen. Organisationen werden ›flacher‹ und verfügen über mehr eigenständige Zweige oder Aktivitäten, von denen jede der ›Zentrale‹ und nicht der ›Führung‹ berichtet. Jeder dieser Zweige hat seinen eigenen Leiter und konkurriert mit den anderen um höhere Standards und bessere Ergebnisse. In solchen Organisationen kann jeder wie in einem Marathon seine bisherige Leistung verbessern, und nur das zählt. Jeder bekommt seine Medaille, auch wenn vielleicht eine davon an einem blauen Band hängt, um den Besten der Besten auszuzeichnen.

Als man mehrere tausend amerikanische Manager nach den Umständen fragte, in denen sie Höchstleistungen erbrachten, sprachen sie nicht über Konkurrenz, sondern anspruchsvolle und verlockende Ziele, über Autonomie und Beteiligungen, Bekanntheit und Verantwortung und eine packende Aufgabe. Aus diesen Worten hört man die Spannung des Wettkampfs, aber es zählt die Teilnahme, nicht der Sieg. So kann man den vielbeschworenen olympischen Geist oft besser in einem Unternehmen verwirklicht finden als im olympischen Stadion, in dem meist nur der Sieg zählt. Wer nicht auf dem Siegerpodest steht, der hätte eigentlich gleich zu Hause bleiben können.

Wenn sich eine Marathonsituation nicht einrichten läßt, dann vermeiden Sie Pferderennen, wo immer es geht. In einer harten Konkurrenzsituation umgeben sich die Leute gern mit weniger kompetenten Mitarbeitern, damit sie selbst größere Chancen auf den Sieg besitzen. Und das bedeutet nichts Gutes für das Unternehmen. Die Leute sind auch nicht immer, ja sogar eher selten, zu Risiken oder kreativen Sprüngen bereit, für die die Konkurrenz angeblich so förderlich ist. Die Furcht vor Mißerfolgen überwiegt die Hoffnung auf den Sieg meist bei weitem, so daß die Leute einfach auf Nummer Sicher gehen.

Der Erfinder des Handikaps beim Golf war ein psychologisches Genie. Wo hat man so etwas schon einmal gesehen: ein Spiel, in dem sich die Teilnehmer das Gewinnen so schwer wie möglich machen! Das Handikapsystem sieht vor, daß man dem Gegner um so mehr Zusatzschläge zugestehen muß, je niedriger das eigene Handikap liegt. Aber gleichzeitig ist jeder geübte Spieler eifrig auf die Senkung seines Handikaps bedacht, um seine wachsende Spielstärke unter Beweis zu stellen. Golf stellt mit anderen Worten einen unaufhörlichen Marathon dar, in dem sich jeder Spieler verbessern und gewinnen kann, auch wenn er wegen seines sinkenden Handikaps die eine oder andere Niederlage einstecken muß. Doch eigentlich verliert der Durchschnittsgolfer nie, solange er nicht zum nahezu perfekten Spieler geworden ist. Kein Wunder also, daß sich das Spiel einer stets wachsenden Beliebtheit erfreut.

In der Praxis gleicht der Großteil unserer Arbeit jedoch leider weder einem Marathon noch einem Pferderennen, sondern einem mühseligen Marsch, der uns nicht halb so sehr anregt wie ein Spaziergang mit dem Hund. Aber das muß nicht so sein. Es bedarf keines großen Einfallsreichtums, um die Kilometersteine und Wegmarken einzubauen, an denen sich die Marathonläufer orientieren. Denken Sie daran, alle Läufer tragen eine Uhr und haben einen genau abgesteckten Plan, an dem sie sich messen können. Die meisten Leute wissen bei einer Autofahrt auf einer bekannten Strecke, wie lange sie brauchen sollten, um bestimmte Punkte zu erreichen, und freuen sich, wenn sie diese Zeiten einhalten. »Hab' noch nie länger als eine Stunde und fünfzig Minuten dafür gebraucht«, prahlte mein Nachbar. Bestimmt gelogen, weil ich es unter zwei Stunden einfach nicht schaffe. Nächstes Mal fahre ich um zwei Uhr morgens los, dann werden wir ja sehen!

Im Alltagsleben bestreiten wir dauernd diese kleinen Marathons, aber in der Organisation vernachlässigen wir sie. Dumm von uns. Mit ein bißchen Phantasie und Mühe könnten wir uns ein viel interessanteres, aufregenderes und produktiveres Leben aufbauen.

Einige Fragen zum Nachdenken und Diskutieren

Eine gute Organisation läßt sich leichter verwirklichen, wenn man die Arbeit als eine Reihe von Marathonläufen gestalten kann oder als Rennen gegen sich selbst – und nicht als Pferderennen.

1 Sehen Sie sich Ihre eigene Arbeit an. Suchen Sie die drei wichtigsten Arbeiten heraus, die Sie in den nächsten drei Wochen erledigen müssen. Würden Sie sie als Marathon, als Pferderennen oder einfach als Tretmühle bezeichnen?

2 Wie könnten Sie Marathonläufe daraus machen? Welche Wegzeichen brauchen Sie, um Verbesserungen messen zu können? Wer kann sie installieren? Sie selbst?

3 Wenn Sie sich die Arbeit Ihrer Untergebenen betrachten, würden Sie ihre Hauptaufgaben als Marathonläufe, Pferderennen oder keines von beiden beschreiben? Wie könnten Sie eine Veränderung herbeiführen?

4 Niemand, der sich für spannende Organisationen interessiert, sollte sich Tom Peters' vergnüglich zu lesende Bücher *Auf der Suche nach Spitzenleistungen* und *Kreatives Chaos* entgehen lassen.

»Das hätten wir also«, sagte er und stieg in das Flugzeug in Nairobi. »Bleibt nur noch Nepal für nächsten Sommer.«

»Ich verstehe kein Wort. Wovon sprechen Sie eigentlich?« fragte ich ihn.

»Ich habe Ostafrika von meiner Liste gestrichen, das ist doch nicht so schwer, oder?«

»Na und? War es wenigstens schön – die Tiere, die Menschen, die Landschaft, die Besteigung des Kilimandscharo ...?«

»Ja, natürlich. Einfach wunderbar, aber jetzt muß ich es nicht mehr machen, ich hab's hinter mir. Das ist meine Lebensliste mit Dingen, die ich unbedingt einmal machen muß. So ist doch das Leben, finden Sie nicht auch? Dinge, die man machen möchte, aber wenn man sie erst hinter sich hat, dann braucht man sie nicht noch einmal machen. Also streicht man sie von der Liste. Ich weiß bloß nicht«, meinte er, »was wird, wenn ich zum Ende meiner Liste komme.«

»Dann sind Sie tot«, erklärte ich ihm. »Hoffentlich haben Sie also eine recht lange Liste.«

8
Prophezeiungen,
die sich selbst erfüllen

Ob Sie's glauben oder nicht, in der Schule sagte man mir immer, ich bin eine Null in Kunst.

Soziologen lassen sich mitunter seltsame Sachen einfallen. Rosenthal und Jackson, zwei Wissenschaftler dieses Fachs, nahmen sich eine Schule vor – mit Erlaubnis natürlich. Sie machten mit einer Klasse einen Intelligenztest und reichten die Ergebnisse an den Klassenlehrer weiter. Aber nicht ohne sie vorher ein wenig zu manipulieren! So bekamen einige Kinder, die mittelmäßig abgeschnitten hatten, hohe Punktzahlen und umgekehrt. Der Lehrer wußte natürlich von nichts. Im nächsten Halbjahr überwachten die beiden Soziologen den Unterricht. Die durchschnittlich begabten Schüler mit den guten Noten hielten sich sehr gut. Und weshalb? Weil sie ihr Lehrer, so Rosenthal und Jackson, für besonders aufgeweckt hielt, intelligente Antworten von ihnen erwartete und sie darum bemüht waren, seinen Erwartungen gerecht zu werden.

Diese Untersuchung wurde zwar nicht nur aus ethischen Gründen, sondern auch im Hinblick auf ihre Interpretation in Zweifel gezogen, aber auf mich macht sie einen durchaus überzeugenden Eindruck. Ich weiß, wie sehr ich mich in meiner eigenen Schulzeit anstrengte, Lehrer, die Großes von mir erwarteten, nicht im Stich zu lassen, und wie sehr mich manchmal meine Leistungen selbst überraschten. Die hohen Erwartungen des Lehrers rissen mich mit.

Aber auch die negative Einstellung eines Lehrers kann sich als Motivationsschub auswirken. Einen Freund von mir wurmte die Zurückstufung in einem Fach so sehr, daß er wie ein Verrückter büffelte, um dem Lehrer seinen Irrtum zu beweisen. In diesem Fall widersprach die Zurückstufung den Erwartungen des Schülers von sich selbst. Er stand also vor der Wahl, entweder seine Selbsteinschätzung aufzugeben oder seine Leistungen zu verbessern. Er entschied sich für die zweite Möglichkeit. Ich persönlich hätte wahrscheinlich nur die Achseln gezuckt und das Fach hingeschmissen.

Prophezeiungen bewahrheiten sich also recht gern, einfach weil wir alles daran setzen, damit sie sich erfüllen. Diese schlichte Tatsache sollten wir stets im Kopf behalten, da sie uns eine angenehme Methode an die Hand gibt, auf das Verhalten anderer Einfluß zu nehmen. Überdies liefert sie einen Hinweis darauf, weshalb gutgemeinte Bemühungen mitunter scheitern; aus dem einfachen Grund nämlich, weil es unweigerlich auch schlechte Prophezeiungen gibt.

Das alles rührt von unserem *Selbstbild* her. Wir leben alle mit einer kleinen Kluft zwischen dem, wofür wir uns halten, und dem, was wir gerne wären, zwischen unserer Selbsteinschätzung und unserem Ideal. Wenn sich eine zu große Kluft auftut und wir uns zu sehr von unserem Ideal entfernen, dann verfallen wir in Depressionen. Wenn sich die Kluft verengt und wir mit unserem Zustand ganz zufrieden sind, dann haben wir wahrscheinlich jede Anstrengung aufgegeben und machen auf andere bestimmt einen unerträglich selbstgefälligen Eindruck. Diese

Kluft im Selbstbild verändert sich im Laufe unseres Lebens. Ich habe keine besonders hohe Meinung von meinen Qualitäten als Tennisspieler, was mir früher beim Spielen regelmäßig die Freude verdarb, zumal ich gleichzeitig von krachenden Aufschlägen und unerreichbaren Volleys träumte. Inzwischen haben sich meine Idealvorstellungen der Realität angenähert, so daß ich mich um einiges wohler fühle, wenn ich auf dem Tenniscourt stehe. Andererseits schmeichle ich mir, ein wirklich guter Lehrer zu sein, obwohl ich durchaus noch besser sein könnte. Diese beiden Maßstäbe sind ziemlich hoch angesetzt. Daher kann ich mich maßlos über mich selbst ärgern, wenn ich ihnen nicht gerecht werde. Und dann tröstet es mich auch nicht, zu hören, mein Unterricht sei verglichen mit anderen immer noch vorbildlich. Ich vergleiche mich nicht mit irgendwem, sondern nur mit meinem potentiellen Selbst.

_____ *Meine Idealvorstellung von mir selbst*
(Wie ich gerne wäre)

DIE KLUFT IM SELBSTBILD

Meine Selbsteinschätzung _____
(Wofür ich mich halte)

Dieses einfache Schaubild zieht alle möglichen interessanten Konsequenzen nach sich. Nehmen wir zum Beispiel die ›Zuschreibungstheorie‹. Banal ausgedrückt, besagt sie, daß wir für unsere guten Leistungen gerne Anerkennung ernten, während wir die Fehlschläge am liebsten anderen in die Schuhe schieben. Ein allgemein bekanntes Verhaltensmuster, aber wenn es um Ausflüchte geht, dann beweisen wir oft ungeahnten Erfindungsgeist.

Virginia war in Mathematik der Star an ihrer Schule. Alle erwarteten von ihr die reinsten Wunder in den Prüfungen im Sommer. Virginia war da weniger zuversichtlich. Nach ihrer Meinung erwartete man einfach zuviel von ihr. Sie arbeitete nicht mehr für die Schule, kam spät abends von Partys nach Hause, stand am Morgen spät auf und versäumte wichtige Unterrichtsstunden. Ihre Eltern standen kopf, ihre Lehrer zeigten sich besorgt. Man redete auf sie ein, man beschwor sie, ermunterte sie, piesackte sie. Alles ohne Erfolg. Virginia schien niedergeschlagen, desinteressiert, fast als wollte sie durch die Prüfungen fallen. Sie bestand sie, aber nicht annähernd so glänzend, wie man es von ihr erwarten durfte.

»Was ist schiefgelaufen, Virginia, du hast doch viel mehr drauf, oder?«

»Natürlich, aber es war mir einfach egal. Blöde Mathe. Was soll's?«

Virginia war auf den Schutz ihres ziemlich zerbrechlichen Ideals als intelligentes Mädchen bedacht. Sie schützte Langeweile und soziale Ablenkungen vor. So konnte sie ihr schlechtes Abschneiden auf etwas anderes schieben und sich weiterhin für klug halten. Im nachhinein läßt sich sagen, daß ihre Eltern und Lehrer gut beraten gewesen wären, ihre Erwartungen zurückzuschrauben. Dadurch hätte Virginia ihr Ideal von sich selbst niedriger ansetzen können. Sie hätte sich nicht um irgendwelche Ausreden bemühen müssen und vielleicht ganz normal gearbeitet. Erwartungen können also auch *zu* hoch gespannt werden.

Die Zuschreibungstheorie kennt allerdings auch eine positive Anwendung, die sich darauf stützt, daß wir für gute Nachrichten nur allzu gerne Anerkennung ernten. Nehmen wir Roger, einen Versicherungsvertreter. Als er von seinem Manager für eine beachtliche Umsatzsteigerung in seinem Gebiet gelobt wurde, wuchs Rogers Selbsteinschätzung um ein paar Zentimeter und mit ihr sein Ideal und sein Ehrgeiz. Er hielt sich für sehr begabt und setzte sich hohe Maßstäbe, die er auch einhielt. Und da es sich um selbstgesteckte Ziele handelte, sah er nicht die geringste Veranlassung, sich für den Fall des Mißerfolgs irgendwelche Ausflüchte zurechtzulegen. Moral: Menschen müssen sich ihre eigenen Ideale setzen, wenn sie sie ernst nehmen sollen. Andererseits lauern in diesem Fall wieder andere Gefahren.

Es geht wieder um Roger, nur zwei Jahre später. Er verzeichnete immer noch Erfolge bei den Umsatzzahlen. Sein Manager bat ihn wieder einmal zum jährlichen Bewertungsgespräch. Er war sehr zufrieden mit Roger, wußte aber, daß dieser noch mehr erreichen konnte. Abgesehen davon war ihm die eine oder andere Klage über Rogers eigenmächtiges Auftreten gegenüber Mitarbeitern aus der Verwaltung zu Ohren gekommen.

»Es war ein gutes Jahr, Roger«, setzte der Manager an, »alle Vorgaben vor der Zeit erfüllt. Hervorragende Arbeit.« Roger lächelte. »Natürlich«, fuhr er fort, »konnten Sie sich auf die neue Produktwerbung stützen. Und genau darüber wollte ich mit Ihnen sprechen.«

»Wirklich?« Rogers Miene hatte sich merklich verfinstert.

»Ja, die Leute aus der Verwaltung haben sich darüber beschwert, daß Sie manchmal mit Informationen über neue Verkaufsniederlassungen nicht so recht herausrücken wollen und daß Sie manchmal reichlich eigenmächtig auftreten. Vielleicht wäre es am besten, wenn wir unter meinem Vorsitz eine kleine Aussprache arrangieren würden.«

»Ich weiß gar nicht, worauf Sie eigentlich hinauswollen«, verteidigte sich Roger. »Bei mir haben sie sich nie beschwert. Können Sie mir sagen, wann so etwas vorgefallen sein soll?«

»Nein, nicht genau. Es ist eigentlich nur von Ihrem allgemeinen Benehmen die Rede.«

»Ach, wenn wir schon vom Benehmen sprechen«, entgegnete Roger, »dann kann ich Ihnen auch einiges über das Benehmen der Werbeleute erzählen. Außerdem überrascht es mich doch ziemlich, daß Sie sich auf ihre Seite stellen.«

»Ach kommen Sie, Roger, ich wollte Ihnen ja nur helfen, damit Sie nächstes Jahr noch bessere Arbeit leisten.«

»Ach so! Ich dachte, der Erfolg geht allein auf die Kappe der Produktwerbung? Aber eines verspreche ich Ihnen, nächstes Jahr werde ich mir realistische Ziele stecken, und mit den Leuten von der Verwaltung werde ich mal Klartext reden.« Immer noch vor sich hin brummelnd verließ er das Büro.

Selbst mit den besten Absichten kann man dem Selbstbild eines anderen in die Quere kommen. Roger ist daran gelegen, sich seine positive Selbsteinschätzung zu bewahren. Sein Chef will das gleiche erreichen, aber aus Unachtsamkeit führt er einen Teil von Rogers Erfolg auf andere zurück. Zu allem Überfluß weist er ihn auch noch auf sein Verhalten gegenüber seinen Kollegen hin und bringt damit, obwohl er nur helfen will, Rogers Selbsteinschätzung ein wenig ins Wanken. Der Manager hofft darauf, daß Roger als gereifte Persönlichkeit Einsicht zeigen wird. Aber es kommt ganz anders. Roger will die Botschaft nicht wahrhaben. Zuerst streitet er alles ab, dann macht er die anderen schlecht, und schließlich wendet er sich gegen seinen Chef. Dadurch kann er sich einreden, daß die Behauptungen über ihn nicht zutreffen oder aus unzuverlässigen Quellen stammen und daß er sie deshalb nicht zur Kenntnis nehmen muß. So funktioniert die Zuschreibungstheorie in der Praxis. Rogers Selbsteinschätzung hat keinen Schaden gelitten. Aber leider ist im selben Zug auch seine Meinung über seinen Chef und seine Kollegen gesunken, und er hat beschlossen, seine Ziele für das nächste Jahr sehr vorsichtig anzusetzen.

Ohne Übertreibung darf man dieses Gespräch als Fiasko bezeichnen. Und leider muß man sagen, daß allzu viele Unterredungen dieser Art trotz bester Absichten darauf hinauslaufen, daß der Ermahnte wütend das Zimmer verläßt. Er denkt gar nicht daran, den gebotenen Rat anzunehmen, und letztlich hat nur die Achtung vor seinem Chef oder dem Unternehmen einen Schlag einstecken müssen.

Unsere Selbsteinschätzung ist sehr zerbrechlich. Wir setzen alles daran, sie zu schützen. Wenden wir uns als nächstes der Theorie der ›Dissonanzreduktion‹ zu. Hinter diesem Wortungetüm verbirgt sich der Prozeß der unbewußten Erklärung und Rechtfertigung, den wir alle durchlaufen, um die Erfüllung unserer Prophezeiungen und die Wahrung unserer Selbsteinschätzung zu erreichen.

Die Sache spielt sich folgendermaßen ab: Wenn wir eine Entscheidung getroffen haben, sehen wir uns automatisch nach Beweisen um, die unsere Entscheidung abstützen, und blenden andere Daten aus. Immer wenn ich meinen Mut und mein Geld zusammenkratze und ein neues Auto kaufe, lese ich alle Anzeigen, aber nur die für mein Auto, nicht die anderen. Mit diesem unbewußten Trick bescheinige ich mir die Richtigkeit meines Handelns. Und damit reduziere ich die Dissonanz zwischen dem, was ich getan habe, und dem, was ich vielleicht hätte tun sollen – wie zum Beispiel ein anderes Fabrikat kaufen.

Roger verhielt sich in seiner Unterredung nicht anders. Er wollte nicht hören, was sein Boß ihm zu sagen hatte, also überging er einfach die Beweise und sah auf ihn herab. Somit brauchte er sich um den dissonanten Inhalt der Mitteilung nicht weiter kümmern.

So formuliert klingt die Theorie überzeugend, aber sie führt auch zu einigen erstaunlichen Konsequenzen. Studenten und neue Armeerekruten in Amerika müssen oft entwürdigende Aufnahmeriten über sich ergehen lassen, wenn sie sich einer Studentenverbindung oder einem Regiment anschließen. Dieser Vorgang nennt sich ›hazing‹, was soviel heißt wie öffentliches Schikanieren, und zwar in einer Weise, wie es sich kein vernünftiger Mensch je gefallen lassen würde. Wenn jedoch alles vorbei ist, dann spricht sich die Mehrheit dafür aus. Und weswegen? Ganz einfach: Wenn ›hazing‹ wirklich so schlecht wäre, dann hätten sie sich dagegen zur Wehr setzen müssen. Sie haben sich aber nicht zur Wehr gesetzt, und so bleibt ihnen als einzige Möglichkeit zur Wahrung ihrer Selbstachtung nur die Suche nach guten Gründen für eine derartige Prozedur und die Schlußfolgerung, daß eine solche Roßkur auch ihren Nachfolgern nicht schaden kann.

Zyniker behaupten, dies erkläre die Tatsache, daß neunzig Prozent der Teilnehmer aller Trainingsprogramme am Ende zu einer positiven Bewertung gelangen. Natürlich sehen sie die Sache positiv, sagt die Dissonanztheorie. Sonst hätten sie doch aufstehen und gehen müssen. Nur die wenigsten Menschen bringen es fertig, zu sagen: »Ja, ich habe das gemacht. Es war komplette Zeitverschwendung. Lassen Sie bloß die Finger davon.« Menschen sind kompliziert. Wir machen oder sagen nicht immer das Naheliegende und Vernünftige. Die Gründe dafür erfahren wir oft aus der Dissonanztheorie, die die Notwendigkeit einer intakten Selbsteinschätzung beschreibt.

Ich hatte mich gerade verlobt. Ich war so verknallt in meine Braut, daß ich sie unbedingt meinen alten Schul- und Collegefreunden vorführen mußte. Nicht alle zeigten sich so begeistert wie ich. Heute weiß ich, daß manches an dieser Zurückhaltung wohl auf eine Spur von Eifersucht zurückzuführen war, die wir ja alle fühlen, wenn ein

Freund oder eine Freundin sein Herz an jemanden verliert, der nicht zur alten Clique gehört. Damals nahm ich es ihnen sehr übel, besonders wenn sie sich zu Bemerkungen hinreißen ließen, die sie in schöner Regelmäßigkeit mit der Floskel einleiteten: »Als alter Freund kann ich dir nur sagen ...« Für mich gab es nur noch die Entscheidung zwischen meinen Freunden und meiner Braut. Sie behielt die Oberhand. Ich brach den Kontakt zu einigen meiner alten Freunde völlig ab. Inzwischen ist mir klar, daß ich einfach nicht damit zu Rande kam, daß ich X für okay hielt und meine Freunde nicht. Diese Dissonanz konnte ich nur abbauen, indem ich meine Meinung änderte oder meine Freunde schlecht machte. ODER aber ich hätte damit leben müssen, und genau das würde ich heute tun. Wenn sie mit meiner Lebensweise nicht klar kommen, dann ist das ihr Problem. Trotzdem können sie auch weiterhin meine Freunde sein. Wir werden uns nur darauf einigen, daß wir uns in einigen Dingen nicht einig sind. Meine Selbsteinschätzung bleibt davon unbeeindruckt. Aber die läßt sich mittlerweile auch nicht mehr so leicht unterkriegen wie damals.

All diese Theorien lassen sich für das Verhältnis zu anderen Leuten fruchtbar machen. Dies gilt ganz besonders für Menschen, auf die wir Einfluß ausüben oder die uns Achtung entgegenbringen: Untergebene, Schüler, unsere Familie, Kollegen. Leute, die sich gut fühlen, bringen auch gute Leistungen. Dies dürfen wir der Formel von der Prophezeiung, die sich selbst erfüllt, als erste und wichtigste Lehre entnehmen. Nur wer unsere Selbsteinschätzung erhöht, wird erleben, daß wir ihr gerecht werden wollen. Wer uns lobt (siehe Kapitel 10), oder unser Ideal anhebt, der bewirkt, daß sich auch unser Selbstwertgefühl zu höheren Sphären aufschwingt. Wer uns überzeugt, der weckt unsere Fähigkeiten. Wer unser Vertrauen hat, dessen Vertrauen wollen wir gerecht werden.

Entsprechendes gilt auch umgekehrt. Wer unbegründete Kritik übt, der erschüttert unser Selbstvertrauen. Kritische Bemerkungen werden nur angenommen, wenn sie
a) sich auf ein spezifisches, nicht lange zurückliegendes Ereignis beziehen;
b) mit stichhaltigen Argumenten abgestützt werden;
c) von jemandem stammen, dem wir mit Achtung begegnen.

Kritik von einem Golflehrer zu meiner Schlagtechnik nehme ich an, weil ich sein überlegenes Können zu schätzen weiß, weil er mir sofort zeigen kann, wo ich einen Fehler gemacht habe und weil ich weiß, daß er mir helfen will. Ich müßte lügen, wenn ich über einige meiner früheren Chefs dasselbe sagen wollte!

Man sollte jedoch nicht vergessen, daß alle Menschen auch auf ihre eigene Selbsteinschätzung Rücksicht nehmen und um die Erfüllung ihrer eigenen Prophezeiungen bemüht sind. Deshalb werden sie auf Argumente, die gegen sie sprechen, oder Menschen, die ihnen etwas am Zeug flicken, keinen gesteigerten Wert legen. Gehen Sie also nicht davon aus, daß andere Leute auf Ihre Version der Wahrheit besonders scharf sind, wenn sie ihre Selbsteinschätzung deformiert.

Wenn sie sie jedoch steigert, dann kann die Wahrheit zu wunderbaren Ergebnissen führen.

Angie, so hieß es allgemein, war ein Krüppel oder, nach der heutigen, akzeptableren Sprachregelung, körperbehindert. Nach einem Autounfall konnte sie die Beine nicht mehr bewegen. Sie war fünfundzwanzig, gutaussehend, und ihr Leben schien ruiniert. Sie legte sich ins Bett und wurde zur Invalidin. Dort hörte sie eines Morgens eine Sendung im Radio. »Auf die eine oder andere Art sind wir alle Behinderte«, sagte der Sprecher. »Es hängt ganz von Ihnen ab, ob Sie sich ausschließlich an Ihrer Behinderung orientieren – ein häßliches Gesicht, Kahlköpfigkeit, mangelnde Ausbildung, eine Lähmung, das Geschlecht oder das Alter – oder ob Sie sich auf Ihre Talente und Fähigkeiten konzentrieren. Schließlich war Beethoven taub, und Julius Caesar hatte schon mit fünfunddreißig einen krummen Rücken, eine Glatze und ein häßliches Gesicht.« Ein paar Wochen später schrieb Angie an den Sender: »Mittlerweile studiere ich ernsthaft Computertechnik, ich habe einen total lieben Freund, und wir haben gerade beschlossen, daß wir zum Campen nach Frankreich fahren. Das klingt vielleicht nach nichts Besonderem, aber für mich ist es ein Leben nach dem Tod. Und alles nur, weil mich Ihre Sendung an diesem Morgen dazu gebracht hat, das Bett zu verlassen. Vielen Dank.«

Nichts hatte sich verändert, außer ihrer Selbsteinschätzung, aber damit hatte sich alles verändert.

Einige Fragen zum Nachdenken und Diskutieren

Gute Organisation verlangt, daß wir uns nach Kräften um Prophezeiungen bemühen, die sich für uns selbst und für alle Menschen in unserer Umgebung erfüllen. Zu diesem Zweck müssen wir ihre Selbsteinschätzung steigern und sie vor zu großem Schaden bewahren.

1 Wie reagieren Sie auf Kritik? Seien Sie ganz ehrlich. Denken Sie an einen Fall wirklich berechtigter Kritik, die Sie von sich wiesen, weil sie Ihrer Selbsteinschätzung geschadet hätte. Mit welchen Argumenten sind Sie gegen die Kritik angegangen? Wie hätten Sie diese Kritik besser annehmen können, ohne Schaden für Ihre Ideale oder Ihr Selbstbild befürchten zu müssen? Beschäftigen Sie sich allein mit diesen Fragen. Sprechen Sie nur darüber, wenn Sie wollen.

2 Wie sehen Ihre Ideale in der Arbeit und im Leben aus? Formulieren Sie so konkret wie möglich, und denken Sie dabei an die nächsten zehn Jahre.
   a) Wovon brauchen Sie zum Erreichen dieser Ideale mehr?
   b) Welche dieser Fähigkeiten und Talente benutzen Sie im Augenblick zu wenig?
   c) Was wollen Sie dagegen unternehmen?

3 Nehmen Sie die Menschen, die Ihnem am nächsten stehen, für die Sie verantwortlich sind. Vielleicht Ihren Lebensgefährten und Ihr Kind. Oder Ihre wichtigsten Untergebenen oder Kollegen. Wenn Ihre Beziehung zu ihnen stark genug ist, dann bitten Sie sie, daß Sie sich – zuerst für sich selbst, dann für Sie – die gleichen Fragen vorlegen. Vergleichen Sie die Ergebnisse. Weshalb gibt es Unterschiede (falls es welche gibt)? Was können Sie gemeinsam dagegen unternehmen?

John beschnitt mit seiner großen mechanischen Gartenschere die Weghecken. Er machte diese Arbeit im ersten Jahr. Vorher hatte Stephen gemäß Vertrag die Arbeiten an allen Hecken und Gräben in der Gegend erledigt. Aber er hatte sich inzwischen für eine Karriere als Bauunternehmer entschieden. Wir trauerten ihm nach, weil wir unsere Freude hatten an den sauberen Gräben und Grenzen und an der Art, wie er die Hecken beschnitt, ohne ihnen die Fülle und Höhe zu nehmen.

John leistete gute Arbeit. Ich blieb stehen und gratulierte ihm.

»Sieht perfekt aus«, sagte ich. »Das haben Sie wirklich toll gemacht.«

»Ich bin der Nachfolger eines Perfektionisten«, antwortete er. »Ich muß die Erwartungen erfüllen, die Stephen geweckt hat.«

Also keine formalen Zielvorgaben, überlegte ich, nur ein Beispiel. Mit Beispielen lassen sich Maßstäbe wahrscheinlich am besten einführen – natürlich nur mit guten Beispielen.

9
Streicheleinheiten

> Treten Sie vor, Dibworth. In Anerkennung Ihrer überragenden Verkaufserfolge möchte ich Ihnen auf die Schulter klopfen.

John war mit sich und der Welt zufrieden. Er hatte am College eine Tanzband gegründet. Sie wollten bei Tanzveranstaltungen spielen, eigene Konzerte geben und eines Tages vielleicht sogar einen Schallplattenvertrag abschließen.

»Das macht viel mehr Spaß als die Arbeit in einem Laden«, meinte er, »und wahrscheinlich verdiene ich auch besser. Ich hab' die Zügel fest in der Hand. Drückebergerei gibt's bei mir nicht. Wenn einer von denen zu spät kommt, dann zieh' ich ihm die Hammelbeine lang.«

»Und das klappt?«

»Noch nicht so recht. Bis jetzt ziehen sie nur Grimassen und schimpfen, die faulen Säcke. Aber sie werden schon noch rausfinden, wer das Sagen hat. Anders geht's einfach nicht. Julian zum Beispiel soll sich um die Engagements kümmern, aber er ist unglaublich faul. Ich muß ihn die ganze Zeit anschreien, damit er seinen Hintern hochkriegt. Ganz schön harte Arbeit als Manager einer Gruppe, finde ich.«

»Stimmt«, antwortete ich. »Schreien strengt an, kommt teuer und bringt nichts.«

»Wie meinen Sie das?« fragte John verblüfft. »Was soll ich denn sonst machen?«

Ich erklärte es ihm.

Es ist ganz natürlich, daß man jemanden am liebsten anschreien möchte, wenn er etwas falsch macht. Wer seine Stimme nicht erheben will, der erreicht mit einer schmerzlich angehauchten Miene, einer Portion geduldiger Zurechtweisung oder dem bei Lehrern so beliebten Sarkasmus eine mindestens ebenso kränkende Wirkung.

»Wie oft habe ich dir schon gesagt ...?« »Was soll das eigentlich werden, wenn ich fragen darf ...?« »Wenn ich so etwas noch einmal sehe ...« »Wie kann man sich nur so dumm anstellen...?« »Nennen Sie mir nur einen guten Grund, weshalb ...« Diese Phrasen kommen uns recht schnell über die Lippen. Und der Tonfall spricht Bände: »Das hast du falsch gemacht. Dafür hast du eine Strafe verdient.«

Und diese Methode funktioniert auch – wenn auch nur für kurze Zeit. Niemand läßt sich gerne anschreien oder einen Verweis erteilen. Also bemühen wir uns, solche Vorfälle zu vermeiden. Die naheliegende und logische Möglichkeit liegt darin, zu diesem Zweck unser Verhalten zu verändern und alles richtig und so zu machen, wie es sich der Betreffende vorstellt. Leider handeln Menschen nicht immer nach logischen, sondern meist nach psychologischen Gesichtspunkten. Sie denken auch mit ihren Gefühlen, nicht nur mit dem Verstand. Und angeschrien zu werden vermeidet man eben auch dadurch, daß man sich nicht erwischen läßt.

Wenn Sie ein strenges Regiment führen, dann müssen Sie auch Polizist sein. Sie müssen regelmäßig und unablässig überprüfen, ob auch alles nach Ihren Wünschen läuft. Auch wenn sich die Leute ernsthaft bemühen, alles richtig zu machen, sie strengen sich vielleicht doch weniger an, wenn der Chef wieder weg ist. Sie führen *Ihre* Befehle aus, folgen *Ihren* Regeln und *Ihren* Wünschen. Und wenn Sie den Raum verlassen, wer weiß, ob sich nicht auch die Wünsche, Regeln und Befehle in Luft auflösen. Anschreien bedeutet ständiges Überprüfen, und deshalb ist es ineffizient und letztlich kostspielig. Es gibt auch andere Methoden.

In den achtziger Jahren beklagten sich die Lehrer in Großbritannien über die wachsende Disziplinlosigkeit in den Klassenzimmern. Die Schuld daran gaben sie der zunehmenden Verrohung in der Gesellschaft, der modischen Respektlosigkeit gegenüber Autoritäten und den Eltern, die ihre Kinder nicht mehr bestrafen.

Im Zuge eines Forschungsprojekts wurden Beobachter in die Klassenzimmer entsandt. Diese zählten, wie oft die Lehrer ihre Schüler lobten oder auszeichneten und wie oft sie sie tadelten oder bestraften. Insgesamt hielten sich Lob und Tadel in etwa die Waage, aber Anerkennung wurde nur für gute schulische Leistungen, Verweise hingegen ausschließlich für schlechtes Benehmen ausgesprochen.

Daraufhin unterwiesen die Forscher eine Reihe von Lehrern, damit diese anders auf das Benehmen der Schüler reagierten. Ignorieren Sie schlechtes Benehmen, lautete die neue Devise, und nehmen Sie jeden Fall von gutem Benehmen zum Anlaß für anerkennende Worte. Das fiel allen schwer, und nicht jeder Lehrer konnte sich dazu überwinden oder die neue Strategie durchhalten. Aber wer es schaffte, durfte feststellen, daß grobe Unterrichtsstörungen schon nach drei Wochen drastisch zurückgingen. Allem Anschein nach schrieb die neue Mode gutes Benehmen vor.

Die Sache ist einfach die, daß wir alle im Grunde unseres Herzens unsicher sind. Wir reagieren alle positiv darauf, wenn wir gestreichelt werden – gestreichelt im psychologischen Sinne. Und Streicheln hält länger vor als Strafe. Wir kultivieren alles, was zu einer guten Atmosphäre beiträgt, weil wir gutes Benehmen als Teil von uns selbst reklamieren möchten. Ich backe Vollkornbrot. Die Leute überschütten mich mit Komplimenten und schlingen es hinunter. Ich backe noch mehr und gebe damit an. Ich nenne mich Heimbäcker. Ich bin stolz darauf und kultiviere dieses Hobby, weil ich damit anscheinend sehr gut ankomme. Und ich backe auch weiterhin Brot, obwohl mich niemand darum bittet, obwohl ich es auch einfach im Laden kaufen könnte und dabei wahrscheinlich sogar billiger wegkäme und obwohl sich die zeitaufwendige Arbeit nur schwer in meinen Tagesablauf einfügen läßt. Wenn Brotbakken meine *Pflicht* wäre, wenn jeder gelungene Laib als Selbstverständlichkeit aufgefaßt würde und ich für jedes mißlungene oder verspätete oder fehlende Brot Tadel zu gewärtigen hätte, dann wäre Backen eine öde Plackerei. Ich würde mich möglichst darum drücken, und wenn keiner da wäre, würde ich alles beim Bäcker kaufen.

Es liegt doch wirklich auf der Hand. Brieftauben lernen sehr schnell, dorthin zu fliegen, wo man sie streichelt und füttert. Wenn wir es vernünftig anpacken, dann bilden wir Hunde mit Belohnungen für gutes Benehmen aus und nicht mit Bestrafungen für schlechtes. Nehmen wir an, Ihr Hund läuft davon. Sie rufen, und er kommt zurück. Bestrafen Sie ihn fürs Davonlaufen, oder tätscheln Sie ihn fürs Zurückkommen? Wenn Sie ihn bestrafen, dann sind Sie eines Tages vielleicht Besitzer eines verschlagenen Hundes, der davonläuft, ohne daß Sie es bemerken, oder eines ängstlichen Vierbeiners, der trotz Rufen nicht zurückkommt, weil er gelernt hat, daß es in solch einem Fall Schläge setzt. Menschen sind da gar nicht so anders. »Ich versuche die Leute dabei zu erwischen, wie sie etwas richtig machen«, meint Kenneth Blanchard in seinem Buch *One-Minute Manager*. Ein gutes Motto für alle, die in Zukunft mehr ans Streicheln denken möchten.

Was macht man also, wenn jemand gegen die Regeln verstößt? »Dann muß er dafür einstehen«, lautet die unvermeidliche Antwort. Aber noch besser ist es, wenn er die Vorschriften gar nicht verletzt und es auch gar nicht vorhat. Jede Organisation braucht Regeln und jeder Haushalt, selbst wenn es sich nur um so grundlegende Dinge handelt wie »Verschließ die Tür, wenn du das Haus verläßt« oder »Mach das Licht aus«. In der Arbeit muß man Formulare ausfüllen, Termine einhalten, Qualitätsstandards wahren, Pläne entwerfen und Zeitpläne befolgen. Wenn die Leute die Gründe für diese Regeln verstehen, wenn sie selbst an ihrer Aufstellung beteiligt waren, wenn sie von ihrer Beachtung profitieren und unter ihrer Mißachtung zu leiden haben, dann können sich diese Vorschriften sozusagen aus eigener Kraft halten. Die eigenen Regeln sind vernünftig, fremde Regeln sind lästig.

Die meisten Autofahrer legen heute automatisch den Gurt an. Und doch verstoßen dieselben Fahrer jeden Tag gegen Geschwindigkeitsbegrenzungen. Liegt es vielleicht daran, daß die Polizei die Gurtpflicht energischer durchsetzt als Tempolimits? Bestimmt nicht. Wir wissen, daß wir selbst die Leidtragenden sind, wenn wir uns nicht an die Anschnallpflicht halten. Eine leicht überhöhte Geschwindigkeit dagegen hilft uns und behindert niemanden – hoffen wir wenigstens. Die Gurtpflicht setzt sich praktisch von alleine durch, ein Tempolimit muß überwacht werden. Gesetze, die den Alkoholkonsum und das Fahrverhalten reglementieren, funktionieren garantiert viel besser, wenn die Leute von ihrer Berechtigung überzeugt sind und sie nicht für einen willkürlichen Eingriff in ihre Freiheit halten.

Gleiches gilt für das Büro und auch für zu Hause. Vorschriften setzen sich aus eigener Kraft durch, wenn der Zuwiderhandelnde als erster unter seinem Verstoß zu leiden hat.

Meine Kinder sind wie die meisten Teenager telefonsüchtig. Wir hielten ihnen Vorträge über die anfallenden Kosten. Sie hörten nicht darauf. Wir rationierten die Länge der Anrufe – zu ihrem großen Verdruß. Wenn wir nicht da waren, hielten sie sich nicht daran. Wir ließen einen Zeitmesser einbauen. Sie schafften es, ihn zu unterbrechen. Wir verschlossen das Telefon. Sie schlossen es wieder auf, wenn wir wegsahen. Wir appellierten an ihre Vernunft. Sie hielten dagegen, daß wir falsche Prioritäten setzten. Gespräche seien eine vergleichsweise billige Gewohnheit, besser als Alkohol oder Drogen. Schließlich bekamen sie ihr eigenes Telefon. Ich bezahlte die Anschlußgebühr, gab ihnen zwanzig Mark im Vierteljahr für wichtige Anrufe und meldete das Telefon unter ihrem Namen an, so daß alle Rechnungen an sie gingen. Sie zeigten sich überglücklich über diese neu gewonnene Freiheit. Und ich sparte viel Geld. Allerdings stellte ich auch fest, daß ihre Rechnungen nur selten die Zwanzig-Mark-Grenze überschritten. Sie stellten eine neue Regel für sich auf. Alle Leute sollten sie anrufen, nicht umgekehrt. Auf diese Weise mußten die Eltern anderer Kinder für diese gesprächige Entspannung

aufkommen. Nicht ich, sondern sie selbst hatten diese Regel eingeführt, also hielten sie sich auch daran, weil sie selbst die Leidtragenden jeder Regelverletzung waren.

Die meisten Organisationen arbeiten nach einem festen Fahrplan. Sie
errichten ein präzises, ordentliches Gerüst von Vorschriften und Bestimmungen und bemühen sich dann nach Kräften, damit sich auch jeder
daran hält. Leider stammen diese Regeln fast immer von anderen, sie
gehören nicht zu den Betroffenen, sind nicht von ihnen erfunden worden
und erfreuen sich einer entsprechend geringen Wertschätzung. Daher
setzen sich diese Regeln nicht von alleine durch, sie müssen überwacht
werden. In Fahrplanorganisationen bleiben gute Leistungen unbeachtet.
Gute Arbeit bedeutet nichts weiter, als daß man nichts verkehrt macht
und im Soll liegt. Nur schlechte Arbeit fällt auf – sie fällt auf und wird
sanktioniert. In solchen Organisationen geht man am Ende der Woche
nach Hause und ist froh, wenn die Arbeit nirgends Anstoß erregt hat und
nichts schief gelaufen ist. Ein steriles Glück, eher die Abwesenheit von
Schmerz als überschäumende Freude. Solche Organisationen sind oft see-
lenlose Betriebe, in denen sogar ein Streik als willkommene Abwechs-
lung gilt.

Aber es geht auch anders. Ich fragte einmal einen Beamten im Bahn-
hof von Bonn, weshalb sie keine Bahnhofsuhr hatten. »Wir haben dort
einen Fahrplan«, er wies mit dem Finger nach drüben. »Und anhand
unserer Züge wissen wir, wie spät es ist.« Er meinte, daß man auch ohne
Uhr ganz sicher sein konnte, daß es 9^{41} Uhr war, wenn der 9^{41}-Zug ein-
traf. Ich weiß es nicht, aber ich könnte mir vorstellen, daß man in dieser
Organisation die Einhaltung von Fahrplänen als Ehrensache versteht, als
Anlaß zu persönlicher Genugtuung. Und so haben inzwischen leistungs-
fähige Unternehmen die Qualität an die Spitze ihrer Prioritätenliste
gesetzt und dringen darauf, daß es nicht reicht, wenn man *meistens* gute
Arbeit abliefert. Der Standard muß lauten: Null Defekte. Aber wenn er
nicht als Ehrensache gilt, sondern als Vorschrift durchgedrückt werden
muß, dann wird dieser Maßstab Illusion bleiben.

Manche Organisationen halten makellose Arbeit für eine Selbstverständlichkeit. Wir sollten von ihnen lernen. Welche Frau würde schon
gern ihr Kind in einer Entbindungsklinik zur Welt bringen, die sich einer

94

fünfundneunzigprozentigen Erfolgsquote rühmt? Sie wünscht sich natürlich eine Quote von hundert Prozent, und auch die Klinik würde alles andere als Debakel empfinden. Die Ärzte und Schwestern in der Entbindungsstation werden bestimmt keine toten Babys verstecken und auch nicht die Mütter in ihrer Obhut hintergehen. Und wenn sie es doch tun, dann wird die Angelegenheit zum nationalen Skandal. Die Schlüsselregeln in solchen Organisationen setzen sich von selbst durch. Sie stützen sich nicht auf Überwachung, sondern auf gute Ausbildung, effektive Einweisung und gute Beziehungen zueinander. Jedes gesunde Neugeborene, jede strahlende Mutter wirkt auf die Ärzte, Hebammen und Schwestern wie ein freundschaftlicher Schlag auf die Schulter. Das Baby selbst ist die Streicheleinheit.

In anderen Organisationen mag man sich damit nicht so leicht tun, aber es ist auch kein Ding der Unmöglichkeit. Wo gute Arbeit die augenfällige Belohnung in sich birgt, dort haben Vorschriften von allein Gültigkeit, und Organisationspolizisten sind überflüssig. Selbst wohlwollendes Schulterklopfen der Vorgesetzten ist nicht nötig, wenngleich willkommen, Standards werden als überschreitbare Größen betrachtet und kommen nicht bloß durch Wunschdenken zustande. Wenn man also eine Autofabrik so umstellen könnte, daß ein und dasselbe Team für die Konstruktion und die Auslieferung des Wagens an den Kunden zuständig wäre, dann ließe sich das Phänomen Entbindungsstation wiederholen. Volvo hat bewiesen, daß so etwas möglich ist. Auf kurze Sicht kostet es mehr, aber auf lange Sicht verfügt man über bessere Leute, die besser arbeiten und weniger Überwachung brauchen.

Noch ein Wort der Warnung zu diesem Kapitel. Das Lob, die Streicheleinheiten und die Belohnungen für besondere Leistungen müssen von Herzen kommen und echte Erfolge honorieren. Niemand von uns läßt sich gerne Honig ums Maul schmieren und für etwas loben, das in Wirklichkeit Pfuscharbeit ist. Damit weckt man nur den Zyniker in uns. »Was will der eigentlich von mir?« fragt man sich dann insgeheim, während man das Kompliment entgegennimmt. Auch als Schmeichelei hat so etwas wenig Sinn, denn alle einschlägigen Forschungsarbeiten belegen, daß man sich mit Lob nicht die Zuneigung von Menschen erschleichen kann. Anerkennung baut sie nur auf, wenn sie sie ihrer Ansicht nach auch verdient haben.

Einige Fragen zum Nachdenken und Diskutieren

Gute Organisation setzt voraus, daß Sie sich für alle, die Ihrer Verantwortung unterstehen, eigene Streicheleinheiten zurechtlegen.

1 Haben Sie in letzter Zeit zu Hause oder in der Arbeit irgendwelche neuen Regeln aufgestellt? Setzen sie sich von alleine durch, oder muß jemand ihre Einhaltung überprüfen? Wie könnte man dafür sorgen, daß sie besser angenommen werden? Lassen Sie sich etwas einfallen!

2 Verordnen Sie sich in Ihren Reaktionen mehr Disziplin. Zählen Sie die Komplimente und das Lob, die Sie innerhalb einer Woche verteilt haben.
   a) Haben Sie genügend Komplimente ausgesprochen – galten sie einer bestimmten Sache, und waren sie ehrlich gemeint?
   b) Wenn es daran gefehlt hat, weshalb?
      Diese kurzen Aufzeichnungen sind eine nützliche Übung für Eltern und Manager, für Lehrer und Schulleiter, für Beamte und Polizisten.

3 Können Sie eine Möglichkeit finden, die Arbeitsweise einer Gruppe so umzugestalten, daß sie die ganze Genugtuung und Frustration einer umfassenden Arbeit empfindet und auch noch weitestgehend über ihre Kosten und ihr Einkommen bestimmt? Fangen Sie bei Ihrer eigenen Arbeit an.
   Auch diese Übung läßt sich unschwer mit Haus- und Schularbeit in Bezug setzen.

»Ich hab' einen Job«, erzählte Jenny, »und ich hab' eine Tagesstätte für Johnnie gefunden.«

»Wozu denn das?« fragte Dick, ihr Mann. »Johnnie braucht dich doch, und außerdem, Tagesstätten sind auch nicht gerade billig.«

»Mach dir wegen dem Geld keine Sorgen. Das zahle ich von meinem Gehalt, *und* auch die Fahrtkosten, *und* mein Mittagessen. Ich hab's mir ausgerechnet. Zusammen mit den Steuerabzügen bleibt zwar nichts übrig, aber ich hab' genug, um die Kosten zu decken.«

»Versteh' ich nicht.« Dick verzog das Gesicht. »Wenn dir nichts übrigbleibt, wozu hängst du dich dann so rein? Bist du zu Hause nicht glücklich?«

»Doch, ich bin glücklich – aber ich brauche was anderes. Ich muß beweisen, daß ich immer noch kompetente Arbeit leisten kann, daß ich mehr kann als Kinder großziehen und den Haushalt versorgen. Ich möchte es mir selbst beweisen, und ich brauche auch Anerkennung. Johnnies Lächeln ist zwar wirklich super, aber ich möchte auch mal von Erwachsenen gewürdigt werden.«

»Aber ich liebe dich doch.«

»Ja natürlich. Aber das ist nicht die einzige Würdigung, die ich brauche.«

Jeder von uns braucht Streicheleinheiten aller Art – und zwar jeden Tag.

10
Eltern, Erwachsene und Kinder

»Wo hab' ich bloß meine Autoschlüssel hingelegt?« fragte er.

»Denk einfach nach«, antwortete sie, »als du reinkamst, bist du in die Küche gegangen, oder hast du sie wieder einmal im Auto vergessen? Wenn du manchmal etwas weniger zerstreut wärst, dann müßtest du nicht dauernd deine Zeit mit Suchen vergeuden.«

»Wo hab' ich bloß meine Autoschlüssel hingelegt?« fragte er an einem anderen Tag.

»Mich brauchst du nicht ansehen«, erwiderte sie. »Ich hab' sie nicht angerührt. Ehrlich, ich hab' sie nicht mal gesehen.«

> »Wo hab' ich bloß meine Autoschlüssel hingelegt?« fragte er wieder an einem anderen Tag.
> »Auf den Tisch da drüben«, sagte sie.
> »Vielen Dank.«

Die gleiche Frage, an drei verschiedenen Tagen gestellt, mit drei verschiedenen Antworten. Allesamt Beispiele für die kleinen Spielchen, die wir meist völlig unbewußt miteinander aufführen. Im ersten Fall reagiert sie als tadelnde, belehrende Mutter, wahrscheinlich weil er mit der quengelnden Stimme eines Kindes gefragt hat. Am zweiten Tag reagiert sie als jammerndes Kind, vielleicht weil er die Frage wie ein zorniger Vater gestellt hat. Am dritten Tag gibt sie eine direkte, erwachsene Antwort auf eine erwachsene Frage.

Der Vater oder die Mutter, das Kind und der Erwachsene, sie alle stecken irgendwo in uns drin. So lautet zumindest die Theorie Eric Bernes in seinem Bestseller *Spiele der Erwachsenen* aus dem Jahre 1964, in dem er unter der Bezeichnung Transaktionsanalyse einen eigenen Ansatz zu Beziehungen darlegt. Aus der Lektüre dieses Buchs wurde mir mit einem Schlag klar, daß wir aus verschiedenen Teilen zusammengesetzt sind, dem Vater oder der Mutter, dem Erwachsenen und dem Kind. Aber nicht nur das, sondern auch, daß sich jeder dieser Teile in den verschiedensten Situationen vordrängen kann – manchmal mit nützlichen, manchmal mit katastrophalen Folgen. Dieser kleine Einblick in meine Verfaßtheit hat mir große Dienste erwiesen, auch wenn ich immer noch nicht in der Lage bin, auf Kommando den passenden Teil von mir herbeizuzitieren.

Berne spricht einen sehr wichtigen Punkt an, die Tatsache nämlich, daß wir alle drei Teile brauchen, um vollständig zu sein. Das Kind in uns kann auch kreativ, neugierig und impulsiv sein und nicht nur mit Gejammer, Auflehnung und frühreifem Benehmen auf seine Eltern reagieren. Der Vater oder die Mutter in uns will die Dinge unter Kontrolle haben, will Ordnung und Stabilität, aber auch Wachstum und Entwicklung. Der Elternteil in uns sagt: »Weil es eben so gemacht wird«, während das Kind in uns fragt: »Wieso ist es so?« Der erwachsene Teil in uns stellt unsere reife, vernünftige, Probleme bewältigende Seite dar. Der Erwachsene, der Elternteil und das Kind müssen im Gleichgewicht gehalten werden. Zuviel Mutter oder Vater, und wir verlieren die Spontaneität und Freude des Kindes, wohingegen ein zu starker Kindanteil die Entwicklung unseres vollen Potentials behindert. In einem reifen EEK-Menschen wirkt eine ausgeglichene Mischung aus allen drei Faktoren.

Die Spiele beginnen, wenn ein reifer Mensch mit einem anderen in eine Interaktion oder eben Transaktion tritt. Wenn man die EEK-Menschen einander gegenüberstellt, dann ergeben sich neun mögliche Kombinationen. Kein Wunder also, daß sich Beziehungen mitunter recht schwierig gestalten.

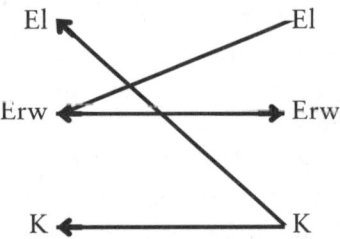

Es wäre schön, wenn wir uns alle als reife Persönlichkeiten bei unseren Interaktionen auf den erwachsenen Teil in uns stützen und eine ebenso erwachsene Reaktion erwarten könnten. Aber die Wirklichkeit sieht natürlich ganz anders aus. Eine erwachsene Annäherung löst vielleicht eine Kindreaktion aus oder umgekehrt, weil der eine Teil von uns sich mit einem anderen Teil des Gegenübers auseinandersetzt.

Als Beispiel eines von Bernes einfacheren Spielen: das Verkaufsspiel.

Autoverkäufer: Der da ist besser, aber den können Sie sich nicht leisten.

Kunde: Den nehme ich.

Ein raffinierter Trick. Oberflächlich betrachtet, spricht der Verkäufer mit dem Kunden wie ein Erwachsener mit einem Erwachsenen und sagt die objektive Wahrheit. Kein Verkaufsgeschwafel. Unterhalb der Oberfläche jedoch spricht er als Erwachsener zu einem Kind. Zumindest hat der Kunde dieses Gefühl. Er reagiert als Kind und will etwas haben, was eigentlich außer Reichweite ist. Weil seine Worte jedoch über die Lippen eines Erwachsenen kommen, geht der Verkäufer mit gutem Recht davon aus, daß der Kunde als Erwachsener spricht. Er macht das Geschäft. Und der Kunde darf sich nicht beschweren. Der Verkäufer hat ihm ja die Wahrheit gesagt. Der Preis des Wagens überstieg wirklich seine Mittel, aber das Kind in ihm ignorierte die Wahrheit.

Spiele sind eine ernsthafte und durchaus nicht immer spaßhafte Angelegenheit, aber sie erklären viele Dilemmas, in die wir immer wieder hineinschlittern. »Wenn er nicht wäre« heißt eines dieser Spiele. Darin beklagt sich eine Ehefrau – aber es könnte genausogut ein Ehemann oder ein Untergebener sein –, daß sie, wenn bloß nicht ihr strenger Mann wäre, wieder studieren / sich eine Arbeit suchen / mehr Bridge spielen könnte, je nachdem, wie ihre geheimen Träume aussehen. Wenn sie später am College studieren kann, stellt sie fest, daß sie die endlosen Unterrichtsstunden nicht erträgt und schreckliche Angst vor den Prüfungen hat. Sie bricht das Studium ab. Das Kind in ihr hat sich also in weiser Voraussicht für einen Ehemann entschieden, der ihr Leben kontrolliert, auch wenn die Erwachsene in ihr von Zeit zu Zeit dagegen aufbegehrt. Wenn freilich ihr Mann nicht mehr als strenger Vater, sondern als verständnisvoller Erwachsener auftreten würde, dann empfände sie die neue Situation vielleicht als Bedrohung. In solch einer Konstellation kann man den Beteiligten wohl nur raten, bei ihrem Spiel zu bleiben.

Einige Spiele können positive oder negative Folgen haben, je nachdem, welcher Teil von uns darin agiert. Nehmen wir zum Beispiel folgendes Spiel: »Warum passiert das immer mir?« In der Kinderrolle kann sich der Betreffende bei diesem Spiel darüber beklagen, daß er immer das Opfer ist. Selbst wenn das gar nicht stimmt, wird er es so weit treiben, daß schließlich irgend etwas schiefgehen muß. Dann kann er wieder in Wehgeschrei ausbrechen und die Sympathie und den Trost einheimsen, die er sich von den nachsichtigen Eltern seiner Umgebung verspricht. In der Erwachsenenrolle kann die Kette von Rückschlägen jedoch selbstkritische Gedanken auslösen, die die betroffene Person vielleicht zu dem Entschluß veranlassen, ihr Verhalten zu verändern, damit »es *nicht* immer mir passiert«.

Spiele können demnach gesund und nützlich für uns sein. Manager zum Beispiel werden immer wieder dazu ermuntert, das kreative Kind in

101

sich öfter zum Zuge kommen zu lassen – zum eigenen Vorteil und zum Nutzen des Unternehmens. Manche Organisationen lassen sich daher einiges einfallen, um ihre Mitarbeiter zu einem kreativen Schub zu bewegen. Sie richten etwa in einem bequemen Ferienhotel ›Laufställe auf Zeit‹ ein. Dort zählen keine Uniformen und Statussymbole, die Brainstorming-Gruppen dürfen sich so genial benehmen, wie sie möchten, man spielt Partyspiele und singt bei nächtlichen Trinkgelagen Spottverse. Solches Benehmen kommt im Büro nicht in Frage, wo sich nur Erwachsene und Eltern ein Stelldichein geben. Also geht das Ganze in sicherer Entfernung über die Bühne, und die Spieler kommen am Montag morgen anständig gekleidet und mit nüchterner Miene ins Büro, nachdem sie an sich selbst und am anderen eine unbekannte Seite entdeckt und einen kreativen Beitrag zur Unternehmensstrategie geleistet haben. Das Kind in uns braucht fast immer die Ermunterung durch die Organisation.

In seinem kleinen Buch *Alles, was Du wirklich wissen mußt, hast Du schon als Kind gelernt* faßt Robert Fulghum das Wissen des Kindes mit folgenden Worten zusammen: »Alles, was ich wirklich über mein Leben, über die Art, wie ich es führen und was ich tun und wie ich sein soll, wissen muß, habe ich schon als Kind gelernt. Folgendes habe ich gelernt: Teile alles mit den anderen. Sei fair. Schlage niemanden. Lege die Dinge immer dorthin zurück, wo du sie gefunden hast. Räume deine Sachen auf, wenn du sie in Unordnung gebracht hast. Nimm nichts, was dir nicht gehört. Entschuldige dich, wenn du jemandem weh getan hast. Wasch dir vor dem Essen die Hände ... Führe ein ausgewogenes Leben – lerne etwas und denke nach, aber zeichne auch jeden Tag ein wenig und male, singe, tanze, spiele und arbeite. Halte jeden Nachmittag ein Nickerchen. Wenn du auf die Straße gehst, achte auf den Verkehr, und wenn ihr zu mehreren unterwegs seid, faßt euch bei den Händen und bleibt zusammen. Achte auf die Wunder, die dich umgeben.«

Während das Kind in uns oft Ermunterung braucht, muß der Vater oder die Mutter in uns oft gezügelt werden. Alle Eltern wissen, wie schwer es fällt, die eigenen Kinder nicht weiter zu bemuttern, wenn sie aus dem entsprechenden Alter herausgewachsen sind. Die erwachsenen Kinder reagieren darauf unweigerlich mit Zorn und nicht mit Vernunft, als Kinder und nicht als Erwachsene. Ich kann mich noch lebhaft daran erinnern, wie schnell ich als erwachsener Mann mit Frau und Kindern wieder zum kleinen Liebling meiner Mutter wurde, wenn ich sie besuchte. Ich war schon achtundzwanzig, da wartete sie am Abend auf mich, als ich ausgegangen war. Ich weiß noch, daß ich nicht gerade erfreut war über diesen Beweis mütterlicher Liebe und sie mit unnötig groben Worten zurechtwies.

Ähnlich geht es auch in Organisationen zu, wir stürzen uns auf jede Gelegenheit, den Oberlehrer und väterlichen Freund, den Ratgeber und Richter zu spielen. Allzeit bereit, den passenden Hinweis, die hilfreiche Warnung, die freundliche Ermahnung auszusprechen. Alles selbstverständlich mit den besten Absichten und nur, wenn es wirklich nötig ist. Aber sehr oft läßt sich der Vater heraushören, der mit einem Kind spricht, das dann wie ein Kind reagiert und schmollt oder sogar aufbegehrt. Manchmal bedarf es nur einer Änderung im Tonfall; meist jedoch in der grundsätzlichen Einstellung.

Vor vielen Jahren machte ich eine Psychotherapie. Jede Sitzung begann zur vollen Stunde und endete nach fünfzig Minuten, also zehn Minuten vor der nächsten vollen Stunde. Einmal kam ich zwanzig Minuten zu spät, weil ich von einem Verkehrsstau aufgehalten worden war. Zehn Minuten vor der vollen Stunde klingelte die kleine Uhr. Der Therapeut stand auf und gab mir damit zu verstehen, daß die Sitzung vorbei war.

»Aber das waren doch keine fünfzig Minuten«, rief ich aus. »Kommt denn noch jemand nach mir?«

»Nein«, antwortete er, »aber Ihre Zeit ist abgelaufen.«

»Aber es ist doch später losgegangen. Ich wurde von einem Stau aufgehalten. Ich kann doch nichts dafür!«

»Das ist Ihr Problem, nicht meins.«

Ich kochte. Im nachhinein muß ich jedoch sagen, daß diese Lektion das Wichtigste war, was ich von ihm lernte. Ich übernahm gewohnheitsmäßig die Verantwortung für die Probleme anderer Leute. Garantiert hätte ich meinen Tagesablauf für ihn geändert, wenn die Situation umgekehrt gewesen wäre. Sogar für das englische

Wetter entschuldigte ich mich bei Ausländern, als ob ich daran schuld wäre! Tatsächlich nahm ich jede Chance wahr, väterliche Verantwortung zu übernehmen, wenn sich nur jemand als Kind anbot. Heute weiß ich, daß es fast immer ein Fehler ist, anderen Leuten ihre Probleme wegzunehmen.

Freilich können wir nicht umhin, im wirklichen Leben oder in Organisationen in die Elternrolle zu schlüpfen, wenn wir allmählich Verantwortung übernehmen. Es kommt jedoch darauf an, diese Rolle im Hintergrund zu halten, so daß sich die Kinder in unserer Obhut zu Erwachsenen entwickeln können. Einige elterliche Verhaltensweisen sollten wir jedoch sehr wohl kultivieren. Wir müssen beispielsweise lernen, wie Eltern und auch Lehrer aus zweiter Hand zu leben und uns an den Erfolgen anderer zu erfreuen, ohne sie für uns zu reklamieren, auch wenn wir maßgeblich daran beteiligt waren. Wir müssen unsere private Erfüllung darin finden, sie so sprechen zu hören und handeln zu sehen, wie wir es ihnen beigebracht haben, ohne sie daran zu erinnern, wo sie das alles gelernt haben. Als Eltern müssen wir einfach danach trachten, daß sie zu sich selbst finden und ihr eigenes Leben führen und nicht eine Kopie des unseren. Außerdem müssen wir erkennen, daß sie uns eines Tages übertreffen werden, und dürfen uns nicht dagegen wehren, wenn es soweit ist.

Hal war mein erster Mentor. Er war es, der mich vor zwanzig Jahren im Bauch der Organisation entdeckte, mir meine erste richtige Arbeit gab und mir mein Handwerk beibrachte. Er war ein echter Freund und väterlicher Ratgeber.

Dann stieg ich aus und wurde Lehrer. Hal war stocksauer.

»Sie haben einfach Ihre ganze Zukunft weggeworfen!«

Ich treffe ihn immer noch gelegentlich. Immer noch schüttelt er bei meinem Anblick traurig den Kopf. »Letzte Woche habe ich Sie im Radio gehört«, sagt er dann. »Wirklich jammerschade.«

»Wie meinen Sie das?«

»Sie könnten inzwischen Generaldirektor sein, auf den Philippinen zum Beispiel.«

»Aber ich wollte doch nie Generaldirektor auf den Philippinen werden.«

»Aber Sie hätten es geschafft, wenn Sie geblieben wären.«

Er ist nicht mehr mein Mentor, und man kann es auch zu weit treiben mit der Nostalgie.

Ein weitverbreitetes Spiel in Organisationen heißt »Ärzte und Patienten«. Ivan Illich weist in seinem Buch *Entmündigung durch Experten* darauf hin, daß Ärzte sich am meisten für Patienten interessieren, denen sie helfen, und Krankheiten, die sie heilen können. Sie zeigen also eine Tendenz, die Diagnose ihren Fähigkeiten anzupassen, und bisweilen, so Illich, sogar ein kaum verhohlenes Interesse, Krankheiten zu erfinden, die sie heilen können. Alle Experten, ob Ärzte, Lehrer oder Unternehmensberater, machen sich manchmal auf die Suche nach den Problemen, die sie lösen können, sosehr sie das auch abstreiten mögen. Und auf der anderen Seite stehen die Leute, die mit größter Bereitwilligkeit in die Rolle des Problems oder des Patienten schlüpfen: eine überaus dankbare Konstellation zwischen Erwachsenem und Kind.

Daher finden Ausbilder ohne größere Schwierigkeiten ihre Schüler ebenso wie Berater ihre Kunden. Dummerweise sind es aber vielleicht die falschen Studenten und Kunden. Zu viele Kurse werden von Menschen besucht, die gar nicht hingehen müßten, und zu viele Berater von Leuten engagiert, die schon vorher wissen, was man ihnen erzählen wird. Aber die Beziehung gestaltet sich recht angenehm und im Interesse aller Beteiligten, und keiner von ihnen wird sich darüber beklagen. Wie bei einem abgekarteten Spiel stecken alle unter einer Decke. Das ist eigentlich nicht besonders schlimm, aber in den meisten Fällen einfach überflüssig. »Lassen Sie sich nie durch Schwäche verführen.« Diesen klugen Rat erhielt ich, als ich mit meiner Arbeit als Unternehmensberater begann. »Die Leute, die sich Ihnen an den Hals werfen, sind wahrscheinlich auch die Unfähigsten. Sie werden sich um Sie reißen, vielleicht können Sie Ihnen sogar helfen, aber die Organisation hat herzlich wenig davon.« Angenehmer Umgang kann in die Irre führen.

In jedem von uns steckt ein Vater oder eine Mutter, ein Erwachsener und ein Kind. Niemand kann oder sollte die ganze Zeit erwachsen sein. Es gibt gute Eltern und schlechte, nützliches und schädliches kindliches

Verhalten. Diese Zusammenhänge sollte man nicht aus den Augen verlieren und nicht vergessen, daß elterliches Benehmen kindliche Reaktionen auslöst und umgekehrt.

Natürlich gibt es keine Patentrezepte für diesen ganzen Komplex. Alles hängt vom Wissen ab, vom Wissen um die Rolle, die jeder einzelne in jedem kleinen Spielchen einnimmt. Wissen schafft Toleranz, Wissen vermeidet unschöne Szenen, Wissen kann andere Menschen zu großen Leistungen bewegen. Seit ich darauf achte, sehe ich die Leute mit anderen Augen, wenn sie miteinander sprechen. Eine faszinierende Erfahrung.

Einige Fragen zum Nachdenken und Diskutieren

Gute Organisation profitiert vom Verständnis für zwischenmenschliche Vorgänge.

1 Denken Sie an zwei oder drei wichtige Begegnungen oder Gespräche, an denen Sie in den letzten zwei oder drei Wochen beteiligt waren. Welche Rollen (Vater oder Mutter, Erwachsener, Kind) spielten Sie und die anderen?

2 Hätte man etwas an den Rollen ändern (aus einem Vater einen Erwachsenen oder auch nur aus einem strengen Vater einen nachsichtigen machen) können, und hätte das zu einem anderen Ergebnis geführt?

3 Stellen Sie sich das nächste bedeutende Ereignis in Ihrem Leben oder in Ihrer Arbeit vor. Wie wollen Sie damit umgehen? Können Sie es nach Lektüre dieses Kapitels anders anfassen? Und wollen Sie auch? Wie?

4 Wenn Sie mehr zu diesem Thema erfahren wollen, lesen Sie Eric Bernes Buch *Spiele der Erwachsenen*.

Boris erfreute sich bei meiner Frau nicht gerade besonderer Beliebtheit, aber ich kannte ihn noch aus den Tagen im Dschungel des Fernen Ostens, lange bevor ich meiner Frau begegnete. Wir hatten Dinge miteinander erlebt, von denen sie nichts wußte, hatten an eigenartigen Orten eigenartige Drinks geschlürft. So kam es, daß ich ihn alle paar Monate immer noch ganz gern traf, auch wenn sich unsere Lebenswege mittlerweile getrennt hatten. Alte Freunde sind gute Freunde, sagte ich zu meiner Frau.

»Du benimmst dich reichlich seltsam, wenn du mit ihm zusammen bist«, sagte sie. »Du bist gar nicht mehr du selbst. Ich weiß auch nicht, aber irgendwie gibst du dich als jemand anderer aus, und du läßt dir von ihm auf der Nase herumtanzen und dich von oben herab behandeln. Man könnte meinen, du bist sein Sohn, so sehr suchst du nach seiner Anerkennung.«

»Vielleicht«, erwiderte ich, »vielleicht behandelte ich ihn damals als eine Art Mentor. Er hatte viel Lebenserfahrung. Vielleicht kann ich diese alte Gewohnheit einfach nicht mehr ablegen.«

»Naja, mir gefällt es jedenfalls nicht. Es paßt nicht zu dir. Du solltest aufhören mit diesem Spiel.«

11
Machtpolitik

»Wie schön wäre die Welt ohne Politik«, so seufzte ich des öfteren, als ich im Geschäftsleben stand. »Wie schön wäre die Welt, wenn die Leute einfach die Wahrheit sagen, wenn alle ihre Arbeit erledigen, wenn die Vernunft und verständige Diskussionen zu Entscheidungen führen würden und wenn es keine Intrigen, keine verschlossenen Türen und keine Geheimnisse innerhalb der Organisation gäbe.« Ich nahm meinen Abschied und arbeitete an einer Universität. Dort war es noch schlimmer, viel schlimmer. Wieder nahm ich meinen Abschied und arbeitete für eine Kirche. Dort war es noch schlimmer, viel schlimmer. Erst nach langer Zeit stellte sich bei mir die Erkenntnis ein, daß Macht und Politik zum Leben aller Organisationen gehören. Wir müssen lernen, mit ihnen zu leben, und je mehr wir davon verstehen, desto besser können wir damit umgehen.

Der Sprache kommt hier eine entscheidende Rolle zu. Macht ist kein besonders treffendes Wort. Es weckt Assoziationen zum Feudalismus. Niemand gibt gerne zu, daß er Macht ausübt, aber wir sind damit auf Schritt und Tritt konfrontiert. Auch in grammatischer Hinsicht ist es ein seltsames Wort. Es läßt sich keine direkte Verbform daraus ableiten. Man kann die Leute nicht dazu ›machten‹, etwas zu tun. Wenn wir also über den Gebrauch von Macht sprechen wollen, müssen wir ganz andere Wörter verwenden wie ›kontrollieren‹, ›beeinflussen‹ oder ›führen‹. Merkwürdig. Und beunruhigend.

Wir verwenden Wörter wie ›Autorität‹, wenn wir auf die Legitimität der Macht verweisen wollen, und Wörter wie ›Einfluß‹, wenn wir andeuten möchten, daß unsere Anregungen nicht bindend sind. Gleichgültig, welchen Euphemismus wir dafür verwenden, in der Praxis gibt es nur drei nützliche Sorten von Macht, wenn wir etwas bewegen wollen. Wenn man auf keine der drei zählen kann, dann hat man nicht den geringsten Einfluß auf die Ereignisse. Mit einer großen Ausnahme freilich: Fast jeder Angehörige einer Organisation, ob in hoher oder niedriger Stellung, kann *negative Macht* ausüben. Mehr davon später.

Die Macht der Ressourcen

Die Kontrolle über Waffen oder Geld oder Eigentum verleiht Macht über die Geschehnisse. Am deutlichsten sieht man das an einem Terroristen mit einer Waffe oder dem Besitzer lebenswichtiger Dinge. Der Gebrauch von Waffen in Organisationen ist heutzutage verpönt, aber der Einsatz brutaler Kraft und körperlicher Einschüchterung ist in manchen Organisationen nach wie vor an der Tagesordnung, ganz zu schweigen von dem, was sich in den eigenen vier Wänden abspielt. All dies sind Formen von Ressourcenmacht. Weit verbreitet ist auch die psychologische Einschüchterung, eine Form der Tyrannisierung, die sich besonders bei mächtigen Persönlichkeiten großer Beliebtheit erfreut. Man muß nicht groß und stark sein, um den Leuten Angst einzujagen.

Die Macht der Position

Der Titel oder die Stellung berechtigt zur Erteilung von Weisungen, zu bestimmten Entscheidungen, möglicherweise zur Einstellung und Entlassung von Mitarbeitern, zur Verteilung von Geldern und zur Beförderung Dritter. Diese Form der Macht wird oft als ›Autorität‹ bezeichnet, weil sie offiziell und legitim ausgeübt wird.

Die Macht des Experten

Mit Wissen, Erfahrung oder Fachkenntnissen gewinnt man die Achtung anderer und kann so Einfluß auf sie nehmen. Diese Form der Macht verleiht eine andere Autorität: die des Experten; sie stellt insofern eine Besonderheit dar, als einem die Macht praktisch von den Leuten übertragen wird, über die man sie ausübt. Es hätte wenig Sinn, sich zum großen Fachmann zu erklären, wenn einem niemand glaubt. Die größten Langweiler sind die selbsternannten Experten, die vor sich hin schwadronieren, ohne bei ihren Zuhörern irgendeine Wirkung hervorzurufen, außer vielleicht daß sie einschlafen.

Ressourcenmacht, Positionsmacht und Expertenmacht – die Unterschiede zwischen den dreien sind von großer Bedeutung. Früher kam es in Organisationen auf die Ressourcenmacht an. Wer bezahlte, nach dessen Pfeife wurde getanzt. Mit der Zeit wuchsen die Organisationen, und die Abläufe wurden formaler. Die Positionsmacht trat in den Vordergrund. Der Marketingleiter kontrollierte die Arbeit und einen Großteil des Lebens der regionalen Vertreter, der Schuldirektor hatte praktisch über die Karriere des Nachwuchslehrers zu befinden. In jüngster Zeit dringen demokratische Werte auch in Organisationen vor, und die *ver-*

diente Autorität des Experten gewinnt größere Geltung. Der Lehrer im Klassenzimmer mag durch seine Position noch soviel formale Autorität innehaben, aber ohne persönliche Autorität durch Erfahrung, Persönlichkeit und Fachwissen wird er die Kinder nur schwer zum Lernen bringen, vom guten Benehmen gar nicht zu reden.

»Warum sollte ich nicht rauchen, wenn ich doch will?« fragte mein halbwüchsiger Sohn.

»Weil ...«, setzte ich an und stellte ihm mit vernünftigen Argumenten vor Augen, daß Rauchen die Gesundheit gefährdet und bei Nichtrauchern Anstoß erregt.

»Ich glaube, du bist mit deinen Informationen nicht ganz auf dem laufenden ...« Er breitete weitere statistische Daten aus, bestand auf seinem Recht zur Selbstbestimmung und verwies auf die Raucherlaubnis, die ihm alle anderen im Zimmer erteilt hatten ... Meine Glaubwürdigkeit als Experte ging den Bach runter!

»Als dein Vater ...« Inzwischen sah ich mich schon gezwungen, auf meine Positionsmacht in der Familie zurückzugreifen.

»Ach Dad, hör schon auf, was soll denn das moralische Getue«, lachte er und erstickte jede Hoffnung im Keim, daß ich in dieser Rolle noch über Autorität verfügte.

»Also gut.« Als letzter Ausweg stand mir nur noch meine Ressourcenmacht zur Verfügung. »Vielleicht treffen wir ein Abkommen miteinander. Du rauchst nicht und kriegst zum einundzwanzigsten Geburtstag 500 DM.«

»Das hört sich schon besser an. Aber du mußt noch ein bißchen was drauflegen.«

Ich hätte nicht gedacht, daß man es als Vater in einer demokratischen Familie so schwer hat.

Die meisten Chefs gehen ziemlich ähnlich vor wie ich bei meinem Sohn. Expertenmacht stellt die akzeptabelste Form der Einflußnahme dar, weil man die Macht von den Leuten erhalten hat. Die Glaubwürdigkeit, mit der man auf ihr Verhalten und ihr Denken einwirken will, stammt von ihnen selbst. Als Schriftsteller verfüge ich ausschließlich über Expertenmacht. Wenn Sie dieses Buch wegwerfen wollen, dann kann ich nicht das geringste dagegen unternehmen. Wenn Sie es allerdings lesen und zumindest teilweise damit übereinstimmen, dann werden Sie wahrscheinlich nichts gegen meine Einflußnahme auf Ihr Denken einzuwenden haben; vielleicht werden Sie mir sogar ein wenig dankbar sein.

Niemand würde sich dagegen wehren, wenn es so einfach läuft. Überzeugen ist die angenehmste Form von Machtausübung. Aber wenn das nicht hilft, dann greift man auf die formale Autorität zurück: »Weil ich es sage«, ruft die gestreßte Mutter; »So lauten meine Anweisungen, und zwar unwiderruflich«, sagt der abgekämpfte Manager. Schön und gut, so lange, bis die Mannschaft meutert oder die Anweisungen einfach stillschweigend ignoriert. Dann wird eine höhere Autorität (der Chef des Chefs) angerufen, und letzten Endes läuft alles auf die Frage nach den Ressourcen hinaus: »Wenn Sie nicht ...« oder »Wenn Sie ...«

John war überglücklich. Man hatte ihn aus dem Vertreterstab abberufen und zum ersten Vertriebskoordinator benannt. Diese neue Position war im Gefolge eines Beraterberichts geschaffen worden. Er sollte als Verbindungsmann zwischen Verkauf und Fertigung fungieren und für eine genaue Abstimmung der Produktionsabläufe auf die Erfordernisse der Verkaufsabteilung sorgen, damit es weder zu überflüssigen Lagerbeständen noch zu Engpässen kam. Ganz offensichtlich eine sehr wichtige Arbeit. Er brauchte seine Autorität, um sich in der Organisation durchzusetzen und den Leuten zu demonstrieren, daß er für diese Tätigkeit zuständig war. Als erstes ließ er sich ein anständiges Büro neben der Verkaufsabteilung einrichten, das man nur (sehr wichtig!) nach Anmeldung bei seiner Sekretärin betreten durfte. Er ließ sich besondere interne Briefköpfe drucken und kaufte sich zwei neue Anzüge. Niemand zeigte sich beeindruckt: »Wofür hält er sich eigentlich?« »Sollte lieber seine Arbeit erledigen, statt sich sein kleines Nest einzurichten.« »Der wird bestimmt nicht viel koordinieren, wenn wir ihn gar nicht zu Gesicht kriegen.«

Durch den Versuch, die Insignien seiner Positionsmacht herauszustreichen, hatte John auch den letzten Rest an Expertenautorität eingebüßt.

Wenn John in der Organisation überhaupt noch etwas ausrichten wollte, dann mußte er sich schon auf seine *negative Macht* stützen. Auch wer nur eine sehr bescheidene Stellung bekleidet, kann zumindest etwas aufhalten, wenn er schon nichts Neues anfangen kann. Man denke nur an den Londoner Busfahrer, der in einer regnerischen Nacht Fahrgäste abweist, obwohl noch Plätze frei sind. Mit solchen Aktionen verschafft man sich eine Illusion von Macht, die vor allem von jenen benötigt wird, die sich schwach und frustriert fühlen.

Ich trug einmal den würdevollen Titel eines Stellvertretenden Koordinators für regionales Marketing in der Mittelmeerregion, ausgenommen Frankreich. Es klang furchtbar wichtig, war aber in Wirklichkeit nur eine Postadresse, die Berichte und Anfragen aus den Mittelmeerländern (Frankreich wurde als eigene Region behandelt) empfing und dafür sorgte, daß sie die richtigen Abteilungen mit den eventuell nötigen Hintergrundinformationen erreichten. Ich langweilte mich und ärgerte mich darüber, daß sich der Entfaltung meiner Talente so wenig Spielraum bot. Die meiste Zeit sah ich nur zum Fenster hinaus und stellte Spekulationen über das Leben der Passanten an.

Eines Tages kam von unserer italienischen Niederlassung ein Brief, in dem man die Errichtung einer Raffinerie in der Bucht von Neapel vorschlug. Was für eine grauenhafte Idee, dachte ich mir, wußte aber sehr wohl, daß man den Plan wegen seines lukrativen Gehalts aller Wahrscheinlichkeit nach annehmen würde.

Ich nahm den ganzen Stoß Papiere und warf ihn in den Abfalleimer. Vier Wochen später trafen neue Unterlagen ein, diesmal mit Kopien für meinen Boß und andere Abteilungen. Sie kriegten ihre Raffinerie. Niemand wußte, was ich mit dem ersten Brief gemacht hatte. Aber ich hatte die Genugtuung, diesen Schandfleck in der neapolitanischen Bucht vier Wochen lang aufgehalten zu haben. Zumindest meine negative Macht hatte ich unter Beweis gestellt.

Pförtner, die zu spät kommen, Sekretärinnen, die Akten verräumen, Fahrer, die sich verfahren – auch der Geringste kann Verzögerungen, wenn nicht gar Katastrophen herbeiführen. In den oberen Rängen sitzen die Leute, die sich darauf verstehen, die Abläufe durch den gezielten Einsatz von Komitees zu blockieren, die irgendwo in einem Leitfaden eine Klausel aufspüren können, die irgend etwas untersagt, die das Zustandekommen eines Treffens so lange hintertreiben können, bis es zu spät ist. Frustrierte Bürokraten sind nicht machtlos, sie alle finden früher oder später Gelegenheit, ihre negative Macht auszuspielen.

Wenn die Leute ausgelastet sind, wenn ihnen soviel Verantwortung übertragen wird, wie sie tragen können, und wenn ihnen eigener Handlungs- und Entscheidungsspielraum eingeräumt wird, dann haben sie genügend positive Macht, und sie brauchen ihre negative nicht mehr ausüben. Je geringer die Zahl der Verfahrensregeln, je flacher die Hierarchie, desto offener läuft der Informationsfluß, und desto weniger Möglichkeiten ergeben sich für Hinhaltetaktik. Flache, rührige und offene Organisationen zeigen sich generell weniger anfällig für die Organisationskrankheit negativer Macht.

Unter Politik versteht man in diesem Zusammenhang den Versuch, mehr Ressourcen- und Positionsmacht auf sich zu versammeln, um den eigenen Einfluß innerhalb der Organisation zu vergrößern. Dies geschieht nicht unbedingt aus rein eigennützigen Erwägungen. Die meisten Menschen glauben, daß sie mit mehr Macht zu einer Verbesserung der Dinge beitragen könnten. Manche wollen die Macht freilich nur, um ihre Haut zu schützen.

Ressourcen, Positionen und Rollen sind jedoch vergänglich, sie können einem über Nacht genommen werden. Denken Sie gelegentlich an den armen Mann, der noch am Freitag Geschäftsführer ist und schon am Montag Geschäftsführer im Ruhestand *ohne* Büro, *ohne* Sekretärin, *ohne* Firmenwagen, *ohne* alle Symbole seiner früheren Position. Er ist wieder ein ganz normaler Mensch, nur ein Name, kein Titel. Sein Einfluß hängt fortan nur von seiner anerkannten Fähigkeit und Erfahrung ab, von seinem Fachwissen. Letzten Endes bleibt als Basis der Macht nur die Kompetenz des Experten. Nur der Betreffende selbst kann sie zerstören oder es versäumen, sie rechtzeitig zu erneuern. Solch eine Form der Macht wird man Ihnen am wenigsten krummnehmen, weil sie Ihnen mit Zustimmung der Leute eingeräumt wird, die dieser Macht unterliegen, und weil sie sie jederzeit ignorieren können. Diese Machtgrundlage ist die rationellste, denn Leute, die mit Ihnen übereinstimmen, richten sich ohne weitere Überprüfungen, Kontrollen und Seitenhiebe nach Ihren Wünschen.

Wir können jedoch nicht alle anerkannte Experten in unserer Arbeit sein. Die meisten Menschen müssen sich mit ihren bescheidenen Mitteln und Positionen begnügen, um ihre Forderungen durchzusetzen. Es kann also nicht schaden, Freunde in den richtigen Positionen zu haben (wachsende Positionsmacht), Verbindungen mit anderen Abteilungen zu schließen (mehr Ressourcen), alle nur erdenklichen Informationen zu sammeln (Informationen sind eine Ressource) und seine Vorschläge auf ein annehmbares Maß abzuspecken (ein Kompromiß zieht weniger negative Macht an). Mit anderen Worten: Man muß sich in die Politik einschalten. Aber Sie müssen wissen, worauf Sie sich damit einlassen, denn wer die Politik zu weit treibt, der kann großen Schaden anrichten.

Andrew Pettigrew von der Warwick University listete in der *Personal Review* von 1974 die Tricks auf, mit denen ein Fachgebietsleiter in einem großen Unternehmen einen Spezialistenbericht mit unliebsamen Empfehlungen abwürgen kann:

1 Glatte Ablehnung – der Spezialist samt Bericht wird ohne weitere Diskussion abgewiesen. Dafür benötigt man eine Menge Ressourcen- und Positionsmacht und ein gesundes Selbstbewußtsein.

2 »Ablegen in die unterste Schublade« – der Report wird gelobt, aber es wird nichts unternommen. Der Spezialist läßt sich vielleicht mit Lob abspeisen und dringt nicht auf Maßnahmen.

3 Mobilisierung taktischer Unterstützung – der Manager bittet Kollegen mit ähnlichen Interessen um ihre Unterstützung.

4 Die Zermürbungstaktik – mit geringfügigen Einwänden versucht man, den Gesamtbericht zu diskreditieren und aufzuhalten.

5 »Aber in Zukunft ...« – der Bericht mag für heutige Verhältnisse Gültigkeit besitzen, aber er läßt sich nicht auf zukünftige Bedingungen anwenden. Daher lohnt sich eine Umsetzung nicht.

6 Die emotionale Taktik – »Wie könnt ihr mir (oder meinen Jungs) das antun?«

7 Die Tarnkappentaktik – der Fachgebietsleiter steht für Diskussionen über den Bericht nie zur Verfügung.

8 »Weitere Nachforschungen sind nötig« – der Report wird zur Überarbeitung zurückgereicht.

9 Der Sündenbock – jemand anderer (z.B. die Direktion) wird ihn nicht mögen.

10 Ablenkung – der Fachgebietsleiter lenkt die Aufmerksamkeit auf Punkte, in denen er dem Spezialisten aufgrund seines Wissens widersprechen und ihn so diskreditieren kann.

Aber wohlgemerkt: das sind nicht die zehn Gebote, sondern zehn Möglichkeiten des Machtmißbrauchs.

Die Notwendigkeit von Kompromissen

Nur wenige Leute verfügen über so viel Macht, daß sie sich immer durchsetzen können. Aber das ist vielleicht auch gar nicht schlecht, denn Macht wirkt bekanntlich korrumpierend. Wenn etwas geschehen soll, dann müssen Kompromisse geschlossen werden. Wer sich nur an die Vorschriften oder an seine Prinzipien hält, der übt unter Umständen negative Macht aus. Kompromisse sind nicht unmoralisch, wenn sie zu Fortschritten führen.

Einige Fragen zum Nachdenken und Diskutieren

Gute Organisation setzt Wissen über die Machtgrundlagen und besonders über die Möglichkeiten zur Vergrößerung der Expertenmacht voraus.

1 a) Welche Ressourcen (z.B. Budgets, Informationen) unterstehen Ihrer Kontrolle? Welche Entscheidungen, z.B. im Hinblick auf Geld oder Mitarbeiter, können Sie aufgrund Ihrer Position treffen? Auf welchen Gebieten hält man Sie für einen Experten?

b) Nur Ihre Expertenmacht können Sie aus eigener Kraft vermehren. Wie ließe sich das erreichen (z.B. durch Fortbildungskurse, Teilnahme an Konferenzen, Hilfe von Kollegen)?

2 Zählen Sie einige Beispiele negativer Macht auf, die gegen Sie verwendet wurde.

a) Weshalb kam es dazu? Aus Furcht, Eifersucht oder wegen eines Fehlers von Ihrer Seite?

b) Wie hätten Sie es verhindern können? Durch mehr Einbindung Dritter, bessere Erklärungen oder einen Kompromiß?

3 Wen bewundern Sie am meisten in der Organisation?

a) Auf welche Machtgrundlagen stützt sich der Betreffende?

b) Welche politischen Strategien, Verbindungen usw. verwendet er? Können Sie ähnlich verfahren?

Ich erinnere mich an ein Gespräch eines britischen Außenministers aus jüngerer Zeit mit einer Gruppe von Bischöfen über die Realitäten der Machtpolitik. »Es war August, und ich saß allein im Außenministerium«, sagte er. »Meine Kollegen waren alle im Urlaub. Da erhielt ich ein Telegramm von unserem Botschafter in Teheran, wo dem Schah allmählich die Macht entglitt. Schicken Sie Kampfschilde für die Polizei des Schahs, lautete der Text. Ich rief den Botschafter an. Ich teilte ihm mit, daß ich keinesfalls bereit war, dem Schah Ausrüstung zu liefern. Es verstößt gegen all unsere Prinzipien, die Gewaltanwendung des Schahs zu unterstützen. Wenn Sie es nicht machen, sagte der Botschafter, dann muß er seine Panzer einsetzen. Wenn Sie Ausrüstung für seine Polizei schicken, dann verhindern Sie vielleicht, daß unter den Bürgern von Teheran ein Blutbad angerichtet wird. Ich schickte die Schilde. Wenn man etwas Vernünftiges erreichen will, dann muß man manchmal seine Prinzipien über Bord werfen.«

Oder einige Prioritäten ändern.

12
Teams und Kapitäne

Wieder einmal einer dieser englischen Sommer. Alle zwei Wochen verkündeten die Schlagzeilen: »England bricht zusammen« oder »Niederlage unausweichlich«. Ein Fremder hätte wahrscheinlich auf den dritten Weltkrieg getippt, aber es handelte sich nur um eine internationale Kricketbegegnung. Ich bin zwar kein Kricketexperte, aber es ist mir wirklich schleierhaft, wie der englischen Mannschaft trotz der Riesenauswahl in der englischen Jugend noch immer ein Ballmann oder ein Schlagmann fehlen kann. Man ist nicht einmal in der Lage, einen Kapitän zu finden, der seine Leute auf dem Feld führen und sie gegenüber der Presse und dem Rest der Welt mit Stil und guter Laune repräsentieren kann.

Mannschaften gehören zum englischen Leben. Die meisten·Jungen und auch viele Mädchen haben ihr Lieblingsfußballteam, und sie alle sind vernarrt in die eine oder andere Popgruppe. Einer meiner Freunde erfüllte sich einen Lebenstraum, als er mit einer Mannschaft von Freunden zu einer Kricketpartie gegen sein Heimatdorf antrat. Das Dorf gewann, aber darauf kam es gar nicht an. Ihm lag vor allem an dem wunderbaren Teamgeist, den dieser Anlaß hervorrief.

Wie seltsam also, daß die Engländer ihr großes Verständnis für Sportmannschaften so selten auf ihre Organisationen übertragen. Im Scherz bemerkte ich einmal, daß ein Ruderachter das einzige wirklich englische Team sei – acht Leute, die, ohne miteinander zu sprechen, rückwärts dahingleiten und von jemandem gesteuert werden, der nicht sieht, wohin die Fahrt geht! Ich wurde sanft zurechtgewiesen. Sie vollbringen diese wundersamen Taten nur, so erfuhr ich, weil sie sich so gut kennen und einander so sehr vertrauen, daß sie nicht sprechen müssen und mit voller Kraft rudern können, ohne an der Kunst ihres kleinen Steuermanns zu zweifeln.

Natürlich hatte man mich zu Recht getadelt. Und dieses gemeinsame Wissen über Sportmannschaften läßt sich genauso gut auf Teams in Organisationen übertragen.

Vier wesentliche Punkte sollte man im Hinblick auf Mannschaften stets im Kopf behalten.

Mannschaften sind Ansammlungen von Unterschieden

Niemand, der etwas davon versteht, würde elf Balleute in ein Kricketteam stecken oder eine Fußballmannschaft aus elf Torhütern bilden. Das mag nach einer Binsenweisheit klingen, aber Organisationen neigen immer noch zu einer Verhaltensweise, der man den Namen Apollosyndrom gegeben hat. Sie glauben, daß ein Team aus den hellsten Köpfen automatisch jedem anderen den Rang ablaufen wird. Weit gefehlt. Ein Team muß alle für die Erledigung der Aufgabe notwendigen technischen Fähigkeiten aufweisen. Außerdem braucht ein Team noch, auch wenn dies vielleicht zunächst weniger ins Auge fällt, verschiedene Persönlichkeiten oder Leute mit unterschiedlichen Prioritäten.

Der britische Wissenschaftler Meredith Belbin hat eine weithin anerkannte Liste mit acht Rollen zusammengestellt, die in einem guten Team gebraucht werden.

Der Vorsitzende Er sollte eher diszipliniert, konzentriert und ausgeglichen sein als fachkundig oder kreativ, denn ihm fällt die Aufgabe zu, die Leute auszusuchen, ihnen zuzuhören und sie zu ermuntern und die gemeinsamen Anstrengungen zu bündeln und zu koordinieren.

Der Gestalter Nach außen gewandt und energisch; seine Stärke liegt in seinem Elan und seiner Hingabe an das Vorhaben. Er wird als Antreiber gebraucht, kann aber auch ungeduldig werden.

Das Genie Die Quelle origineller Ideen und Vorschläge und das kreativste sowie intelligenteste Teammitglied. Er braucht sich um Detailfragen nicht zu kümmern, muß aber gefordert werden, damit er sein Bestes gibt.

Der Mahner/Bewerter Ein analytischer, kein kreativer Denker. Er klopft die Argumente auf ihre Haltbarkeit ab und zeigt ihre Mängel auf.

Der Ressourcenermittler Der populäre, extrovertierte Kontaktmann, der die Verbindung zwischen Team und Außenwelt aufrechterhält.

Der Unternehmensarbeiter Der praktische Organisator und Verwaltungsfachmann, der aus Ideen Aktionspläne macht.

Der Teamarbeiter Sympathisch und beliebt, mit Ermunterungen, Verständnis und Unterstützung für die Teammitglieder hält er die Sache in Schwung.

Der Vollstrecker Ohne ihn könnte das Team vielleicht nie seine Termine einhalten. Die unbeirrte Konsequenz, mit der er auf Ergebnisse dringt, ist wichtig, aber nicht allseits beliebt.

Ich persönlich kann mich aus meiner Erfahrung nicht an acht Typen erinnern, ganz zu schweigen von den elf oder fünfzehn Leuten, die in manchen Mannschaften gebraucht werden. Mir genügen vier. Jedes Team braucht Mitglieder, die folgende Rollen ausfüllen: den Kapitän, den Verwalter, den Antreiber, der die Sache durchpeitscht, und den Experten, der das Wissen und die Ideen mitbringt.

Suchen Sie sich also ruhig zuerst die Leute aus, die dem Vorhaben in technischer Hinsicht gewachsen sind, aber sorgen Sie dann auch dafür, daß die angesprochenen wichtigen Rollen optimal besetzt werden. (Im übrigen kommt es nicht von ungefähr, daß die vier Hauptrollen starke Ähnlichkeit mit den vier Göttern aus Kapitel 15 zeigen.) Niemand würde im Sport einfach nur die elf oder fünfzehn besten Spieler aussuchen. Es kommt auch auf jene an, die auf bestimmten Positionen spielen können. Was auf dem Sportplatz gilt, ist auch in einer Organisation von elementarer Bedeutung. Die vier Hauptrollen müssen besetzt sein, wenn das Team aus der Gesamtheit seiner Fähigkeiten das Optimum herausholen will. Vielleicht fände der Kapitän oder der Verwalter als normaler Spieler gar keinen Platz in der Mannschaft und wird nur aufgrund seiner besonderen Stärken benötigt. Immerhin gibt es im Sport sogar Funktionen wie die eines nichtspielenden Kapitäns.

Eine wunderbare Familie, hatte man mir gesagt – aber einfach hoffnungslos. Als ich zum ersten Mal hinkam, verstand ich sofort, was damit gemeint war. Ich platzte mitten in einen mit Leidenschaft geführten Streit hinein, den anscheinend alle voll auskosteten. Einer der Teenager war in seinen Bildschirm versenkt und schrieb an einem Programm für Kreuzworträtsel, wie ich erfuhr. Die andere, um einiges jünger, bereitete unter großen Mühen Wein aus Nesseln. Die Mutter war am Streit beteiligt – es ging irgendwie darum, ob Polen ein großartiges Land oder schlicht eine Katastrophe war. Niemand kümmerte sich um unsere Ankunft. Sie hatten uns zum Mittagessen eingeladen, aber von einem Mittagessen war nichts zu sehen.

»Oh, Entschuldigung, ich habe Sie gar nicht gesehen, kommen Sie doch rein, darf ich Ihnen Angus vorstellen und Angela und Anthony und, mir fällt dein Name nicht mehr ein, aber sie ist eine Freundin von Anthony, und setzen Sie sich doch, dorthin oder wo Sie wollen, egal – und ja, das Essen, Sie wollen natürlich was essen, wir alle möchten jetzt was – ja, was wollen wir denn machen? Angus, könntest du mir bitte helfen? Nein, bitte, setzen Sie sich ruhig, und machen Sie es sich bequem – wunderbar, daß Sie gekommen sind, einfach wunderbar ...«

Sie umgab uns alle mit ihrer Wärme, und wir fühlten uns wohl, aber es dauerte noch weitere zwei Stunden, bis etwas Eßbares auf dem Tisch stand.

In dieser Familie tummelten sich die Erfinder und Enthusiasten, die von einer Teamarbeiterin zusammengehalten wurden. Aber wenn sie je regelmäßig essen wollten, dann brauchten sie eigentlich noch einen Verwalter, einen Kapitän und auch einen Antreiber. Was soll's, hätten sie wahrscheinlich gesagt, eine Familie muß doch keine Mannschaft sein. Zumindest, wenn es sich nicht um ein Familienunternehmen handelt.

Teams sind keine Komitees

Ein Kamel ist ein Pferd, das von einem Komitee entworfen wurde. Dieses Sprichwort stellt eine höfliche Umschreibung dafür dar, daß die meisten Komitees auf einen Kompromiß hinauslaufen. Und das hat auch seine Richtigkeit, denn Komitees dienen ja gerade der Suche nach akzeptablen und gangbaren Lösungen. Teams hingegen wollen gewinnen. Diese beiden Dinge darf man also nicht miteinander verwechseln.

Teams bestehen aus einer Ansammlung von Personen, deren Talente für die Bewältigung einer Aufgabe oder die Lösung eines Problems benötigt werden. Wenn das Team gewinnt, dann gewinnen all seine Mitglieder. Und wenn es verliert, dann verlieren alle. Sie alle haben dasselbe Ziel vor Augen, und ein daraus resultierendes Gemeinschaftsgefühl verbindet sie. Das gilt sowohl für eine Projektgruppe wie auch für die Montageeinheit 6 in der Produktion.

Komitees bestehen aus einer Ansammlung von *Vertretern,* die sich alle für ein bestimmtes Problem oder einen besonderen Punkt interessieren. Die Aufgabe des Komitees besteht darin, eine für alle akzeptable Lösung zu finden. Dies führt fast zwangsläufig zu einem Kompromiß. Wer im Leben etwas bewegen will, der muß Kompromisse in Kauf nehmen, auch wenn sie ihn nicht in Begeisterungsstimmung versetzen. Nur die wenigsten können sich für Komitees erwärmen, aber sie spielen eine wichtige Rolle in der Organisation.

Jeder gute Vorsitzende bemüht sich darum, ein Komitee in ein Team umzufunktionieren. Er möchte die Mitglieder dazu bringen, sich persönlich für die gemeinsame Aufgabe zu engagieren und nicht nur irgendwelche Interessen oder Gruppen zu vertreten. Innerhalb von Organisationen kann sich diese Taktik allerdings als Bumerang erweisen, wenn die Vertreter feststellen müssen, daß ihre Abteilung sich nicht für ihre neuen Aufgaben begeistern kann und ihnen die Unterstützung entzieht. Also wird die Teamlösung verworfen, und es geschieht nichts. In diesem Fall wäre es wohl besser gewesen, auf ein spannendes Wir-Gefühl zu verzichten, weil es sich ja doch nur um ein Treffen von Vertretern handelte, das keine eigenständige Orientierung hatte.

Umgekehrt sollten Teams niemals in Komitees verwandelt werden. Die Loyalität der Mitglieder für das Team hat absoluten Vorrang. Behandelt man sie als Vertreter, dann teilt sich ihre Loyalität auf, und sie wissen nicht mehr so recht, für wen und für welches Ziel sie arbeiten. Eine feste Tagesordnung oder Sitzungsprotokolle passen nicht ins Bild eines Teams – höchstens in sehr verknappter Form. Man setzt auf informelle Gespräche und nicht auf geplante Konferenzen, auf Leiter und nicht auf Vorsitzende, auf Vornamen und nicht auf Titel.

Teams führen ein Eigenleben

Teams werden geboren wie Menschen, sie wachsen auf und werden alt. Sie *formieren* sich, bilden ihre eigene Identität aus, erforschen die Persönlichkeit ihrer Mitglieder und ihre möglichen Rollen und suchen sich einen Namen oder ein Symbol aus. Für viele Teams kommt dann die Jugend, eine Art *Sturm und Drang,* in der sich die einzelnen Persönlichkeiten Geltung verschaffen und den ursprünglichen Rahmen oder Zweck des Teams in Frage stellen. Die Ausgangsidentität der Gruppe, die erste Rollenverteilung waren falsch, heißt es dann, wir waren zu unerfahren, zu duldsam, zu wenig selbstsicher. Jetzt wissen wir Bescheid. Nach dem Sturm und Drang kommt die *Normierung.* Das Team hat sich auf eine neue Arbeitsweise geeinigt, der Kapitän, der Verwalter, der Antreiber, der Experte und die anderen Akteure fangen allmählich an, ihren Beitrag zu leisten. Zuletzt kommt die Zeit der Reife, wenn das Team *Leistung* bringt.

Diese vier Wachstumsstadien – Formierung, Sturm und Drang, Normierung und Leistung – gehören allesamt zum Leben eines Teams. Wer dies nicht wahrhaben will und auf sofortige Erfolge pocht, ohne den Teammitgliedern Zeit fürs Kennenlernen und für die Rollenzuweisung einzuräumen, der beschwört oft eine Art verzögerte Sturm-und-Drang-Periode herauf, die zum Zerfall der Gruppe führt. Dann muß der gesamte Reifungsprozeß von neuem einsetzen.

Ohne die Möglichkeit zum Erwachsenwerden und zum Zusammenwachsen als Familie kann ein Team nicht die Art von Vertrauen entwickeln, die dem eines eingespielten Ruderachters gleichkommt; ein Vertrauen, das es einem gestattet, die eigene Aufgabe zu erfüllen in der Gewißheit, daß auch die anderen ihren Verpflichtungen nachkommen; ein Vertrauen, das den Wettbewerb um individuellen Ruhm mit anderen Mitgliedern ausschließt; ein Vertrauen, das jedem Staffelläufer die Gewißheit vermittelt, daß er den Stab an den nächsten weiterreichen kann. Effiziente Teamarbeit setzt Vertrauen voraus, und Vertrauensbildung braucht Zeit.

Fünf Freunde zwischen achtzehn und neunzehn, allesamt Musiker, gründeten nach dem Schulabschluß eine Band. Sie wollten ihre eigenen Stücke komponieren, einige Konzerte geben und, wer weiß, vielleicht sogar einen Vertrag für ein, zwei Singles oder eine LP an Land ziehen.

Es machte Spaß. Dann wurde es ernst. Bei einem Konzert wurden sie von einem Talentsucher entdeckt. Er fand eine Geldquelle für die Anmietung eines Studios und einen Produzenten für die Aufnahme einer Demokassette.

Doch Trevor sah dem Ereignis mit gemischten Gefühlen entgegen. Er sprach mit Rod, und der unterhielt sich mit Mike und Bill. Das Problem war Charlie, ihr Sänger. Um ehrlich zu sein, er war nicht gut genug, jetzt wo alles darauf ankam. Weder als Sänger noch als Leader der Band war er gut genug. Für alle stand fest, daß Trevor es besser konnte, viel besser. Aber Charlie war ihr Freund, und sie kannten ihn schon so lange. Sie fühlten sich ihm verpflichtet.

Von nun an gärte es unter der Oberfläche. Das alte Gemeinschaftsgefühl und Vertrauen war verschwunden. Die Atmosphäre war vergiftet, vielsagendes Schweigen machte sich breit. Die Band konnte nicht mehr richtig arbeiten.

Eines Abends bissen sie dann doch in den sauren Apfel. Bei einem gemeinsamen Essen in einem indischen Restaurant schenkten sie Charlie reinen Wein ein. Sie hatten den Eindruck, daß er es irgendwie schon gewußt hatte. Kein schönes Gespräch, aber im Endeffekt besser als verlogenes Schweigen, besser natürlich für die Band und hoffentlich auch für Charlie.

»Mit einem Team hat man's nicht leicht, Dad«, sagte Trevor zu seinem Vater, »aber ich glaube, heute abend sind wir alle ein bißchen erwachsener geworden, und morgen werden wir bestimmt besser spielen.«

Sturm und Drang kann sehr weh tun, auch wenn er äußerlich ruhig verläuft. Ohne ihn und seinen Schmerz jedoch kann nicht das Vertrauen wachsen, das jedes Team braucht, um ohne viele Worte zusammenzustehen.

Teams können zu gemütlich werden

Geschlossene Teams können zu verschlossenen werden. ›Gruppendenken‹ heißt es, wenn Gruppen ein eigenes Leben und eigene Ansichten entfalten und auf alles andere mit Blindheit und Taubheit reagieren. Der Wunsch nach einer festen Gemeinschaft kann manchmal auch zu weit führen.

»Wie konnten wir nur so dumm sein?« fragte Präsident Kennedy, nachdem er und seine engsten Berater auf die unglückselige Idee verfallen waren, die Schweinebucht in Kuba zu besetzen. Dummheit ist bestimmt nicht die richtige Erklärung. Die Gruppe, die die Entscheidung traf, war eine Ansammlung von intellektuellen Köpfen, wie sie die amerikanische Regierungsgeschichte nur selten gesehen hat. Es lag am Gruppendenken. Dieses Phänomen tritt auf, wenn eine Gruppe mit solcher Geschlossenheit auftritt, daß nichts und niemand die Harmonie im Team stören darf. Außenseiter und abweichende Meinungsäußerungen werden zurückgewiesen. Zweifel und Fragen stehen im Geruch von Illoyalität und werden im Keim erstickt. Das Team legt ein überzogenes Selbstvertrauen an den Tag und hält sich aufgrund vorangegangener Erfolge fast für unbesiegbar und unfehlbar. Alle anderen müssen sich irren und verraten mit ihren Äußerungen Schwäche oder Eifersucht.

Regierungen können so werden, wenn sie zu lang im Amt bleiben. Generäle sind dafür berüchtigt, daß sie sich auf den letzten und nicht den nächsten Krieg vorbereiten. Auch Vorstandsgremien von Unternehmen, die ihre eigenen Schatten befördern und Freunde in den Aufsichtsrat holen, können sich so entwickeln. Familienunternehmen sind dafür besonders anfällig, weil niemand neben dem Team auch noch die Familie ruinieren will. Jede Organisation, in der jahrelang dieselben Leute dieselben Positionen bekleiden, setzt sich dieser Gefahr aus. Dies gilt zum Beispiel für manche Schulen oder kleine Unternehmen, die nicht wachsen.

Gruppendenken läßt sich nur heilen, wenn man mit Außenseitern, die als Katalysatoren fungieren, ein Klima offener Fragen und Debatten fördert. Gute Teams haben einen kritischen Trainer, der Selbstgefälligkeit verhindert. Gute Teams sehen sich Videos ihrer Spiele an und kritisieren die eigene Leistung. Direktoren ohne Ressortzuständigkeit, Gutachter und Berater von außen stellen für Organisationen das Äquivalent zu Trainern und Videorecordern dar. Man sollte nicht auf sie verzichten.

Als wissenschaftlicher Beobachter nahm ich an einer Vorstandssitzung teil, in der der Fünfjahresplan besprochen wurde. Das Unternehmen unterhielt eine Kette von Fotolabors, die für eine Reihe von Drogerien und Fotogeschäften Filme entwickelte.

Beim Kaffee hatte mir einer der Direktoren von einem Artikel in einer Fachzeitschrift erzählt, der schon für die nahe Zukunft die vollständige Automatisierung der Filmentwicklung vorhersagte. Die Filme mußten dann beim Einzelhändler nur noch in einen Entwicklungskasten gesteckt werden, und binnen fünfzehn Minuten lagen die fertigen Fotos vor.

Nach dem Kaffee setzte man die Konferenz fort. Die Vorstandsmitglieder erörterten die vorgeschlagene Expansion und den Ausbau des Labornetzes. Der Zeitschriftenartikel wurde mit keiner Silbe erwähnt.

»Wieso haben Sie nicht darüber gesprochen?« fragte ich hinterher. »Es stand nicht auf der Tagesordnung«, antwortete er. »Und außerdem ist es doch nur eine Idee. Es ist ja noch nichts passiert. Kein Grund, uns jetzt schon graue Haare wachsen zu lassen.«

Ein großartiges Team – das nur leider den Kopf in den Sand steckt. Wenn die Wende kommt, dann wird sie über sie hinwegfegen, und sie werden es wahrscheinlich so lange nicht zur Kenntnis nehmen, bis sie feststellen, daß ihre Labors keine Arbeit mehr haben.

Die Teams werden uns erhalten bleiben. Ohne sie kommen wir nicht aus. Das Leben ist mittlerweile in den meisten Dingen so kompliziert geworden, daß ein einzelner damit nicht mehr zu Rande kommt. Die Mitarbeit in einem guten Team bietet Spaß und Spannung, Anregung, Ansporn und Erfolg. Ein schlechtes Team dagegen gleicht einem Gefängnis. Wir können gute Teams bilden, wenn wir uns darauf verstehen – zufällig kommen sie nur selten zustande.

Fragen zum Nachdenken und Diskutieren

Gute Organisation setzt voraus, daß man Teamarbeit ernst nimmt.

1 Listen Sie alle Gruppen auf, denen Sie angehören, und die hauptsächlichen Konferenzen, an denen Sie teilnehmen.
   a) Welche davon werden als Teams und welche als Komitees geführt?
   b) Ist diese Aufteilung richtig, oder sollten die Komitees besser Teams sein oder umgekehrt? Was ließe sich zu ihrer Änderung unternehmen?

2 Listen Sie die Mitglieder der Teams auf, denen Sie angehören.
   a) Wer von ihnen ist Kapitän, Verwalter, Antreiber oder Experte?
   b) Sind die jeweiligen Rollen mit den richtigen Leuten besetzt?

3 Nehmen Sie ein bedeutendes Problem aus Ihrem Bereich, das man Ihrer Meinung nach in Angriff nehmen sollte, das aber nicht unbedingt in Ihre direkte Zuständigkeit fällt.

a) Suchen Sie sich im Hinblick darauf aus allen Leuten, die Sie kennen, ein ideales Team aus.

b) Wie könnten Sie als Leiter dieses Team in seiner Entwicklung unterstützen?

 »Ich hab' keine Ahnung, weshalb die beiden miteinander verheiratet sind«, bemerkte ich. »Es gibt nichts, worüber sie gleicher Meinung sind – von der Politik über die Religion bis hin zur Erziehung ihrer Kinder.«

»Ich glaube, du übersiehst da was«, sagte meine Frau. »Unter der Oberfläche haben sie nämlich sehr viele Gemeinsamkeiten. Die Liebe für das Landleben und ihre Familie, die eigenständige Gestaltung ihres Zuhauses und ihres Lebens, den festen Glauben an Arbeit, Ehrlichkeit und Anständigkeit. Was du hörst und siehst, ist nur der Schaum über einer gemeinsamen sechsundzwanzigjährigen Geschichte, die fest und tief in ihnen verwurzelt ist.«

»Naja, trotzdem bin ich davon überzeugt, daß sich Öl und Wasser nicht mischen und zu keiner wirklichen Beziehung führen.«

»Schon, aber Öl und *Benzin* mischen sich, weil sie unter der Oberfläche das gleiche sind. Das Leben wäre reichlich langweilig, wenn wir ständig einer Meinung wären. Eine Ehe wird erst dann zu etwas Wunderbarem, wenn man einander so sehr vertraut, daß man sich wegen der kleinen Dinge in den Haaren liegen kann, weil man genau weiß, in den großen ist man sich völlig einig.«

Genau wie bei Teams, dachte ich mir.

13

Äußerlich sichtbare Zeichen

Tut mir wirklich leid, John, daß Sie den Auftrag nicht gekriegt haben – aber es waren zwei Unternehmen in der engeren Wahl, und den Zuschlag hat natürlich das mit der hübschen, munteren Empfangsdame erhalten.

Ich wuchs in einer Pfarrei auf und sollte mich daher eines Tages auf die Konfirmation vorbereiten. Dafür gab es den sogenannten Katechismus: »Eine Unterweisung«, so hieß es im alten Gebetsbuch, »die jeder Konfirmand auswendig lernen muß, ehe er vor den Bischof tritt.« Ich fürchte, ich war kein besonders fleißiger Katechismusschüler. Das meiste habe ich vergessen. Ich erinnere mich aber noch an folgenden herrlichen Satz: »Ein äußerlich sichtbares Zeichen der inneren Gottesgnade.« Diese Formulierung ist mir über die Jahre hinweg treu geblieben und erinnerte mich stets daran, daß alle möglichen guten Absichten allein nicht genügen. Man muß sie auch mit einem äußerlich sichtbaren Zeichen zum Ausdruck bringen. Ich nehme mir immer wieder vor, entfernten Freunden und Verwandten lange Briefe zu schreiben. Aber dieser Vorsatz nützt ihnen und mir überhaupt nichts, solange ich ihn nicht in ein äußerlich sichtbares Zeichen umsetze – wie zum Beispiel ein Schreiben in einem Umschlag mit Briefmarke und der richtigen Adresse.

Aber es funktioniert auch umgekehrt. Man kann aus den äußerlich sichtbaren Zeichen vieles über die inneren Geschehnisse erfahren. Und wenn man nicht mehr Informationen zur Verfügung hat, dann muß man sich sogar auf diese Zeichen verlassen. Natürlich sind hier Irrtümern Tür und Tor geöffnet. Es gibt eben keine Garantie, daß ein Haus mit einem Pub-Schild auch wirklich Bier ausschenkt. In der Ortschaft Street in Somerset gab es früher zum Beispiel ein Pub, das nur alkoholfreies Bier anbot. Und ich kann mich noch sehr gut an meine Enttäuschung erinnern, als ich als junger Ire in England ankam und feststellen mußte, daß das Schild Free House vor einem Pub nicht bedeutete, daß man dort Freibier bekam, sondern nur, daß das Gasthaus nicht an eine bestimmte Brauerei gebunden war.

Bei näherem Hinsehen ist es doch eigentlich so, daß wir ziemlich oft aufgrund von sehr spärlichen äußerlichen Informationen Spekulationen über das Innenleben einer Person oder einer Sache anstellen. Wenn ich nach einem neuen Haus suche, weiß ich bei jedem zweiten, daß ich erst gar nicht hineinzugehen brauche, weil mir alle äußeren Anzeichen mitteilen, daß es nicht das Richtige ist. Einmal ging es mir auch so, als ich vor dem Haus von Freunden ankam. Ich stand vor einer riesigen Mauer zur Straße, die nur ein paar winzige Luken und eine kaum größere Tür in der Mitte aufwies. Nichts für mich, so ein Haus, dachte ich mir, ich brauche Platz und Licht und Pflanzen. Aber sie erwarteten mich, also drückte ich auf die Klingel. Die Tür ging auf, und ich trat auf einen Rasen, der sanft zu einem Bach abfiel. Am anderen Ende des Gartens stand das Haus. Ich hatte vollkommen daneben gelegen. »Ja«, riefen sie, als ich ihnen von meiner Überraschung erzählte, »das ist Absicht. Niemand würde meinen, daß hier ein richtiges Haus steht. Das hält die Einbrecher ab.« Meine Freunde wußten also von dem Eindruck, den das äußere Erscheinungsbild ihres Anwesens beim Besucher hinterließ. Sie hatten ihn sogar absichtlich inszeniert. Nicht von allen Organisationen könnte man das-selbe behaupten.

Ich leite einen Kurs für Teilzeitstudenten von Anfang dreißig aus dem Management. Die Teilnehmer müssen als kleine Gruppe von fünf oder sechs Leuten einen Tag in der Organisation der jeweils anderen verbrin-gen und dabei herausfinden, welches Klima, welche Bräuche, Werte und Stile vorherrschen, welche Managementtheorien allem Anschein nach bevorzugt werden. Als Teil der Übung bitte ich sie, die Fassade des Gebäudes, den Eingang und den Empfangsbereich sowie einige Büros und Arbeitsplätze zu fotografieren. Diese Aufnahmen werden dann auf einem Bildschirm dem ganzen Kurs vorgeführt, ohne den Namen oder irgendwelche Einzelheiten der Organisation preiszugeben. Die anderen Teilnehmer sind dann dazu aufgefordert, Kultur und Stil der betreffen-den Organisation zu erraten, also sozusagen aus dem äußeren Erschei-nungsbild das Innenleben abzuleiten. Es erstaunt mich immer wieder, wie oft sie richtig tippen.

Eine Gruppe von Studenten stützte ihre gesamte Analyse zu den Pro-blemen der Organisation auf Fotografien der Gebäudefenster. Das erste Foto zeigte das Haus zwei Jahre vorher. Ein großer Ziegelbau, ursprünglich eine Mühle. Jetzt wurde es als Zentrale eines Papierher-stellers genutzt und bestand praktisch nur aus Büros. Der erste Stock hatte neue und viel größere Fenster und an einer Ecke sogar ein dop-peltes. Es war nicht schwer zu erraten, wo die Direktion und der Prä-sident saßen. Das Gebäude selbst jedoch machte einen herunterge-kommenen Eindruck. In der Auffahrt wuchs Unkraut, und die Farbe blätterte von den Mauern.

Die nächsten Fotos waren zwei Jahre später entstanden. Das Haus war kaum wiederzuerkennen. Unten ein neues, imposantes Eingangs-tor, oben eine Penthouse-Etage mit riesigen Fenstern. Die Firma hatte den Eigentümer gewechselt, der alte Präsident hatte seinen Hut nehmen müssen, und sein früheres Büro war in ein Konstruktions-büro umfunktioniert worden. Auch in den anderen Räumen im ersten Stock befanden sich jetzt offene Buchhaltungsbüros mit Jalou-sien statt der alten geblümten Vorhänge. Die neue Geschäftsleitung saß im Penthouse, wo an das Büro des Direktors ein kleines Appartement angrenzte – eine ›Bude‹ für den neuen Präsidenten bei seinen eher seltenen Besuchen. Die äußerlich sichtbaren Zeichen wiesen alle auf eine interne Revolution.

Obgleich wir alle aus eigener Erfahrung wissen, daß wir mitunter aus wenigen frühen Bildern die tollsten Spekulationen ableiten, schenken Organisationen doch dem ersten Eindruck so gut wie keine Beachtung. Seltsam. Der Empfangsbereich, wenn überhaupt vorhanden, wirkt dunkel und abweisend. Wie oft suchte ich in einer bestimmten Schule vergeblich nach dem richtigen Eingang und kam immer wieder in der Küche in der Nähe der Parkplätze heraus! Eine Fernsehgesellschaft hat ihre Rezeption an das Sicherheitsunternehmen Securior vermietet, so daß man sich schon fragen muß, wer eigentlich die Sendestudios leitet. Andere kombinieren den Empfang mit dem Telefondienst. Das klingt zwar rationell, bedeutet aber im Normalfall, daß sich entweder der Besucher oder der Anrufer in Geduld üben muß. Da schleicht sich natürlich sehr schnell der Verdacht ein, daß dieses Unternehmen keinen besonderen Wert auf seine Kunden legt. Überhaupt wird gerade der Telefondienst oft ziemlich stiefmütterlich behandelt, obwohl er doch für die meisten Leuten den ersten Kontakt zur Organisation vermittelt. Jeder weiß, wie frustrierend es ist, wenn man nach zwanzigmaligem Klingeln von einer gelangweilten Stimme erfährt, daß man durchgestellt wird – und dann herrscht Schweigen im Walde. Wie viele leitende Manager haben wohl schon einmal probiert, ihr eigenes Büro anzurufen? Wahrscheinlich würden sie eine Riesenüberraschung erleben, aber bestimmt keine angenehme!

Vieles spricht dafür, daß die Arbeit in einem behaglichen und schönen Ambiente die Leistungsfähigkeit fördert. Erst kürzlich stellten Architekten und Ärzte gemeinsam fest, daß Gebäude krank machen können. Solche Krankheiten entstehen durch Arbeit in geräuschvollen, überfüllten oder nicht mit Klimaanlagen ausgestatteten Häusern. Sie zeigen sich auch, wenn man sich eingesperrt, gehemmt oder von kilometerlangen blaßgrünen Gängen deprimiert fühlt. Viele Leute hätten den Architekten schon vor Jahren erzählen können, daß äußerlich sichtbare Zeichen den inneren und auch den seelischen Haushalt beeinflussen. Ich selbst arbeitete früher einmal in einem riesigen Bürogebäude, das überall so gleichförmig aussah, daß man in den langen fensterlosen Gängen nur mit einem Blick auf die Nummern der Bürotüren herausfinden konnte, ob man sich im richtigen Stockwerk oder Flügel befand. Es handelte sich um ein modernes Haus, aber generell herrschte der Eindruck vor, daß sich nur der Blick von drinnen nach draußen lohnte. Jeden Morgen wenn ich das Gebäude betrat, verkroch sich meine Seele in den entlegensten Winkel meines Inneren. Wie alle anderen auch ging ich um Punkt 17²⁰ Uhr nach getaner Arbeit nach Hause. Meinen Job fand ich vollkommen trostlos, obwohl er im Nachhinein betrachtet ziemlich aufregend hätte sein können.

Aber die Dinge ändern sich. Die skandinavische Fluglinie SAS hat in Stockholm eine neue Hauptgeschäftsstelle errichtet, durch deren Mitte eine Straße führt. An dieser Straße liegen Restaurants und Geschäfte für die Belegschaft sowie kleine und große Häuser, die den Eindruck eines Dorfs inmitten einer Stadt hervorrufen – und nicht den eines Turms oder Gefängnisses. Dieser Gebäudekomplex hat große Berühmtheit erlangt und wird viel fotografiert, obwohl er sich wegen seiner verstreuten Anlage nur schwer auf ein Foto bannen läßt. An einem solchen Ort muß die Arbeit Spaß machen. Und wenn man den Berichten Glauben schenken darf, dann ist das auch der Fall. Inzwischen folgen andere Unternehmen dem Beispiel von SAS. Das äußere Erscheinungsbild gibt nicht nur einen Hinweis auf das Innenleben, sondern beeinflußt es auch.

Was für Organisationen gilt, trifft auch auf Menschen zu. Mit unserem Aussehen geben wir – richtige oder falsche – Hinweise auf unser Inneres. Wir alle reagieren auf diese Anzeichen, ziehen unsere – manchmal voreiligen – Schlüsse und verlassen uns auf Stereotypen: »Professoren sind zerstreut«, »Blondinen sind dumm«, »ältere Männer ändern sich nicht mehr«, »Buchhalter sind langweilig«, »Schotten sind knauserig«. Wir alle kennen genügend Ausnahmen, die diese Regeln widerlegen, aber trotzdem denken wir in anderen Fällen nach ganz ähnlichen Mustern. Meine Schwiegermutter traute zum Beispiel keinem Mann in blauem Anzug und braunen Schuhen, besonders wenn es sich um Wildlederschuhe handelte. Das war keine Frage des Geschmacks, sie glaubte einfach, daß derlei Bekleidungsgepflogenheiten einen charakterlichen Makel und einen Mangel an Herzensbildung verrieten.

Auch zur Bekundung des gesellschaftlichen Rangs setzt man auf äußerlich sichtbare Zeichen. Wenn Polizisten Uniform tragen, dann bestimmt nicht ohne Absicht, genauso wie Zivilpolizisten im Hinblick auf ihre verdeckten Ermittlungen nicht umsonst darauf verzichten. Ich frage mich, ob es die Leibwächter von Präsidenten darauf abgesehen haben, durch deutliche Ausbeulungen unter der Achsel und Kurzhaarschnitt aufzufallen. Ihre äußerlich sichtbaren Zeichen sind kaum zu übersehen, aber vielleicht sollen sie ja auch nicht übersehen werden. Priester zeigen ihren Berufsstand durch die entsprechende Kleidung an, damit man sie erkennt und sie als Seelsorger in Anspruch nehmen kann. Romane und Theaterstücke folgen einer Handlung, in der mit visuellen Bildern Verwechslungen provoziert werden, so zum Beispiel, wenn Herr und Diener die Kleidung tauschen oder der entsprungene Häftling einen Priesterkragen anlegt.

Und auch wir setzen mit unserer Kleidung Zeichen. Jeans und offener Hemdkragen sollen auf eine zwanglose Haltung deuten. »Hier muß man keine Krawatte tragen, machen Sie es sich einfach bequem.« Natürlich kann es den Anfänger in schreckliche Verlegenheit stürzen, wenn er sich nicht sicher ist, ob er gerade mit dem Vorsitzenden oder mit dem Hausmeister spricht. Ich gebe manchmal mit meiner Kleidung ganz bewußt zu verstehen, daß ich anders bin. Jeans und Pullover bei einem Treffen mit einer Gruppe von Bankiers, Anzug und Krawatte beim Tête-à-tête mit kreativen Designern. Die meisten Menschen tragen jedoch Uniform. Der dunkle Anzug, der maßgefertigte Mantel und Rock, die gänzlich schwarze Tracht der Teenager, der Smoking oder der Cutaway für feierliche Anlässe. Auch diese Uniformen können selbstverständlich Verwirrung stiften. Sie zeigen zwar an, welchem Stamm man angehört, aber sie übertünchen auch individuelle Unterschiede. Man kann sich hinter einer Uniform verstecken, und viele Leute tun es auch. Unternehmen, die nach japanischem Vorbild den weißen Arbeitsmantel für alle Betriebsangehörigen vorschreiben, bringen damit also zwei Dinge zum Ausdruck. Die beabsichtige Botschaft lautet, daß Status in diesem Unternehmen kein großes Gewicht hat. Dem steht freilich die unterschwellige Aussage gegenüber, daß auch Individualität unerwünscht ist.

Einmal sollte ich vor einer Versammlung an der Managerschule einer großen Bank eine Rede halten. Ein überaus zeremoniöser Abend. Alle saßen im Anzug und in Reih und Glied auf Stühlen mit hohen Lehnen. Jeder trug seinen Namen und seinen Titel auf dem Revers. Nach meinem Vortrag übernahm der Schuldirektor streng nach Protokoll den Vorsitz. Zum Diner plazierte man mich an den obersten Tisch zwischen den Direktor und seinen Stellvertreter. Ich hatte keine Sekunde das Gefühl, mit den Nachwuchsmanagern oder ihren Problemen in Berührung gekommen zu sein. Nach der Konferenz sprach ich darüber mit dem Direktor und machte auch kein Hehl daraus, daß solche Förmlichkeit weder offene Diskussion noch richtiges Lernen zuließ und daß es sich dabei nur um eine Art von Ritual handelte.

Beim nächsten Mal war alles anders. Alle Manager trugen saloppe Kleidung. Wir saßen in einem großen Kreis von Lehnstühlen und Sofas. Drinks standen in greifbarer Nähe. Zum Abendessen gab es ein Büffet. Alles vollkommen zwanglos, und ich genoß es sehr. Eine verblüffende Kehrtwende um hundertachtzig Grad!

»Ist es jetzt immer so?« fragte ich einen der jungen Manager.

»O nein«, antwortete er, »nur heute. Sehen Sie?« Er zeigte mir eine Notiz am Schwarzen Brett mit der Überschrift »Anweisungen zur heutigen Konferenz«.

»Auf ausdrücklichen Wunsch unseres heutigen Gastredners«, so stand dort, »möchten sich die Teilnehmer in zwangloser Kleidung im Leseraum und nicht im Vortragssaal einfinden. Dort werden auch Getränke und das Abendessen serviert. Bitte sprechen Sie sich mit dem Vornamen an. Diese Anweisungen haben nur für die heutige Konferenz Gültigkeit.«

»Sie sehen«, meinte er, »alles nur für Sie.«

Äußerlich sichtbare Zeichen bedeuten nicht immer, was sie ausdrücken möchten.

Nicht nur der Kleidung lassen sich Hinweise entnehmen. Wir verfügen über ein ganzes Arsenal von Ausdrucksmöglichkeiten. Der Tonfall, die Mimik, die Art zu stehen, der kurze Blick, das Lächeln – sie alle sprechen eine mehr oder minder deutliche Sprache. Damit geben wir äußerlich zu erkennen, wie wir uns innerlich fühlen. Manchmal tun wir es unbewußt und verraten mehr als beabsichtigt. »Magst du ihn wirklich?« fragte mich meine Tochter über ihren neuen Freund. »Ja, sehr«, erwiderte ich, aber die vier Sekunden lange Pause vor meiner Antwort strafte mich in ihren Augen Lügen. »Hab' schon verstanden, du kannst ihn nicht leiden.«

Manchmal setzen wir absichtlich falsche Zeichen. Mit ›sprühendem Charme‹ kann ein Vertreter den einen oder anderen einwickeln. Manche Menschen verbringen fast ihre gesamte Zeit damit, den Schein zu wahren. Aber warum machen sie das eigentlich? Vielleicht um dem Gegenüber Peinlichkeiten zu ersparen, so zum Beispiel wenn wir nach einem schmerzlichen Trauerfall Gefaßtheit vortäuschen oder andere nicht mit unserer Krankheit oder Armut belasten wollen. Allzu oft zielt dieses Bemühen jedoch darauf, den Menschen ein anderes als das wirkliche Selbst vorzuspiegeln. Ein Angestellter heuchelt Geschäftigkeit und hebt, kaum daß man sein Zimmer betritt, das Telefon ab, nur um gleich wieder aufzulegen, so als wollte er sagen: »Das kann warten, aber nicht lange.« Auf der anderen Seite haben wir den Ordnungsfanatiker. Nichts ist auf seinem Schreibtisch zu sehen, aber dafür liegt es in der untersten Schublade oder in der Ablage der Sekretärin. Soll man sie zu ihrer Lebenslüge beglückwünschen? Nur die wenigsten Menschen aus ihrer nächsten Umgebung werden darauf hereinfallen.

Der Durchschnittsmensch jedoch sendet keine falschen Signale, er sendet überhaupt keine. Wir gehen einfach davon aus, daß unsere inneren Gefühle und Absichten für sich selbst sprechen. »Nein, natürlich wollte ich Sie mit einbeziehen« – aber weshalb hat er ihm dann keine Abzüge der Korrespondenz zukommen lassen? »Seien Sie nicht albern, ich habe den allergrößten Respekt vor Ihnen und weiß die gleichbleibend hohe Qualität Ihrer Arbeit zu schätzen« – aber warum hat er ihm das dann vorher noch nie gesagt? »Ich bin wirklich sehr enttäuscht darüber, daß ich nicht an einem der neuen Fortbildungskurse teilnehmen durfte« – aber hat er über seinen Wunsch auch nur ein Sterbenswörtchen verlauten lassen?

Mein Boß pflegte eine enervierende Gewohnheit. Er setzte voraus, daß ich genau wußte, was in seinem Kopf vorging. Er ließ sich also erst gar nicht dazu herab, mir seine Gedanken mitzuteilen, sondern stellte unversehens eine Frage: »Glauben Sie, daß Jim der Sache gewachsen ist?« Bei einer Ehefrau mag dieses unterstellte Verständnis etwas Rührendes haben, bei einem Chef wirkt es aufreizend. Telepathie kann nach meinem Dafürhalten in den wenigsten Organisationen als verläßliches Kommunikationsmittel gelten. Die inneren Absichten verlangen nach äußeren Zeichen.

Um allen Mißverständnissen vorzubeugen: Ich möchte hier nicht der Heuchelei das Wort reden. Weder Organisationen noch einzelne Menschen sollten sich anders geben, als sie sind. Das hieße ja nur, eine Lüge zu leben. Bei beiden sollten sich Schein und Sein decken. Aber sie wären gut damit beraten, einmal nachzuprüfen, ob sie auch wirklich scheinen, was sie sind, ob die äußeren Zeichen tatsächlich die richtige Geschichte erzählen. Wenn die Geschichte der Wahrheit ein wenig voraus ist, dann sollte man mit der Wahrheit nachziehen. Und wenn die Zeichen, wie so oft, nur einen Teil der Geschichte erzählen, dann müssen sie den Gegebenheiten angepaßt werden.

Einige Fragen zum Nachdenken und Diskutieren

Gute Organisation erfordert, daß Sie und Ihre Organisation so erscheinen, wie Sie wirklich sind.

1 Betrachten Sie Ihre Organisation, ihr Erscheinungsbild, ihren Umgang mit Besuchern, Anrufern und Kunden. Rufen Sie selbst an. Welchen Eindruck weckt sie? Was bedarf der Veränderung oder Verbesserung?

2 Betrachten Sie sich selbst. Welche Aspekte Ihres Wesens oder Ihrer Talente werden offensichtlich übersehen oder unterschätzt? Welche Hinweise darauf haben Sie anderen gegeben? Was könnten Sie anders machen?

3 Reden Sie mit Ihren Kollegen. Bitten Sie sie darum, die eine Gewohnheit oder den einen Hinweis in Ihrem Äußeren, Verhalten oder in Ihrer Umgebung zu benennen, der Ihre Persönlichkeit am besten zum Ausdruck bringt. Stimmen Sie ihnen zu?

> Irgendwie ärgert es mich, daß so viele der Bilder in unserem Haus ein wenig schief hängen. Vielleicht von einer Schulter angestoßen oder aber vom Wind aus dem Gleichgewicht geweht. Ich verbringe ziemlich viel Zeit damit, an den Fäden herumzuziehen, damit sie wieder gerade hängen. »Manchmal«, sagt meine Frau, »glaube ich fast, daß du nur auf den Rahmen der Bilder achtest und nicht auf den Inhalt.«

Vielleicht hat sie gar nicht mal so unrecht. Und ich kenne auch genügend solche Leute in Organisationen. Sie legen den größten Wert auf das *Wie* und nehmen nur am Rande wahr, *was* eigentlich abläuft.

14
Stämme und ihre Bräuche

Vor vielen Jahren verliebte ich mich. Wir beschlossen zu heiraten. Wir fragten ihre Eltern und meine, oder vielmehr: wir sagten es ihnen. Wir arrangierten die Hochzeit. Und damit hatte sich der Fall – dachten wir. Wir würden glücklich oder wenigstens halbwegs glücklich miteinander leben, wahrscheinlich Kinder haben und uns ein Zuhause einrichten. Ich hatte nur leider außer acht gelassen, daß hinter ihr ein ganzer Stamm von Familienangehörigen, Verwandten und Freunden stand. Ein Stamm, dessen Mitglied ich wohl oder übel werden mußte, genauso wie sich meine Frau meinem anzuschließen hatte. Die zwei Stämme waren grundverschieden – wie sich bei der Hochzeitsfeier sehr schnell zeigte – und hatten eigene Traditionen, Werte und Bräuche. Der eine trank gerne ein Gläschen, beim anderen war so etwas verpönt, der eine war militärisch, der andere kirchlich gesinnt, der eine war irisch, der andere englisch, der eine überhöflich, der andere scharfzüngig. Ich mußte einsehen, daß ich zwar die Frau fürs Leben gefunden, aber als Dreingabe einen ganzen Stamm geheiratet hatte. Eine, wie soll ich sagen, überaus lehrreiche Erfahrung!

Auch Organisationen sind Stämme oder manchmal auch Ansammlungen von Stämmen, auf deren Verhaltensweisen, Vorstellungen und Traditionen man sich erst einstellen muß. Und das sollte auch niemanden überraschen. Eine Kirche unterscheidet sich nun einmal von einer Fabrik, eine Bank wird nicht wie ein Supermarkt betrieben, und eine Schule wieder ganz anders. Tatsächlich muß man wohl davon ausgehen, daß sich alle Organisationen voneinander unterscheiden, genau wie alle Familien.

Lassen sich also überhaupt keine allgemeinen Aussagen über Organisationen machen? Gibt es gar keine Gemeinsamkeiten? Schließlich bestehen sie doch aus Menschen, und Menschen haben doch trotz aller individuellen Neigungen Berührungspunkte. Ich bin zu dem Schluß gekommen, daß es sich bei einer Organisation um einen Kompromiß zwischen Einmaligkeit und Einförmigkeit handelt. Jede Organisation ist tatsächlich anders, aber trotzdem auch eine Mischung aus den gleichen vier Stämmen. Die grundlegenden Bestandteile jeder Organisation lassen sich also beschreiben, aber sie treten situationsbedingt immer in verschiedener Zusammensetzung auf. Wer die vier Stämme, die eine Organisation ausmachen, begriffen hat, der wird auch zu einem besseren Verständnis der Organisation gelangen. Wahrscheinlich besetzt Ihren Teil der Organisation nur ein Stamm, aber man sollte nicht vergessen, daß in anderen Teilen vielleicht andere Stämme das Sagen haben. Aus meiner eigenen Eheerfahrung kann ich nur sagen, daß man wissen sollte, auf welchen Stamm man sich einläßt. Man führt ein angenehmeres und erfolgreicheres Leben, wenn man einen gemeinsamen Vorrat von Werten und Bräuchen miteinander teilt.

Je größer die Organisation, desto mehr Stämme wird man finden. Auf der einen Seite der Verkauf, auf der anderen die Buchhaltung; ›die Jungs aus der Fertigung‹ und ›die Mädels aus der Marktforschung‹ – sie alle werden eigene Stammessitten pflegen. Wenn man zwei Organisationen zusammenlegt oder es versucht, dann treten urplötzlich die Stammesloyalitäten hervor. Und jeder Stamm schwört natürlich ausschließlich auf seine Methoden. Manchmal kann es dem Anfänger scheinen, als säße in jedem Stock wieder ein anderer Stamm, und oft hat er damit gar nicht so unrecht. Um so erfreulicher die Erkenntnis, daß jeder Stamm einem von vier verschiedenen Typen zuzurechnen ist.

»Bei uns läuft das alles ganz anders«, sagte er. »Dieses zwanglose und leichte Leben sollten Sie sich ganz schnell abgewöhnen. Jetzt beginnt der Ernst des Lebens für Sie.«

Nach zwei Jahren Arbeit für ein Labor in Cambridge war Jill nun zum Produktionsteam einer in Portsmouth gelegenen Fabrik desselben Unternehmens gestoßen. Sie war gleich nach der Universität in die Firma eingetreten. Die Arbeit in der Produktentwicklung hatte sie fasziniert und war ihr fast wie eine praktische Fortsetzung ihrer Studien vorgekommen. Zusammen mit zwei anderen Leuten hatte sie zwei Jahre lang an einem Produkt gearbeitet. Sie konnten sich die Zeit nach Belieben einteilen. Die Arbeitstage waren zwar lang, aber sie konnten sich jederzeit für Mahlzeiten oder für irgendwelche Treffen freinehmen, ja sogar für den gelegentlichen Besuch eines Seminars an der Universität, wenn es ihnen nützlich schien. Jeden zweiten Dienstag trafen sie sich mit ihrem Boß zur Besprechung ihrer Fortschritte.

Hier in Portsmouth überwachte Jill ein kleines Produktionsteam, das ihr Produkt testete. Das Leben in der Fabrik war etwas völlig Neues für sie. Pünktlichkeit wurde groß geschrieben, sie mußte da sein, wenn die anderen da waren. Formulare mußten ausgefüllt, Normen eingehalten und Vorschriften befolgt werden. Verschiedene Autoritätsschichten kamen zum Vorschein, und ihr Boß sah ihr immer über die Schulter.

»Wahrscheinlich ist es okay so«, meinte sie, »aber in Cambridge war es wirklich ganz anders.«

Im folgenden wird jeder Stamm durch einen Namen – der Klub, die Position, die Aufgabe, die Person – und ein Symbol oder Bild repräsentiert. Jeder Stamm fühlt sich einer zentralen Organisationsidee verpflichtet. Dahinter verbergen sich Auffassungen über die beste Organisation und Arbeitsweise, die richtige Behandlung von Menschen und das passende Benehmen. Die vier Stämme halten sich an grundverschiedene Organisationsideen, von denen jede unter bestimmten Umständen und am rechten Ort hervorragende Ergebnisse zeitigen kann. Welche Auffassungen kommen Ihnen am meisten entgegen? Welchem Stamm wollen Sie sich anschließen? Lesen Sie weiter, um es herauszufinden.

Der Klubstamm

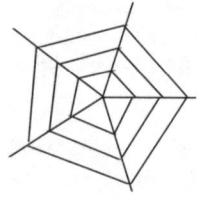

Diese Organisationsform läßt sich am besten mit dem Bild eines Spinnennetzes veranschaulichen, weil der Schlüssel zum Ganzen in der Mitte sitzt. Dieser wird von immer weiteren Zirkeln von Vertrauten und Einflußsphären umgeben. Je näher man der Spinne ist, desto mehr Einfluß übt man aus. Die anderen Linien im Netz bezeichnen die Zuständigkeitsbereiche, die Fachgruppen der Organisation, die sich vom Zentrum aus erstrecken. Aber entscheidend sind die Kreise von Vertrauten, denn die Organisation funktioniert wie ein Klub, der auf seinen Leiter zugeschnitten ist.

Die Organisation folgt der Auffassung, daß sie als der verlängerte Arm der zentralen Person, oft des Gründers, fungiert. Wenn er alles selbst erledigen könnte, dann würde er es tun. Die Organisation existiert überhaupt nur, weil er nicht alles alleine bewältigt. Die Organisation ist also nur gedacht als stellvertretende Fortsetzung, als Klub von Gleichgesinnten.

Das klingt sehr nach einer Diktatur, und einige Kluborganisationen unterstehen auch wirklich der Alleinherrschaft des Eigentümers oder Gründers. Im Idealfall jedoch stützen sich Klubstämme auf wechselseitiges Vertrauen und stehen in nahezu telepathischem Einvernehmen miteinander. Jeder weiß, was im Kopf des anderen vorgeht. Es herrscht ein sehr persönliches Klima, denn die Spinne schreibt nur wenig nieder, um sich die Manövrierfähigkeit zu erhalten. Sie spricht lieber mit den Leuten, um ihre Reaktion zu spüren und sie mit der eigenen Begeisterung anzustecken. Memoranden oder Sitzungsprotokolle wandern von Jill zu Joe oder noch öfter von Initialen zu Initialen, statt von Titel zu Titel.

Solche Organisationen sind reich an Persönlichkeiten und beinah mythischen Geschichten und Legenden der Vergangenheit. Die Arbeit kann sehr aufregend sein, wenn man zum Klub gehört und die Wertvorstellungen der Spinne teilt. Ihre große Stärke liegt in ihrer Fähigkeit, unverzüglich und intuitiv auf Gelegenheiten und Krisen zu reagieren, weil Informationen nur kurze Strecken zurücklegen müssen und die Macht in zentraler Hand ruht. Ihre Gefahr liegt in der Dominanz, die vom Wesen der Zentralfigur ausgeht. Ohne Spinne ist das Netz tot. Ist die Spinne schwach, korrupt, unfähig und sucht die falschen Leute aus, dann weist die Organisation die gleichen Mängel auf. Die Suche nach einer neuen Spinne wird hier zur entscheidenden Aufgabe.

Diese Organisationen gedeihen dort, wo es besonders auf die Persönlichkeit und die Reaktionsgeschwindigkeit ankommt. In neuen Unternehmen oder Märkten, bei Geschäfts- und Maklerabschlüssen, in der Welt der Kunst und des Theaters, in der Politik, im Guerillakrieg und in Krisensituationen, immer vorausgesetzt, daß der Kopf der Organisation etwas taugt. Die Klubform bietet sich als bequeme, wenn auch nicht unbedingt beste Lösung an, wenn der Organisationskern eher klein ist – sagen wir, weniger als zwanzig Leute – und eng zusammenarbeitet, so daß persönliche Kommunikation keine Schwierigkeit bedeutet. Wenn die Sache über diesen Rahmen hinauswächst, dann nimmt auch die Förmlichkeit zu, und der persönliche, telepathische und einfühlsame Stil muß zurückstehen.

Der Schlüssel zum Erfolg sind die richtigen Leute, die mit dem Stammteam harmonieren und eigenständig handeln können. Viel Zeit wird auf die Auswahl der Leute und die Beurteilung ihrer Eignung gewendet. Nicht umsonst stehen die erfolgreichsten Kluborganisationen im Geruch des Nepotismus: Man wirbt mit Absicht ähnliche und sogar aus der gleichen Familie stammende Leute an, damit der Klub auch ein Klub bleibt.

Der von allen Seiten Gepriesene – der charismatische Wortführer für die Armen in den Vorstädten – sollte den Vorsitz einer der großen Gesellschaften für sozialen Wohnungsbau übernehmen. Der überall gefragte Kommunikations- und Medienexperte sah es als Teil seiner Aufgabe an, mit seinen öffentlichen Auftritten das Ansehen seiner Organisation zu steigern. Also reiste er – und freitags leitete er die Organisation. Mit ein paar rasanten Konferenzen, knappen Memos und Bandaufzeichnungen an seine Sekretärin erledigte er im Schnellverfahren den wöchentlichen Stapel, und schon machte er sich wieder auf, um seine Botschaft zu verbreiten oder mit Regierungen zu streiten.

Die Welt zeigte sich beeindruckt, aber nicht die Organisation. Ihre Mitglieder wurden nicht zu Rate gezogen. Sie begegneten dieser Heldengestalt aus ihrer Mitte nur sehr selten. Sie hatten Vorschriften zu befolgen, Entscheidungen zu akzeptieren, Budgets zu tragen, ohne ein Wort mitreden zu können. Sie waren gewohnt, in einem Kollektiv zu arbeiten, nicht in einer Diktatur. Sie rebellierten.

Er tobte. Was für dumme, dilettantische, undankbare Kleingeister! Seine anderen Teams hatten ihn und seine Prioritäten doch auch verstanden. Sie hatten in seiner Abwesenheit alles nach seinen Maßgaben erledigt. Wieso sollte das hier nicht klappen? Sollten sie doch gehen, und er würde sich ein eigenes Team suchen, seinen eigenen Klub. Es kam zum offenen Machtkampf. Schließlich mußte er gehen, nicht sie, und beide verloren dabei.

Eine Spinne braucht einen Klub – aber es muß ihr eigener sein.

Der Positionsstamm

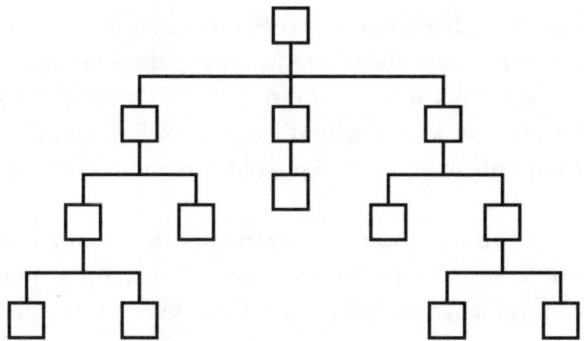

In einer Positionsorganisation sieht die Sache völlig anders aus. Hier läßt sich der Aufbau am besten mit einem Schaubild demonstrieren, wie es alle Organisationen benutzen. Es sieht aus wie eine Pyramide aus Schachteln. In jeder Schachtel steht ein Titel und darunter in kleineren Buchstaben der Name einer Person, dem man entnehmen kann, wer die Schachtel im Augenblick besetzt hält. Aber natürlich bleibt die Schachtel, auch wenn der einzelne seinen Abschied nimmt.

Die zugrundeliegende Auffassung besagt, daß Organisationen aus Positionen oder eben Job-Schachteln bestehen, die in logischer und planmäßiger Anordnung die Arbeit der Organisation bewältigen. In diesem architektonischen Wunderwerk ist Position auf Position geschichtet und Zuständigkeit an Zuständigkeit gebunden. Die Leute bekleiden Positionen mit Arbeitsbeschreibungen, die die Anforderungen und Grenzen der Tätigkeit minuziös festlegen. Von Zeit zu Zeit wird die Organisation im Hinblick auf den Wandel ihrer Prioritäten auch die Positionen und ihr Verhältnis zueinander neu ordnen und sie dann neu besetzen.

Die Kommunikation in solch einem Gefüge läuft streng formal ab. Dasselbe gilt für Systeme und Verfahrensweisen. Die Exposés gehen von Position zu Position (Leiter der Abteilung X an seinen Stellvertreter) und werden für Positionen und nicht für Menschen vervielfältigt. Für jede Eventualität hat man Verfahrensweisen, Vorschriften und Handbücher. Es gibt Standards, Qualitätskontrollen und Bewertungsverfahren. Alles ist bis ins kleinste durchdacht.

Die meisten älteren Organisationen haben viel von einem Positionsstamm an sich. Ein eingespieltes Unternehmen läßt sich in Routineabläufe zergliedern und damit der Zukunft sozusagen aufzwingen. Alle Organisationen streben nach Berechenbarkeit und Sicherheit, denn dann müssen weniger Entscheidungen getroffen werden. Jeder kann mit seiner Arbeit weitermachen, die Resultate können garantiert und die nötigen Vorleistungen berechnet werden. Man weiß, wo man steht und wo man hingeht. Alles läuft in sicheren und bequemen Bahnen, deren weiterer Verlauf allerdings oft so berechenbar ist, daß man nicht gerade vor Aufregung stirbt.

Diese Organisationen gedeihen, wenn sie eine routinemäßige, unveränderliche Arbeit verrichten. Aber sie können sich nur schwer auf einen Wandel oder einzelne Ausnahmen einstellen. Wenn etwas nicht im Regelbuch steht, dann muß dies erst umgeschrieben werden, bevor sie handeln können. Verwaltungsapparate – wie die für die Zahlung von Sozialhilfe, die Registrierung von Führerscheinen oder die Steuerung des Banksystems, die Aufzeichnung des Stromverbrauchs oder die Steuereinziehung – sind zwangsläufig Positionsorganisationen. Sie zeigen sich bestimmt von ihrer lästigen und frustrierenden Seite, wenn man sich als eine der einzelnen Ausnahmen erweist. Wenn jedoch andererseits das Wohlfahrtssystem von einer Unzahl von Kluborganisationen verwaltet würde, die alle nach eigenem Gutdünken reagieren, dann wäre es schlecht bestellt um die soziale Gerechtigkeit. Effizienz und Fairneß in Routineaufgaben erfordern eine Positionskultur.

Entscheidend in dieser Organisationsform ist der logisch richtige Aufbau, der Arbeits- und Verfahrensfluß. Die Mitarbeiter stellen einen weniger kritischen Faktor dar. Sie können in die Position eingearbeitet werden. Organisationen dieser Art können mit zuviel Unabhängigkeit und Eigeninitiative nichts anfangen. Bahngesellschaften wollen, daß die Züge pünktlich und nicht fünf Minuten zu früh ankommen. Positionsorganisationen brauchen Positionsinhaber, keine Individualisten.

Der Aufgabenstamm

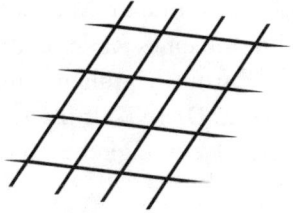

Dieser Ansatz ist das Ergebnis der Suche nach einer Organisationsform, die auf Veränderungen weniger individualistisch als ein Klubstamm, aber auch rascher als eine Positionsorganisation reagieren kann.

Die Grundidee lautet hier, daß sich eine Gruppe oder ein Team von Talenten einem Projekt, Problem oder einer Aufgabe widmet. Dadurch läßt sich jedes Vorhaben im erforderlichen Rahmen bewältigen, ohne daß es innerhalb der ganzen Organisation standardisiert werden müßte. Die Gruppe selbst kann im Zuge von Veränderungen des Projekts umgestellt, aufgelöst oder verstärkt werden. Bildlich gesprochen ist dieser Stamm ein Netz, das seine Stränge in alle Richtungen ziehen und sich nach Belieben neu formieren kann.

Viele kompetente Leute wissen den Aufgabenstamm zu schätzen, weil man in Gruppen arbeitet und sowohl Fähigkeiten als auch Verantwortung miteinander teilt. Da jede Aufgabe wieder anders ausfällt, begegnet man ständig neuen Herausforderungen und kann sich weiterentwickeln, ohne den Enthusiasmus für die Arbeit zu verlieren. Der Stamm bietet Wärme und Freundlichkeit, weil er sich aus kooperativen Gruppen von Kollegen zusammensetzt, in denen die Hierarchie kaum je offen zutage tritt. Man arbeitet nach Plänen und nicht nach Verfahrensweisen, und man erörtert die Fortschritte und nicht die erzielten Leistungen. Kurz, eine vorausschauende Philosophie für ein Unternehmen in der Entwicklung.

Die Aufgabenstrategie gedeiht besonders dann, wenn die Arbeit der Organisation in der Lösung von Problemen besteht. Beratertätigkeiten, Werbeagenturen, Architekturarbeiten, Teile des Journalismus und der Medien, Produktentwicklungsgruppen, Chirurgenteams – mit anderen Worten, alle Arbeiten, die ein einzelner mit seinen Hilfskräften unmöglich bewältigen kann und die sich nicht in Richtlinien umsetzen lassen, müssen im Aufgabenstil angepackt werden.

Das Problem liegt freilich darin, daß solche Stämme teuer sind. Akademiker und Fachleute in der Gruppe verbringen sehr viel Zeit damit, im Gespräch die richtige Lösung zu finden. Man sollte also eine solche Konfiguration nicht zur Produktion eines Rades einsetzen, weil sich die Beteiligten wahrscheinlich erst darum bemühen würden, es neu zu erfinden oder zumindest zu verbessern. Diese Kultur stellt alles in Frage und reibt sich an Routineabläufen und der täglichen Tretmühle administrativer oder repetitiver Pflichten.

Eine Aufgabenorganisation spricht lieber von Koordinatoren und Teamleitern als von Managern. Sie ist reich an Plänen, aber arm an Arbeitsbeschreibungen, weil die Zukunft noch im ungewissen liegt. Sie verlangt bedingungslosen Einsatz und belohnt Erfolg mit weiteren Aufträgen. Sie verspricht aufregende und reizvolle Tätigkeiten, aber keinen sicheren Arbeitsplatz, weil sie es sich einfach nicht leisten kann, Leute zu beschäftigen, die den ständig wechselnden Herausforderungen nicht gewachsen sind. Aufgabenorganisationen wimmeln daher normalerweise nur so von jungen, energischen Mitarbeitern, die ihre Talente entwickeln und erproben wollen: Leute, die so viel Selbstvertrauen mitbringen, daß sie sich um langfristige Sicherheit keine Sorgen machen – zumindest noch nicht.

Der Personenstamm

Der Personenstamm unterscheidet sich sehr stark von den anderen drei Stämmen. Diese setzen den Zweck des Unternehmens an erste Stelle und spannen dann den einzelnen auf je verschiedene Art dafür ein. Die Personenphilosophie dagegen setzt das Individuum an erste Stelle und macht die Organisation zur Ressource für seine Talente. Als offensichtliche Beispiele wären Ärzte zu nennen, die sich zu ihrem eigenen Vorteil zu einer Gruppenpraxis zusammenschließen, Anwälte mit gemeinsamen Geschäftsräumen, gemeinsame Architekturbüros, Künstler in einem Studio und vielleicht Professoren an einer Fakultät oder Wissenschaftler in einem Forschungslabor.

Sterne in loser Konstellation veranschaulichen den Personenstamm als Bild.

Die Auffassung lautet hier, daß der einzelne überragende Bedeutung hat, aber von einer Art Minimalorganisation unterstützt werden muß. Gruppen im Personenstil bedienen sich nicht gern des Wortes Organisation und benutzen lieber alle möglichen Alternativen: Praxis, Kanzlei, Partnerschaft, Fakultät und so weiter. Auch von Managern ist nicht die Rede, sondern von Sekretären, Schatzmeistern und Bürovorständen. Tatsächlich bekleiden die Manager in solchen Organisationen immer einen niedrigeren Rang als die Akademiker. In einer Anwaltskanzlei trifft man zwar vielleicht auf einen Seniorchef, aber wenn man nach dem Manager fragt, dann erntet man verständnislose Blicke und wird höchstens an den Bürovorstand verwiesen.

Die Akademiker in diesen Organisationen besitzen im Normalfall das Recht, ihren Beruf bis zum Ruhestand auszuüben. Das bedeutet, daß das Management nicht nur eine niedrigere Stellung innehat, sondern auch so gut wie keine offiziellen Kontrollmöglichkeiten außerhalb seiner Zuständigkeit. Akademiker können nicht gefeuert werden, und in vielen Fällen wird ihr Gehalt von außenstehenden Körperschaften wie Berufsverbänden festgelegt oder, wie im Fall von Professoren, von der Regierung. Aus diesem Grund wird das Dekanat oder der Vorsitz an einer Universitätsfakultät im Wechsel vergeben, da diese Position von den meisten Professoren eher als notwendiges Übel denn als Auszeichnung verstanden wird.

Eine Personenorganisation läßt sich mit anderen Worten nur sehr schwer auf normale Weise leiten. Die Akademiker müssen an der langen Leine geführt werden. Man kann es mit Überredung probieren, aber nicht mit Anweisungen, mit Beeinflussung, gutem Zureden oder Verhandlungen, aber nicht mit Management.

Dieser Organisationsstil zahlt sich überall dort aus, wo es auf die Begabung des einzelnen ankommt. Deshalb findet man ihn in den akademischen Berufen, den Künsten und bisweilen im Sport und in der Religion. Immer mehr jedoch kommen auch diese Berufszweige zu dem Ergebnis, daß die Organisation mit Problemen konfrontiert ist, deren Komplexität die Kapazitäten eines einzelnen übersteigt. Die Planung und der Bau eines Einkaufs- und Unterhaltungszentrums in der Innenstadt würde als einzelnen auch den brillantesten Architekten hoffnungslos überfordern. Jede Baustelle braucht neben dem Architekten ihre Bausachverständigen, Planzeichner, Ingenieure, Schallschutzexperten und viele andere Spezialisten. Die Zeit der Einzelkämpfer ist vorbei, Teamwork ist gefragt. Architekten, Rechtsanwälte und sogar der Klerus gruppieren sich zu Aufgabenorganisationen und halten sich an straffere Richtlinien. Das verstößt zwar gegen ihren Stammesinstinkt als Stars, aber ein Aufgabenstamm liegt ihnen immer noch mehr als ein Positionsstamm. Man sollte jedoch nie vergessen, daß Stars im Grunde ihres Herzens immer Stars bleiben, die nur ungern entgegen ihrer Überzeugung Kompromisse schließen. In erster Linie sind sie Individuen und erst in zweiter Teammitglieder, die wegen ihrer Talente gebraucht werden, aber nur schwer zu führen sind. Je älter wir werden, desto mehr neigen viele von uns zu dieser Art von Personenkult. Ein Freund erzählte mir von seinem Versuch, ein Beratungsunternehmen (im Normalfall ein Aufgabenstamm) zu gründen, das sich auf die Fähigkeiten und Erfahrungen pensionierter Manager stützte.

»Es war einfach hoffnungslos«, sagte er. »Sie äußerten gern ihre Ansicht und gaben uns technische Ratschläge, aber immer nach dem Motto: ›Entweder ihr macht es, oder ihr laßt es.‹ Sie ließen sich auf keine Kompromisse, keine Kooperation mit dem Team und keine Konflikte ein, um eine allgemein akzeptable Lösung zu erreichen. Stars, ja. Aber keine Mannschaftsspieler.«

Gemischte Stämme

Jeder von uns hat wahrscheinlich seinen Lieblingsstamm, aber wir sollten immer daran denken, daß keine Organisation nur mit einem Stamm auskommt. Die Beschreibung der Stämme möchte erklären, weshalb sich der eine oder andere nicht nahtlos in den Rahmen einer bestimmten Organisation einfügen kann. Wer seine Entwicklungsjahre in einer Positionsorganisation verbracht hat, wird in der intuitiven, zwanglosen Atmosphäre einer Kluborganisation kein Bein auf den Boden kriegen und umgekehrt.

Einige Fragen zum Nachdenken und Diskutieren

Gute Organisation setzt voraus, daß die richtigen Leute am richtigen Platz stehen.

1 Zeichnen Sie ein Bild Ihrer Organisation in ihrem gegenwärtigen Zustand, und zwar für jeden Teil oder jedes Ressort der Organisation einzeln (z.B. ein Spinnennetz an der Spitze, mit anderen Netzen darum herum und einer Schachtelpyramide darunter). Vergleichen Sie Ihr Bild mit denen anderer Leute.

2 Wie würden Sie das Bild ändern, um die Effektivität der ganzen Organisation zu erhöhen? Schließen sich die anderen Ihrer Meinung an?

3 Welche Stämme passen am besten zu Ihnen? In welchen Teilen der Organisation würden Sie sich nach der Theorie dieses Kapitels am glücklichsten fühlen und am effektivsten arbeiten? Wie könnten Sie Ihren Teil der Organisation ändern, damit er besser zu Ihnen paßt?

4 Erörtern Sie Ihre Schlußfolgerungen mit Ihrer Gruppe. Ist sie der gleichen Ansicht?

Ich sollte zum ersten Mal die Arbeit eines meiner Mitarbeiter beurteilen. Dazu mußte ich in einem Bewertungsformular anhand einer Zehn-Punkte-Skala acht verschiedene Aspekte benoten und anschließend das Ergebnis mit ihm besprechen. Der letzte Punkt auf der Liste hieß Loyalität. Ich gab ihm acht.

»Wieso nur acht?« wollte er wissen.

»Naja, ich muß sagen, daß Sie sich nie ausdrücklich illoyal gegenüber dem Unternehmen verhalten haben, aber andererseits glaube ich auch nicht, daß Sie sich auch langfristig an uns binden wollen.«

»Wieso sollte ich auch? Wenn Sie eine solch langfristige Verbundenheit wünschen, dann muß mir das Unternehmen erst einmal beweisen, daß es meine Loyalität mit gleicher Münze zurückzahlt. Und überhaupt, wie wär's denn, wenn wir den Spieß einfach mal umdrehen? Vielleicht sollte ich der Firma Punkte geben für die Loyalität, die sie sich bei mir verdient hat? Mehr als sechs würde sie von mir bestimmt nicht kriegen.«

Ich erkannte, daß man Loyalität nicht fordern kann. Ebensowenig wie Respekt oder Vertrauen. Man muß sie sich erst verdienen.

15

Finden Sie Ihren Gott

Hallo, hier Ultima-Personalvermittlung. Wir haben den Athenianer, den Sie wollen, aber er verlangt ein Gehalt von zeusianischen Dimensionen.

Ich hatte das zweifelhafte Vergnügen einer klassischen Schulausbildung. Keine Experimente im Chemielabor, keine Sektionen im Biologiesaal, nicht einmal die mathematischen Theoreme. Im Alter von zehn bis zwanzig wurde ich bis obenhin mit Griechisch und Latein vollgepumpt. Später überlegte ich mir, daß sich vielleicht doch *irgend etwas* aus dem Schatz griechischer Weisheit in Organisationen verwenden lassen mußte. Und tatsächlich. Ihre Religion.

Die Griechen hatten viele Götter. Jeder durfte den Gott seiner Wahl anbeten. Kein Wunder, daß es einen Gott für Metallarbeiter gab und einen anderen für Musiker, einen für Naturanbeter und einen anderen für Weinliebhaber. Eine reichlich liberale Theologie, aber eine mit Vorzügen. Man konnte sich, passend zu den eigenen Talenten, einen Gott oder eine Göttin aussuchen, und reihte sich so in einen Kreis von Geistesverwandten ein, die ähnliche Dinge schätzten, auf die gleiche Weise feierten und denselben Regeln gehorchten. In den Augen der Griechen hatte das Leben viele Seiten, und für jede hatten sie einen Gott.

Und das gilt auch für Organisationen. Es gibt keine alleinseligmachende Managementmethode. Es existieren mindestens vier, wahrscheinlich sogar noch mehr. Jede funktioniert gut im passenden Rahmen und weniger gut im fremden Umfeld. Wir alle eignen uns mehr für die eine Methode als für die andere, selbst wenn wir im Notfall auch ein wenig schauspielern können. In der Sprache der Griechen haben wir alle unseren bevorzugten Gott, aber wir können auch andere anbeten, wenn es sein muß.

Die vier wichtigsten Götter sind: Zeus, der König der Götter; Apollo, der Gott der Harmonie, aber auch der Ordnung und der Vernunft; Athene, die Göttin der Krieger, Schutzpatronin des Odysseus; und Dionysos, der Gott der individuellen Freiheit und bisweilen der Libertinage. Anhänger des Zeus arbeiten besser miteinander als mit Anhängern Apollos. Wer also etwas leisten und sich dabei wohl fühlen will, der muß seinen Gott und dann dessen Anhänger finden. Am Ende des Kapitels findet sich ein Fragebogen, mit dessen Hilfe man sich und die eigene Organisation an den Göttern messen kann. Dadurch erfährt man sozusagen, ob man sich im richtigen Tempel aufhält.

Dieses Kapitel steht in Zusammenhang mit dem vorhergehenden. Es wird sich zeigen, daß jeder Gott am besten zu einem Organisationsstil und Bild paßt. Nach der Lektüre der beiden Kapitel sollte es nicht weiter schwer fallen zu erraten, welcher Gott zu welchem Bild gehört. Im Fragebogen findet man die Antwort schwarz auf weiß.

Der Zeus-Typ

Zeus-Typen sind Persönlichkeiten. Zeus selbst war der König der Götter im antiken Griechenland. Er regierte mit Donnerkeilen und Goldregen, folgte seinen Leidenschaften und liebte die Macht. Zeus-Typen sind es gewohnt, sich mit ihrer starken Persönlichkeit, mit Versprechungen oder mit Gewalt durchzusetzen. Als Dschungelkämpfer bezeichnete der amerikanische Anthropologe Michael Maccoby diesen Menschenschlag, als er Organisationen unter dem Gesichtspunkt des Stammesverhaltens untersuchte.

Ein Zeus ist eine Persönlichkeit und verläßt sich auf Persönlichkeiten. Er, oder immer öfter auch sie, kultiviert sein Verbindungsnetz. Er besitzt ein überquellendes Adreßbuch, hängt ständig am Telefon und redet dauernd mit irgend jemandem. Besprechungen mit ihm sind kurz und bündig, aber nur er trifft Entscheidungen. Zeus-Typen schreiben nicht, wenn sie reden können. Tatsächlich könnte so mancher Zeus genausogut ein Analphabet sein. Ihm kommt es mehr darauf an, seinen Zuhörer zu sehen und dessen Reaktionen zu beurteilen.

Ein Zeus stützt sich auf seine Leute. Leute, über die er Macht hat, oder – häufiger – Leute, denen er vertrauen kann. Seine Mannschaft. So wird die Arbeit erledigt, und zwar nach seinen Vorstellungen. Und so wird sie schnell erledigt, weniger Kontrollen sind nötig, weniger Schriftliches, weniger bürokratische Sitzungen und Genehmigungen. Den Mitarbeitern kommt daher eine wesentliche Bedeutung zu, und Zeus gibt sich sehr viel Mühe mit der Auswahl der richtigen Leute, die nicht nur technisch beschlagen sein, sondern auch sein Vertrauen genießen müssen.

Ron war schon seit Jahren Gruppenausbilder. Er mußte mit Gruppen und Einzelpersonen in Organisationen arbeiten, um ihre Fähigkeiten zur Entfaltung zu bringen und ihre Leistungskraft zu verbessern. Er beherrschte seinen Job.

Aber nach fünfzehn Jahren brauchte er eine Veränderung. Seine Tante war gestorben und hatte ihm ein wenig Geld hinterlassen. Er investierte es in ein Restaurant in einer Kleinstadt und wurde so zum Besitzer und Manager.

»Kommen Ihnen hier eigentlich Ihre Ausbildungserfahrungen zugute?« fragte ich ihn eines Tages.

»Um ehrlich zu sein«, antwortete er, »ich finde es viel schwieriger, gleich am Anfang die richtigen Leute zu kriegen, als einen falschen zu holen und ihm dann etwas beizubringen. Ich habe momentan alle Hände voll damit zu tun, die richtigen Leute auszusuchen. Ich will

Leute, auf die ich mich verlassen kann. Ich kann keine Leute brauchen, denen ich dauernd auf die Finger schauen muß.«

»Ein richtiger Zeus sind Sie geworden«, sagte ich.

»Wie bitte?«

»Ach nichts.« Ich verzichtete auf eine Erklärung, weil ich genau weiß, daß Zeus-Typen nicht gerade gern von einer Theorie hören, die ihr instinktives Handeln beschreibt.

Im Idealfall stützen sich Zeus-Typen auf Vertrauen. Im schlimmsten Fall werden sie zu Unterdrückern, die ihre Macht als Drohung einsetzen. Die Zusammenarbeit mit einem guten Zeus ist großartig, weil er gern delegiert, kaum kontrolliert, vieles dem Ermessen anderer überläßt, Erfolge belohnt und Fehler verzeiht. Aber Vertrauen ist etwas Vergängliches. Wenn es gebrochen wird, dann ist der Schaden irreparabel, und es muß wie eine zerschlagene Windschutzscheibe ersetzt werden. Zeus-Typen wissen so etwas instinktiv und trennen sich daher von Leuten, auf die sie sich nicht mehr verlassen können. Das mag vielleicht nach Bäumchen-wechsle-dich klingen, gehört aber einfach zu ihrem Stil. Wer das Risiko scheut, der sollte nicht für diesen Typus arbeiten.

Der Apollo-Typ

Gänzlich anders geartet ist der apollinische Charakter. Apollo war der Gott der Harmonie, der Logik, der Vernunft und offengestanden auch der Schafe. Seine Anhänger lieben Sauberkeit und Ordnung. Alles soll nach Vorschrift ablaufen und, sofern vorhersagbar, geplant werden. Instinkt ist grundsätzlich verdächtig, weil er unberechenbar ist und die gewissenhafte Ordnung zerstört. Organisationen sollten tunlichst nach Fahrplan funktionieren, Unpünktlichkeiten können nicht geduldet werden.

Ein Apollo-Typ gibt sich völlig damit zufrieden, wenn man ihn als Titel kennt, weil dieser seine Position im Machtgefüge bezeichnet. Er hat eine Schwäche für Organisationstabellen, Handbücher und Arbeitsbeschreibungen, weil sie den Status Quo gewährleisten. Einem Apollo erscheint

Routine wünschenswert und effektiv. Wo immer sich Routine mit Vernunftgründen vertreten läßt, dort sollte sie auch eingeführt werden.

Apollo-Typen fühlen sich am wohlsten in den Teilen einer Organisation, wo Stabilität und Berechenbarkeit vorausgesetzt und ermuntert werden. Die Buchhaltungsabteilung, die Fertigung und das Lager, die Bankkasse und die Registratur, sie alle sind in den meisten Fällen mit Apollo-Typen besetzt. Ein Zeus würde sich an seinen Ketten reiben und schließlich durch die Mißachtung einer Regel oder eine nicht ordnungsgemäß verbuchte Zahl das ganze System durcheinanderbringen.

Wir sollten Gott für alle apollinischen Menschen danken. Sie sind es schließlich, die viele wesentliche Arbeiten in Organisationen leisten und als austauschbare Positionsinhaber den Stillstand der Räder verhindern. Sie schätzen dafür die Sicherheit berechenbarer Arbeitsplätze. Jeden Abend können sie den gleichen Bus erwischen, den Urlaub können sie wie immer in den ersten beiden Augustwochen nehmen, und auch für den Ruhestand ist bestens vorgesorgt. Sie genießen die Teilnahme an Komitees und lesen zuverlässig auch das Kleingedruckte in Verträgen und Protokollen. Unordentlichen, impulsiven oder ungeduldigen Zeitgenossen ist von der Zusammenarbeit mit Apollo-Typen abzuraten. In keinem Fall jedoch sollte man sie geringschätzen.

Früher arbeitete ich mit einer Menge von Apollo-Typen zusammen. Jeder verließ Punkt 17²⁰ Uhr das Büro. In einer dreiseitigen Broschüre wurde mir haarklein auseinandergesetzt, um welche Arbeiten ich mich zu kümmern hatte. In einem Zusatz war vermerkt: »Darf nach eigenem Ermessen bis zu 40 DM ausgeben.« Daraus ging mit aller Deutlichkeit hervor, daß ich zwar viel zu erledigen, aber wenig zu bestellen hatte. Ich war eines der unverzichtbaren Rädchen im Getriebe. Ein risikoloser, sicherer, aber auch entsetzlich langweiliger Job.

Also begab ich mich auf Arbeitssuche.

»Warum kommst du nicht zu uns?« fragte mich ein Freund. »Wir suchen nach einem Wirtschaftswissenschaftler.«

»Wer sind ›wir‹?« wollte ich wissen.

»Eine Investmentbank. Wir spezialisieren uns auf Entwicklungsländer.«

»Aber ich verstehe nichts von Ökonomie. Ich habe Griechisch und Latein studiert.«

»Ja, schon, aber in Oxford, oder?« sagte er, als ob damit alles geklärt wäre. »Komm doch einfach zum Lunch am Dienstag, da kannst du mal alle kennenlernen.« Ich ging hin. Wir unterhielten uns über alles Mögliche, aber nicht über den Job. Wir verstanden uns ziemlich gut. In der folgenden Woche boten sie mir einen Job als ›Entwicklungsökonom‹ an. Eine neue Position. Zwei Monate später fing ich an.

Ich bekam ein nettes Büro, eine Sekretärin und die Financial Times – und dann ließ man mich allein. Niemand rief an, keine Memos flatterten herein, keine Briefe, nichts. Nach einer Woche wandte ich mich an meinen Freund.

»Es ist wirklich schön hier –«, fing ich an.

»Und wir freuen uns auch, daß du hier bist«, erwiderte er.

»Aber ...«

»Ja?«

»Ich würde gern mal einen Blick in meine Arbeitsbeschreibung werfen und mich darüber informieren, wem ich Bericht erstatten muß und wofür ich zuständig bin. Und die allgemeine Organisationsstrukur würde mich auch interessieren.«

»Was redest du da eigentlich für Zeug daher, alter Knabe?« Er sah mich verdutzt an. »Diesen Jargon verwenden wir hier überhaupt nicht. Also, raus mit der Sprache, was macht dir Kopfzerbrechen?«

»Naja, ich weiß eben nicht, was ich hier machen soll«, platzte ich verzweifelt heraus.

»Ganz einfach. Das, was die anderen auch machen«, erklärte er mir. »Nach neuen Geschäftsgelegenheiten suchen, sich umtun und Leute treffen, mögliche Verbündete auskundschaften, herausfinden, wo in diesen Ländern was läuft, und zusehen, daß für uns etwas dabei abfällt. Okay?«

»Okay«, sagte ich. Aber es war nicht okay. Ich war immer noch ein Apollo, der unter lauter Zeusanbeter geraten war. Ich hatte mich in den falschen Tempel verirrt. Es dauerte nicht lange, bis ich ihn wieder verließ.

Der Athene-Typ

Athene-Typen zeigen wieder ein völlig anderes Gesicht. Athene war die Schutzgöttin des Odysseus, des furchtlosen Abenteurers. Sie ist die Göttin der Krieger, geschätzt von Arbeitsstäben und Kommandoeinheiten, sie steht für Kameradschaft, Problembewältigung, für Teams und Projektgruppen, für Abenteuer und Horizonterweiterung.

Athene-Typen lassen sich von allem begeistern, was neu ist. Sie stürzen sich auf neue Probleme und Situationen. Aber sie schätzen auch den Teamgeist. Sie wissen, daß komplexe Probleme nur mit der gesunden Talentmischung eines Arbeitsstabs gelöst werden können. Die nötigen Talente werden zusammengerufen und dann zu einem Team zusammengeschweißt. Teams machen Spaß. Wenn das Team gewinnt, dann gewinnen alle. Wenn es scheitert, dann scheitern alle. Es herrscht eine Atmosphäre der Gleichheit und Solidarität, da jeder seinen Beitrag leistet.

Athene-Typen interessieren sich nicht für Titel oder Dienstjahre, sie wollen nur wissen, welche Fähigkeiten man mitbringt und ob man sich der vorliegenden Aufgabe ohne Wenn und Aber verschreibt. Jugend, Energie und Kreativität kennzeichnen oft ein Athene-Team. Solche Leute findet man vielleicht am ehesten in einem Beratungsunternehmen, einer Werbeagentur oder einer Handelsbank.

Athene-Typen lieben das Ungewöhnliche. Routineaufgaben, die sie nicht genügend fordern, sind für sie sterbenslangweilig. Sie brauchen den Raum zum Experimentieren und die Freiheit zu selbständiger Arbeit. Sie steuern ein Arbeitsziel an und nicht Machtfülle oder eine Beförderung. Sicherheit erwächst ihnen nicht wie Apollo-Typen aus einem Arbeitsvertrag und auch nicht aus einer guten Beziehung zu einem Zeus, sondern aus ihrer eigenen Kompetenz. Sie wissen, daß sie nur so gut sind wie ihr letzter Auftrag. Also müssen sie ihn optimal ausführen.

Dementsprechend hart und lang arbeiten Athene-Typen auch. Arbeit ist oft ein Spiel für sie. Heiraten Sie keinen von ihnen, wenn Sie nicht im selben Team sind, weil Sie ihn sonst nie zu Gesicht kriegen. Selbst ihre Freizeit muß in eine Reihe von Teamaufgaben verwandelt werden – sie halten es nur schwer allein in einem Zimmer aus.

Aber Athene-Typen sind keine Sklaven. Sie möchten Probleme lösen, nicht die Weisungen anderer ausführen. Sie müssen sich eine Aufgabe selbst gestellt haben, sonst fühlen sie sich nicht daran gebunden. Als Rädchen im Getriebe sind sie ziemlich teuer und unkooperativ, daher sollte man sie lieber für etwas Besseres einsetzen.

Eine Gruppe von jungen Innenarchitekten sollte im Zuge ihrer Ausbildung eine Theaterdekoration aufbauen, die von einem Architekten für eine lokale Theatergruppe entworfen worden war. Eine leichte Aufgabe, denn alle Werkstoffe waren präzis beschrieben, und der Plan war bis ins kleinste Detail ausgearbeitet. Alles, was man vorhersehen konnte, war angegeben.

Die jungen Innenarchitekten schauderte es. Der Gedanke, daß sie hier nur den Plan eines anderen auszuführen hatten, versetzte sie nicht gerade in Hochstimmung. Sie ließen kein gutes Haar daran. Schließlich machten sie einen völlig neuen Entwurf. Erst dann waren sie dazu bereit, die Dekoration aufzubauen. Mit der Konsequenz, daß man zwei Wochen zu spät fertig wurde und das Budget deutlich überzog. Sie hatten den Architekten zur Weißglut gebracht, die Theatergruppe vor den Kopf gestoßen und die eigenen Lehrer im Stich gelassen.

Der Dionysos-Typ

Am interessantesten von allen sind die dionysischen Menschen. Dionysos (der römische Bacchus) ist der Gott des Weines und der mitternächtlichen Feste in den Bergen. Für mich steht er jedoch für den einzelnen und die geistige Freiheit. Dionysos-Typen haben nichts übrig für Organisationen. Sie dulden sie, wenn sie sie für ihre Arbeit brauchen. Architekten, Anwälte, Ärzte und Professoren arbeiten notfalls auch in einer Organisation, aber sie betrachten sie als eine Einrichtung, die ihnen dient und nicht umgekehrt. Die Organisationen ihrerseits tolerieren Dionysos-Typen nur, weil sie auf ihre Fähigkeiten und Fachkenntnisse nicht verzichten können.

Einem Dionysos geht die Qualität seiner Arbeit über alles. Mit der Wahrheit schließt man keine Kompromisse. Sie üben einen Beruf aus, von dem sie besessen sind, und interessieren sich nicht für Macht oder Positionen, solange sie genug verdienen, um nach ihrem eigenen Willen arbeiten zu können. Dionysische Menschen erkennen Kollegen an, auch dienstältere Kollegen, aber keinen Boß. Sie lassen sich nicht auf herkömmliche Weise führen. Sie können sich auf Teamarbeit einstellen, aber lieber beschäftigen sie sich nach eigenem Gutdünken mit den eigenen Projekten. Sie sind die Einsamen in der Besetzungsliste der Organisation, denen es vor allem auf Achtung, Einfluß und Freiheit ankommt.

Organisationen tun sich schwer mit Dionysos-Typen. Sie reagieren nicht wie die anderen auf Zuckerbrot und Peitsche, zeigen sich unbeeindruckt von Beförderungen und Verweisen. Ihr Berufsethos scheint ihre Verpflichtung gegenüber der Organisation zu überwiegen. Nur wegen ihrer Qualitäten duldet man sie – die Künstler in der Welt der Organisation.

Hat sich das Wesen der Familie geändert? Früher erwartete man vom Familienoberhaupt zeusgemäßes Auftreten. Alles hatte zu springen, wenn es sprach, und seine Anweisungen zu befolgen. Und nur äußerst selten waren es ›ihre‹ Anweisungen. Zuckerbrot und Peitsche oder Donnerkeil und Goldregen, so hießen seine Waffen.

Dann kam die Apollo-Mode. Jedem seine Pflichten und seine Stellung. Der Mann machte Geld, die Frau das Essen, die Kinder die Betten.

Die Demokratie brachte Athene-Typen hervor. Keine Pflichten mehr, sondern gemeinsame Aufgaben und Projekte, kooperative Entscheidungen: »Wir könnten doch ...«

Und ist jetzt Dionysos der letzte Schrei? Sind wir inzwischen alle zu Einzelmenschen geworden, von denen keiner ›gleicher‹ ist als die anderen, die essen, wann sie Lust haben, und die in den eigenen vier Wänden selbst Musik machen? Ist das Zuhause inzwischen eine Ansammlung von individuellen Interessen, sozusagen nur noch die Basis für die jeweiligen Schwärmereien?

Einige Fragen zum Nachdenken und Diskutieren

Gute Organisation erfordert, daß Sie Ihren eigenen und den Charakter der Menschen in Ihrer Umgebung kennen. Mit Hilfe dieses Fragebogens können Sie herausfinden, wer Ihre Götter sind.

Betrachten Sie Ihre Organisation, und zwar die ganze. Sehen Sie sich die vier Aussagen unter jeder der folgenden neun Überschriften im Fragebogen an. Listen Sie die vier Aussagen in der Reihenfolge der Gültigkeit für Ihre Organisation (die Ihrer Ansicht nach passendste Äußerung bekommt eine 1, die unpassendste eine 4). Schreiben Sie die Zahlen in die Spalte ›Organisation‹.

Nach dem ersten Durchlauf für die Organisation kommt der zweite für Sie selbst. Diesmal zeigt Ihre Bewertung persönliche Präferenzen und Vorstellungen. Setzen Sie die Zahlen in die Spalte ›Ich‹. Werfen Sie dabei keinen Blick auf die Ergebnisse in der Spalte ›Organisation‹, um auch die Unabhängigkeit des ›Ich‹-Durchlaufs zu gewährleisten. (Der Fragebogen stützt sich auf ein Modell von Dr. Roger Harrison an der Universität Berkeley in Kalifornien.)

Wenn Sie alle Aussagen in beiden Spalten bewertet haben, dann zählen Sie nacheinander die Zahlen für alle Aussagen unter (a), (b), (c) und (d) zusammen. (Zum Beispiel würde ein Gesamtergebnis von 9 für alle Aussagen unter (b) bedeuten, daß Sie die Aussage (b) unter allen Überschriften mit 1 bewertet haben.)

Damit sollten Sie in der Lage sein, die folgende Tabelle auszufüllen.

	Aussage (a)	Aussage (b)	Aussage (c)	Aussage (d)	Summe
Organisation					90
Ich					90

Wie in so vielen anderen Fragebogen auch werden Sie Ihre Antworten wahrscheinlich einschränken wollen mit der Bemerkung: »Das hängt davon ab ...« In einigen Fällen bemerken Sie vielleicht zwischen den einzelnen Aussagen keinen großen Unterschied. Lassen Sie sich davon nicht abschrecken. Das Resultat wird sicher nicht hundertprozentig genau sein, aber Sie sollten ihm nützliche Hinweise entnehmen können. Sie werden feststellen, daß Sie bei der Bewertung am besten Ihrer ersten intuitiven Reaktion folgen. Überlegen Sie nicht zu lange.

Wenn Sie den Fragebogen ausgefüllt und die Summen zusammengerechnet haben, dann finden Sie auf Seite 167 eine Erklärung der Ergebnisse.

1 Ein guter Boß

(a) ist stark, entscheidungsfreudig und bestimmend, aber fair. Gegenüber loyalen Untergebenen zeigt er sich schützend, großzügig und nachsichtig.

_____   _____

(b) ist unpersönlich und korrekt und benutzt nicht die eigene Autorität zum eigenen Vorteil. Er verlangt von seinen Untergebenen nur, was das Organisationssystem vorschreibt.

_____   _____

(c) läßt in Fragen, die die Aufgabe betreffen, mit sich reden. Er benutzt seine Autorität, um sich die für die Erledigung der Arbeit nötigen Ressourcen zu verschaffen.

_____   _____

(d) ist aufgeschlossen für die persönlichen Bedürfnisse und Werte anderer. Er sieht es als seine Aufgabe an, seinen Untergebenen befriedigende und belebende Arbeitsmöglichkeiten zu verschaffen.

_____   _____

2 Ein guter Untergebener

(a) arbeitet hart, dient loyal den Interessen des Vorgesetzten und ist einfallsreich sowie vertrauenswürdig.

_____   _____

(b) ist verantwortungsbewußt und zuverlässig, erfüllt seine Aufgaben pflichtgemäß und vermeidet jede Handlung, die den Vorgesetzten überraschen oder in Verlegenheit bringen könnte.

_____   _____

(c) gibt aus eigenem Antrieb das Beste für die Aufgabe und ist offen für Ideen und Anregungen. Dennoch überläßt er bereitwillig anderen die Führung, wenn sie größere Fähigkeiten oder Fachkenntnisse besitzen.

_____   _____

163

(d) interessiert sich für nichts so sehr wie für die Entwicklung seines Potentials und ist offen für Erfahrungen und Hilfe. Außerdem respektiert er die Bedürfnisse und Werte anderer und fördert bereitwillig ihre Entwicklung.   _____   _____

3 Für ein gutes Mitglied der Organisation besitzen absolute Priorität

(a) die persönlichen Wünsche des Chefs.

(b) die Pflichten und Erfordernisse seiner Position und die herkömmlichen Regeln guten Benehmens.   _____   _____

(c) die Erfordernisse der Aufgabe im Hinblick auf Geschick, Fähigkeiten, Energie und materielle Mittel.   _____   _____

(d) die persönlichen Bedürfnisse der Beteiligten.   _____   _____

4 Leute, die in der Organisation gut vorankommen,

(a) sind über alle Entwicklungen auf dem laufenden, gehen gerne ein Risiko ein und handeln gerne selbständig.   _____   _____

(b) sind gewissenhaft und verantwortungsbewußt und fühlen eine starke Verpflichtung gegenüber der Organisation.   _____   _____

(c) sind technisch kompetent und effektiv und fühlen sich ihrer Aufgabe besonders stark verpflichtet.   _____   _____

(d) eignen sich vorzüglich für die Arbeit in persönlichen Beziehungen und streben vor allem nach Wachstum und Entwicklung individueller Talente.   _____   _____

5 Die Organisation behandelt den einzelnen

(a) als vertrauenswürdigen Vertreter, der seine Zeit und Energie in den Dienst der Organisationsleitung stellt.   _____   _____

(b) als hätte man sich seine Zeit und Arbeitskraft per Vertrag gesichert, der beiden Seiten Rechte und Pflichten auferlegt.   _____   _____

(c) als Mit-Arbeiter, der sich mit seinen Fähigkeiten und Kenntnissen der gemeinsamen Sache verschrieben hat.   _____   _____

(d) als interessanten Menschen mit eigenen Fähigkeiten und eigenem Willen.   _____   _____

6 Man kontrolliert und beeinflußt Mitarbeiter durch

(a) persönliche Anerkennung, Zurechtweisung oder Charisma.   _____   _____

(b) unpersönliche ökonomische und politische Machtausübung, um Verfahrensweisen und Leistungsstandards durchzusetzen.   _____   _____

(c) Kommunikation und Erörterung der Erfordernisse einer Aufgabe, die, angetrieben von persönlichem Einsatz, die richtigen Maßnahmen nach sich ziehen.

(d) Eigeninteresse und Vergnügen an den zu erledigenden Arbeiten sowie Aufgeschlossenheit gegenüber den Bedürfnissen anderer Beteiligter.

7 Jemand kontrolliert dann legitimerweise die Handlungen eines anderen,

(a) wenn er mehr Macht in der Organisation besitzt.

(b) wenn ihm seine Position vorschreibt, den anderen zu beaufsichtigen.

(c) wenn er mehr einschlägige Kenntnisse zu einer bestimmten Aufgabe besitzt.

(d) wenn er von seinen Schützlingen akzeptiert wird.

8 Die Übertragung einer Aufgabe erfolgt aufgrund der

(a) persönlichen Bedürfnisse und Urteile der Organisationsleiter.

(b) formalen Unterteilung in Fach- und Zuständigkeitsbereiche innerhalb des Systems.

(c) für das Vorhaben nötigen Ressourcen und Fachkenntnisse.

166

(d) Lern- und Entwicklungsbedürfnisse der einzel-
nen Organisationsmitglieder.   _____   _____

9 Wettbewerb

(a) dient dem eigenen Vorteil und Machtbedürfnis.   _____   _____

(b) ermöglicht den Aufstieg in eine hochrangige Position im System.   _____   _____

(c) fördert die Qualität der Beiträge zur Aufgabe.   _____   _____

(d) erhöht die Aufmerksamkeit für die persönlichen
Bedürfnisse.   _____   _____

Werten Sie jetzt die Ergebnisse aus. Die Aussagen (a) repräsentieren
Zeus und den Klubstamm; die Aussagen (b) stehen für Apollo und den
Positionsstamm; die Aussagen (c) kennzeichnen Athene und den Aufgabenstamm; und die Aussagen (d) verweisen auf Dionysos und den Personenstamm. Je niedriger die Gesamtsumme für eine bestimmte Gruppe
von Aussagen ist, desto mehr herrscht der entsprechende Gott in Ihrer
Organisation oder in Ihnen vor. Der niedrigstmögliche Wert von 9 für
die Aussagen (a) würde auf eine reine Zeuswelt deuten. Allerdings
werden sich wohl kaum derart niedrige Gesamtsummen ergeben.

Nach der Auswertung könnte die Tabelle wie folgt aussehen:

	Aussage (a)	Aussage (b)	Aussage (c)	Aussage (d)	Summe
Organisation	16	12	27	35	90
Ich	29	24	16	21	90

Dieses Ergebnis würde heißen, daß Ihre Organisation aus einer Mischung von Apollo- und Zeus-Typen besteht, Sie selbst sich jedoch mehr auf Athene und die Unterstützung von Dionysos verlassen.

Mein Sohn hat einen ganz anderen Tagesablauf als ich. Er steht am liebsten am Spätvormittag auf und geht spät nachts zu Bett. Er betont jedoch, daß er nicht mehr schläft als jeder andere, er macht es nur zu einer anderen Tageszeit. So kann er besser arbeiten, meint er, er hat eben einen anderen Biorhythmus.

»Es ist einfach ärgerlich«, sage ich. »Vor dem Mittagessen kann ich gar nicht mit dir reden. Vorher bist du für niemanden zu sprechen. Die halbe Welt kommt von der Arbeit nach Hause, ehe du allmählich mal anfängst. Wie willst du da in eine Organisation passen?«

»Soll ich mein Bestes geben oder lieber weniger und dafür zu deiner Verfügung stehen?« Gute Frage.

»Dann muß dein Bestes aber wirklich verdammt gut sein«, antworte ich schließlich, »wenn ich und andere unseren Ärger runterschlucken sollen.«

»Darauf kannst du dich verlassen«, sagt er voller Selbstvertrauen. Ich weiß nicht recht, ob ich mich freuen oder mir Sorgen machen soll.

Wieviel Toleranz gegenüber individuellen Eigenheiten kann man von einer Organisation erwarten?

16
Soll und Haben

»Was hat das gekostet?« fragte ich mißtrauisch, als sie ein neues Möbelstück aus dem Kofferraum hervorholte. Die Versteigerung in der Stadt gab mir immer wieder Grund zu Besorgnis.

»Das darfst du nicht als Kosten sehen«, meinte sie. »Es ist eine Investition.«

»Hmmm«, brummte ich, »aber Investitionen werfen normalerweise etwas ab, was man von dem Möbel wohl nicht behaupten kann.«

»Nein, aber sein Wert wird sich verdoppeln, du wirst sehen. Eigentlich solltest du mir dankbar sein.«

> »Die Bezeichnung Investition macht den Scheck auch nicht kleiner.«
>
> »Nein, aber man fühlt sich besser.« Sie strahlte mich an.
>
> »Wenn wir öfter solche Investitionen tätigen«, hielt ich ihr entgegen, »dann haben wir bald so viele Aktiva, daß uns kein Geld mehr fürs Essen bleibt.«

Mein Neffe erhielt an der Schule zum ersten Mal Wirtschaftsunterricht. Eigentlich hatte er sich auf langweilige Stunden eingerichtet, aber am Ende des Schuljahrs fragte er mich begeistert: »Wie können es die Leute nur zu etwas bringen, wenn sie noch nie etwas von Opportunitätskosten gehört haben?« Er hatte einen kurzen Blick auf eine sinnvolle und erklärliche Welt erhascht. Leider, so mußte ich ihm mitteilen, hatten nur die wenigsten diesen Einblick erhalten. Sie mühen sich ab und wursteln sich durch, aber sie verpassen dabei eine Menge Chancen.

Kosten sind das, was man daraus macht. Aber was man daraus macht, kann einen Riesenunterschied bedeuten. Die Buchhaltung erweist sich hier mehr als eine Kunst denn als eine Wissenschaft. Wie schade, daß die Buchhalter aus ihrer Kunst so ein großes Geheimnis machen. So kommt es, daß sich viel zu viele Menschen von ihr überfordert fühlen. Dabei ist sie gar nicht so schwer und geheimnisvoll. Und es kann durchaus entscheidend sein, ob man etwas auf die Soll- oder die Habenseite verbucht. Das gilt für Unternehmen nicht mehr als für eine Familie oder irgend etwas dazwischen. Auf seine Kosten kommen, heißt es, aber nur selten wird hinzugefügt, daß man dazu viele verschiedene Wege beschreiten kann. Wir können selbst bestimmen, auf welche Weise wir auf unsere Kosten kommen.

Investition oder Ausgabe?

Der bezahlte Betrag ist der gleiche, aber wenn wir den Einkauf als Investition bezeichnen, geben wir damit zu verstehen, daß wir irgendwie den Wert unserer Aktiva steigern. Wir haben das Geld nicht verloren, sondern es nur in eine andere Art von Währung umgetauscht. So als hätten wir das Geld in einem Bausparvertrag angelegt, nach dessen Ablauf wir uns ein Möbelstück, ein Auto oder einen neuen Schuppen leisten können. Aus diesem Grund weisen Buchhalter Investitionen in der Bilanz als Teil der Aktiva aus, und nicht als Kosten in der Gewinn-und-Verlust-Rechnung.

Einige Aktiva wie Antiquitäten steigen im Wert, andere wie ein neues Auto sinken. Der Betrag, den sie jährlich an Wert verlieren, gehört also wirklich auf die Kostenseite, weil er den Anteil vom ursprünglichen Kaufpreis angibt, den man unwiederbringlich eingebüßt hat. Die Wertminderung erscheint in der Buchhaltung als Kosten, obwohl kein Geld ausgegeben wird – eines der vielen Paradoxe der Buchhaltung. Man sollte nie vergessen, daß ein Auto aufgrund der Wertminderung Geld kostet, auch wenn man es vielleicht gar nicht benutzt. Wenn man diese unsichtbaren Kosten nicht berücksichtigt, dann schätzt man seine Fahrtkosten völlig falsch ein.

Jim war auf eine tolle Sache gestoßen. Er war Vertreter und fuhr seinen eigenen Wagen, aber seine Firma zahlte ihm 50 Pfennig pro Kilometer. Da ihn sein Benzin lediglich 16 Pfennig pro Kilometer kostete, glaubte er, daß er einen Schnitt machen würde. Nach ein paar Monaten auf der Straße rechnete er nach.

Benzin	16 Pf./km
Service und Reparaturen	6 Pf./km
(durchschnittlich DM 360 für 6000 km)	
Steuern und Versicherung (DM 1200 p.a.)	8 Pf./km
über 15000 km	
Tatsächliche Kosten	*30 Pf./km*

Je mehr er also fuhr, desto mehr verdiente er. Bei 30000 Kilometern im Jahr mußte er zumindest 6000 DM verdienen.

Nach drei Jahren wollte er sich ein neues Auto kaufen und das alte in Zahlung geben. Vor drei Jahren hatte er 30000 DM dafür bezahlt. Das neue, leicht verbesserte Modell kostete jedoch 39000 DM.

»Wieviel kriege ich für meinen alten?« fragte Jim.

»Bei dem Kilometerstand nur 10500 DM.«

»Die haben mich reingelegt«, fluchte Jim, als er im alten Auto nach Hause fuhr. »Mit meinem Schnitt von dreimal 6000 DM im Jahr hätte ich mir nicht mal das alte Modell kaufen können, und das neue schon überhaupt nicht.«

»Nein, Jim«, meinte sein Manager, »Sie haben sich selbst reingelegt. Sie hätten mindestens 20 Pfennig pro Kilometer als Wertminderung veranschlagen müssen. Dann hätten Sie erkannt, daß Sie bestenfalls ohne Verluste über die Runden kommen konnten. Tatsächlich wollen wir das Kilometergeld demnächst erhöhen, weil wir der Ansicht sind, daß es zur Deckung der Fahrtkosten heutzutage nicht mehr ausreicht.«

Nicht immer liegt es sofort auf der Hand, ob ein Kauf eine Investition oder eine Ausgabe ist. Ein neuer Rasenmäher für den Collegegarten mag zwar einen Beitrag zu den Collegeaktiva leisten, aber was wäre er noch wert, wenn er nach einem Jahr verkauft werden müßte? Vielleicht sollte man ihn also doch als Kosten verbuchen wie das Benzin für seinen Antrieb, das man kaufen muß, ohne das Geld dafür je wiederzusehen.

Sollte man die Gehälter von Mitarbeitern als Kosten oder als Investitionen bezeichnen? Jede Organisation behandelt ihre Mitarbeiter als Kostenfaktor, obgleich sie in manchen Fällen ganz offensichtlich Träger von Vermögenswerten darstellen. Fußballklubs verkaufen ihre Spieler für Riesensummen an andere Vereine. Filmstars werden von Filmgesellschaften versichert genauso wie Schlüsselpersonen in großen Unternehmen. Natürlich repräsentieren sie Aktiva. Aber steigern oder mindern sie als solche auch ihren Wert?

Seit Urzeiten behandelt man Mitarbeiter als Kostenfaktor, und Kosten versucht man zu senken. Wenn wir jedoch das Personal als Aktiva betrachten würden, seine Vergütung als Investition, dann könnte sich eine ganz andere Grundeinstellung daraus entwickeln. Wir würden die Angestellten anders behandeln, weil man eben darauf bedacht ist, den Wert des Vermögens zu pflegen und zu steigern. Unternehmen kaufen inzwischen andere Unternehmen wegen ihres ›geistigen Eigentums‹ auf, das heißt wegen ihrer Ideen, Erfindungen und Schöpfungen. Geistiges Eigentum heißt also letzten Endes einfach Menschen. Ich bin überzeugt davon, daß einige Unternehmen schon bald ihre Mitarbeiter in der Bilanz aufführen werden, und nicht mehr nur ihre Vergütung in der Kostenrubrik.

Variable oder fixe Kosten?

Jedes Mal wenn ich das Telefon benutze, kostet es mich Geld – soundso viel pro Minute je nach Tageszeit und räumlicher Entfernung des Gesprächsteilnehmers. Das sind die variablen Telefonkosten. Aber selbst wenn ich es nie benutze, muß ich an die Telefongesellschaft für den Anschluß eine Gebühr entrichten. Das sind die fixen Kosten.

Das hört sich auf den ersten Blick recht einfach an, aber es läßt sich nicht immer so leicht erkennen, ob es sich um variable oder um Fixkosten handelt. Diese Unterscheidung kann jedoch Folgen haben und sogar sehr weitreichende. An den meisten Wochentagen muß ich in die Stadt fahren. Ich kann es mir aussuchen. Entweder ich kaufe jeden Tag eine Fahrkarte, dann sind die anfallenden Kosten veränderlich, oder aber ich kaufe eine Vierteljahreskarte, dann handelt es sich um fixe Kosten, die unabhängig von der Häufigkeit meiner Fahrten gleich bleiben. Meine Berechnungen haben ergeben, daß mich die Einzelfahrt mit einer Vierteljahreskarte etwas teurer kommt, weil ich nicht jeden Tag fahre. Dennoch kaufe ich weiterhin eine Vierteljahreskarte. Und warum? Ich weiß, daß nach dem Kauf einer Vierteljahreskarte keinerlei variable Kosten aufzuwenden habe. Daher muß ich nicht lang überlegen, ob sich eine bestimmte Fahrt auch wirklich lohnt. In gewissem Sinn ist jede zusätzliche Fahrt kostenlos. Die Folge ist, daß ich jetzt vermutlich viel zu viel unterwegs bin.

Im allgemeinen sinken die variablen Kosten für einen Posten auf Null, wenn man ihn als Fixkosten behandelt. Wenn sich also ein ausländisches Unternehmen vornimmt, in diesem Land auf jeden Fall mindestens zehn Jahre lang einen großen Verkaufsstab und zwanzig Niederlassungen zu unterhalten, dann sind das Fixkosten, die auf X Millionen Verkäufe umgelegt werden. Alle weiteren Verkäufe kosten so gut wie nichts. Daher kann man für diese zusätzlichen Verkäufe die Preise herabsetzen und immer noch daran verdienen. Die Konkurrenz wird sich über diese

Dumpingpreise bitter beschweren und erklären, daß sie nicht begreift, wie man bei solchen Preisen noch etwas verdienen kann. Aber das Unternehmen kann nur deshalb eine solche Verkaufspolitik machen, weil es eine Hauptausgabe willkürlich als fixe Kosten bezeichnet hat.

Über den Kosten oder unter dem Preis?

Die Berechnung der Kosten spielt vor allem deshalb eine so wesentliche Rolle, weil man wissen muß, welchen Preis man für sein Produkt oder seine Dienstleistung verlangen soll. Es mag naheliegend erscheinen, den Preis ein wenig über den Kosten anzusetzen. Aber das ist alles nicht so einfach. Man kann, wie gesehen, an einem Punkt anlangen, an dem alle Fixkosten hereingeholt sind und die variablen Kosten sehr niedrig liegen. Ein sehr niedriger Preis bietet sich also an. Der Fachausdruck dafür lautet Grenzkostenpreis. Verlockend, aber auch gefährlich.

Sandra war ausgebildete Innenarchitektin und stieg als Selbständige ins Geschäft ein. Sie arbeitete von ihrer Wohnung aus. Sie berechnete ein niedriges Honorar für ihre Beratung und verdiente vor allem an der Kommission für Werkstoffe und der Auftragsvermittlung. Dabei entstanden ihr kaum Kosten. Zimmer und Auto besaß sie bereits, und auch einen Personal Computer und ein Telefon sowie die Ausstattung eines modernen kleinen Büros. Alles, was sie verdiente, war also in ihren eigenen Worten die ›Extrasahne‹. Folglich sah sie sich imstande, ihre Preise zu senken, was sie gegenüber ihren Kunden nur für fair hielt, weil sie ja noch unerfahren war. Außerdem wollte sie Aufträge. Das Geld kam ihr gelegen. Sie konnte davon sogar einen Urlaub für sich und ihren Mann auf Rhodos bezahlen. Als sie gemütlich am Hafen saßen, äußerte sie ihre Absicht, jetzt auch ein Büro zu mieten, einen Assistenten einzustellen und ein richtiges Unternehmen zu führen. Sie fühlte sich sehr zuversichtlich.

»Ich kann es mir leisten«, sagte sie.

»Zeig mal deine Zahlen«, sagte ihr Mann. »Aber da arbeitest du ja für nichts«, rief er nach einer kleinen Pause. »Für dein Gehalt bleibt nichts übrig. Mehr Arbeit für das gleiche Geld. Das hat doch keinen Sinn.«

»Stimmt«, meinte Sandra geknickt, »meine Preise sorgen zwar für die Sahne, aber nicht für den Kuchen. Ich habe mich selbst überlistet.«

Die Sache wird noch verwickelter. Jedes Unternehmen kann unabhängig von seiner Größe die Preise entweder über den eigenen Kosten oder unter den Preisen der Konkurrenz ansetzen. Unternehmen mit Monopolstellung legen den Preis natürlich über ihren maximalen Kosten fest. Darin liegt auch die Gefahr. Denn wenn die Kosten nicht von außen überwacht werden, dann können sie sehr leicht ins Kraut schießen. Alle Unternehmen streben natürlich nach Minimonopolen und entwickeln möglichst einmalige Produkte und Dienstleistungen. Der Hersteller eines Heilmittels gegen Aids könnte heute wegen der großen Nachfrage und der fehlenden Konkurrenz den Preis nach Belieben diktieren. Gleiches gilt aber auch für eine Senfmarke, wenn sie für etwas Außergewöhnliches gehalten wird.

Meistens jedoch muß man sich in der Preisgestaltung an der Konkurrenz orientieren. Das ist die sogenannte selbstregulierende Kraft des Marktes. Die Herausforderung besteht also darin, die Kosten unter den quasi vorgeschriebenen Preis zu drücken. Hier ergibt sich die Gefahr, daß unbewußt an den Kosten herummanipuliert wird. Aber wie kann so etwas passieren, wenn man sich nichts vormacht und genaue Berechnungen anstellt? Ganz einfach. Die Fixkosten erscheinen in Blöcken, d. h. als Lohn, Miete, Heizung und so weiter. Um zu einem Stückkostenbetrag zu gelangen, müssen sie auf alle Verkäufe umgelegt werden. Und da erweist es sich allemal als eine Verlockung, die Verkaufszahlen zu hoch einzuschätzen und so die Stückkosten zu senken. Dabei kann man aber auch sehr schnell bankrott gehen.

Vor der Kalkulation seiner Gewinnschwelle sollte niemand etwas verkaufen. Unter Gewinnschwelle versteht man den Punkt, den die Verkaufszahlen bei einem bestimmten Preis erreichen müssen, damit sie die variablen und die fixen Kosten decken. Erst jenseits dieser Schwelle entsteht ein Gewinn. Viel zu viele Unternehmen bekommen sie nie zu Gesicht, entweder weil sie zu optimistisch waren, oder aber, weil sie von ihrer Existenz gar nichts wußten.

Tatsächliche Kosten
oder Opportunitätskosten?

Es ist relativ einfach, seine laufenden und zukünftigen Kosten zu kennen. Weniger leicht fällt die Kalkulation des Verlusts, der aus dem Verzicht auf alternative Gelegenheiten entsteht. Die Opportunitätskosten eines langen Urlaubs kommen bisweilen durch ein verpaßtes Geschäftsvorhaben oder eine versäumte Einladung von großer Wichtigkeit zum Vorschein. Vielleicht fahren deshalb ehrgeizige Leute so selten in einen langen Urlaub.

Opportunitätskosten sind unsichtbar. Sie erscheinen in keiner Buchhaltung. Sie lassen sich nur schwer berechnen. Sie zeigen sich besonders dann, wenn ein Unternehmen nur eines von mehreren möglichen Investitionsprojekten durchführen kann – die übrigen sind entgangene Gelegenheiten. Aber die Sache läßt sich auch allgemeiner formulieren. Jedesmal, wenn wir zu einer Handlungsalternative ja sagen, sagen wir zu den anderen Möglichkeiten nein. Unser Leben ist voller verpaßter Gelegenheiten. Wir wären im Privatleben wie im Beruf gut beraten, uns des öfteren die Frage vorzulegen: »Was entgeht mir, wenn ich es so mache?« Natürlich darf man sich von dieser Frage nicht hypnotisieren lassen, sonst würde man keinen Finger mehr rühren können.

Trevor war sechzehn. Er wollte die Schule verlassen. Unterricht und Prüfungen waren nicht sein Fall.

»Ich habe eine Anzeige gesehen«, sagte er. »Sainsbury sucht junge Leute. Anständige Bezahlung, gute Behandlung und Einarbeitung. Ich könnte dort gutes Geld verdienen und von zu Hause weggehen.«

»Das solltest du dir noch mal überlegen, mein Junge«, sagte der Schuldirektor. »Das wird dir später noch mal leid tun. Ein bißchen Ausbildung in einem Supermarkt reicht nicht für ein erfolgreiches Leben. Du darfst nicht den Rest deines Lebens für das bißchen Geld verkaufen.«

»Was in der Zukunft ist, wird sich zeigen. Das ist meine Gelegenheit.«

»Ja, aber sie ist auch nicht umsonst. Wieviel sie kostet, wirst du leider erst erfahren, wenn es schon zu spät ist.«

Gewinn oder Bares?

»Ist Gewinn und Bargeld nicht dasselbe?« fragte er. »Leider nein, man muß über beide Buch führen.« Dank dieser Erkenntnis ist mir mehr als ein Desaster erspart geblieben.

Jedes Unternehmen, selbst jede Organisation und jede Familie, muß letztlich einen Ertrag erwirtschaften. Letzten Endes muß mehr Geld hereinkommen, als ausgegeben wird, sonst verhungern wir. Der kleine Zusatz ›letzten Endes‹ ist hier ausschlaggebend. Man kann zum Beispiel in einem Jahr ohne weiteres einen theoretischen Gewinn erzielen und trotzdem viel mehr Geld ausgeben, als man einnimmt, wenn ein großer Teil dieser Ausgaben in Investitionen oder Aktiva fließt. Gewinn mißt schließlich nur das Einkommen und die Kosten, und wie wir gesehen haben, sind Investitionen keine Kosten.

Unternehmen können durchaus Gewinne erzielen, aber kein Geld haben. Dann müssen sie einen Kredit aufnehmen, dessen Kosten die Rentabilität des Betriebs zunichte machen. Man muß daher immer ein Auge auf das Bargeld haben und insbesondere die Bargeldströme, den Cash-flow. Bargeld hält jede Organisation am Leben. Wenn es nicht mehr fließt, dann stirbt die Organisation. Wenn man allerdings nur auf die Barmittel sieht, dann denkt man vielleicht in zu kurzfristigem Rahmen, denn bares Geld, das investiert wurde, fließt unter Umständen erst nach langer Zeit wieder zurück.

Das britische Finanzministerium leidet unter einer seltsamen Bargeldobsession. Die Einnahmen müssen genau den Ausgaben entsprechen. Argumente, nach denen eine momentane Ausgabe in fünf Jahren zu Einsparungen führt, finden kaum Gehör. Im Ministerium interessiert man sich ausschließlich für den Cash-flow und nicht für die vergleichsweise hohe Rentabilität von langfristigen Investitionen. Eine in vielen Bereichen kurzatmige Politik ist die Quittung dafür.

Familien, die nur ans Bargeld und die wöchentlichen Lohnzahlungen denken, können sich auch kaum zu langfristigen Investitionen – z.B. für Immobilien oder Ausbildung – durchringen. Kurzfristig ist Mieten immer günstiger als Kaufen, aber auf lange Sicht handelt es sich dabei unter Umständen um eine schlechte Kapitalanlage, die keinen Gewinn abwirft – hinausgeworfenes Geld.

Der Umgang mit Geld wird immer etwas Rätselhaftes an sich haben.

Vieles davon sollte man am besten den Experten überlassen. Aber nicht das Wesentliche. Niemand sollte für Geld und Ausgaben verantwortlich sein, der die zur Wahl stehenden Grundalternativen nicht kennt. Diese sind nämlich letzten Endes überhaupt nicht rätselhaft – es genügt der gesunde Menschenverstand.

Einige Fragen zum Nachdenken und Diskutieren

Gute Organisation setzt voraus, daß man sich der verschiedenen Möglichkeiten bewußt ist, die einem in Fragen des Geldverdienens und -ausgebens offenstehen.

1 Überlegen Sie sich Ihre persönlichen Ausgaben im Verlauf des letzten Jahres.
   a) Was davon war eine Investition, und was eine einfache Ausgabe?
   b) Hätten Sie lieber ein etwas anderes Verhältnis zwischen beiden gesehen?

2 Überprüfen Sie die Kosten für ein Produkt, eine Dienstleistung oder eine Tätigkeit in Ihrer Organisation.
   a) Wie sehen die fixen und wie die variablen Kosten aus?
   b) Würden Sie an dem Verhältnis zwischen beiden gerne etwas ändern?
   c) Wenn ja, was würde sich ändern?

3 Erstellen Sie eine Prognose über Ihre private Liquidität im nächsten Jahr. Für jeden Monat sollten Sie Einnahmen und Ausgaben auflisten. Können Sie bessere und schlechtere Zeiten in der Zukunft ausmachen? Können Sie die Fälligkeiten der Bargeldströme so ändern, daß sich Zu- und Abflüsse eher die Waage halten?

 Wir waren Studenten, arme Studenten in Boston. Um unsere Finanzen auf Vordermann zu bringen, tat sich meine Frau mit einer Freundin in England zusammen. Sie wollten Drucke von Gedenktafeln an alten englischen Kirchen herstellen und vermarkten.

Die Freundin in England machte Schabdrucke von den Gedenktafeln und druckte sie dann im Siebdruckverfahren auf Pergamentpapier in der Größe 1,20 m × 1,20 m. Die am oberen und unteren Ende mit Stäben verstärkten Bogen konnten als Rollen aufgehängt oder in große Bilderrahmen gespannt werden. Als ersten Satz schickte sie hundert Stück davon nach Boston.

Meine Frau war für die Vermarktung zuständig. Zunächst mußte sie den Preis festsetzen. Wir kannten alle Kosten. Die Plakate kamen nach der Ankunft in Boston pro Stück auf 3 DM. Ich schlug vor, daß wir sie für 4 DM verkaufen sollten. Eine Gewinnspanne von fünfundzwanzig Prozent, das konnte sich meiner Meinung nach durchaus sehen lassen. Sie legte das Problem dem Marketingkurs an der Business School vor. Der setzte sich damit auseinander, stellte einige Nachforschungen an und empfahl schließlich einen Preis von 65 DM. Alles, was darunter lag, würde in den Augen der Kunden den Eindruck von Billigkeit hinterlassen.

Statt also tausend Stück mit einem Gewinn von je 1 DM (Gesamtgewinn 1 000 DM) zu verkaufen, verkauften wir unsere hundert zu 65 DM (Gesamtgewinn 6 200 DM) und durften uns die Hände reiben.

Preisgestaltung ist nicht nur eine Frage der Buchhaltung, sondern auch der Psychologie.

17
Der Kunde ist König

»Wir wollen uns nichts vormachen, meine Damen und Herren, diese Wohlfahrtsgesellschaft ist ein Geschäftsunternehmen.« Der Vorsitzende hielt eine Rede vor den leitenden Angestellten der Stiftung. Sie schwiegen leicht betreten, wie ich glaube. Dann ergriff einer von ihnen das Wort.

»Aber wir machen doch keinen Gewinn. Wir sollen auch gar keinen machen.«

»Der wirkliche Zweck eines Unternehmens«, antwortete er, »liegt nicht in der Erzielung von Gewinnen, sondern in der Bereitstellung von Waren und Dienstleistungen, die die Kunden brauchen und wünschen. Dank seiner Gewinne kann das Unternehmen weiter im

Geschäft bleiben. Gewinne sind also wahrhaftig nur Mittel zum Zweck. Mit ihnen kann das Unternehmen Geräte kaufen, in die Forschung investieren, Dividenden an die Finanziers auszahlen und seine Belegschaft entlohnen. Der Gewinn ist das neue Kapital für das Unternehmen. Unser Unternehmen«, fuhr er fort, »unterscheidet sich von anderen nur darin, daß das neue Kapital aus Spenden stammt – von alten Freunden und neuen Gönnern. Ich muß Ihnen jedoch sagen, daß wir dieses neue Kapital nicht zur Verfügung hätten, wenn wir unsere Arbeit nicht effizient leisten würden – so wie jedes andere Unternehmen auch.« Nachdenklich gingen sie nach Hause. Genau wie ich.

In meiner Jugend waren Kunden Leute, die in Läden Schlange standen und darauf hofften, daß noch etwas für sie übrigblieb. Geschäftsleute waren Helden des Autohandels, die jeden in Zahlung gegebenen Wagen mit Spott überschütteten und ihre eigenen Produkte in den Himmel lobten, um soviel Geld wie möglich aus dem Abschluß herauszuholen. Ich wuchs mit einer starken Abneigung gegen Kunden und Geschäftsleute auf. Weder das eine noch das andere wollte ich werden. Natürlich bin ich inzwischen beides. Wie wir alle. Aber das muß nicht unbedingt etwas Schlechtes bedeuten.

Ich weiß mittlerweile, daß nichts im Leben einen Zweck hat, wenn es nicht letztlich einem anderen dient. Wir können den genialsten Stuhl anfertigen, aber wenn niemand darauf sitzen und ihn kaufen will, dann landet er unweigerlich auf der Müllhalde. Ein Leben ohne Berührung mit anderen ist einsam, traurig und leer. Und in diesem sehr weit gefaßten Sinn brauchen wir alle unsere Kunden.

Ich weiß inzwischen auch, daß man Kunden nicht auf der Straße findet und daß sie nur selten wiederkommen, wenn man sie einmal verloren hat. Wenn ich natürlich etwas bieten kann, das kein anderer hat, dann werden sie darum anstehen, und ich kann mich so beleidigend benehmen, wie ich will, und Wucherpreise verlangen wie ein Kartenhai in Wimbledon. Aber alle Monopole sind vergänglich. Vielleicht tauchen andere Kartenhaie auf, wenn schon kein neues Wimbledon in Sicht ist. Die Eisenbahn hat nur so lange ein Monopol, bis jemand eine Straße baut und einen Flughafen. Ich möchte kein vergänglicher Kartenhai sein.

Die zwei amerikanischen Berater Deming und Juran überzeugten die Japaner schon vor dreißig Jahren davon, daß zufriedene Kunden für das Unternehmen auf lange Sicht von Vorteil sind. Denn sie kommen wieder und bringen auch noch ihre Freunde mit. Versetzen Sie sich an ihre Stelle, meinten die beiden Berater, liefern Sie Qualität, seien Sie zuverlässig und geben Sie Versprechen, die Sie halten können. Das ist vielleicht am Anfang teuerer, aber Sie werden sich halten, wenn andere schon längst verschwunden sind, weil Sie von Ihren Kunden gebraucht werden. Das Rezept hat sich voll bezahlt gemacht.

Der Kunde begleitet uns

Meine erste Lektion lautete, daß wir unsere Klienten oder Kunden so behandeln müssen, als würden sie uns durchs Leben begleiten. Jeder Fehler rächt sich letzten Endes, also darf es keine Fehler geben. Früher hielt ich es für akzeptabel, wenn neunzig Prozent der Produktion den Anforderungen entsprachen, bis mich jemand fragte, ob ich mit einer Fluggesellschaft reisen würde, die sich einer neunzigprozentigen Erfolgsquote rühmte. Wir betrachten es als selbstverständlich, daß eine Fluglinie hundertprozentige Sicherheit anstrebt und sind schockiert, wenn sie es nicht schafft. Andererseits nehmen wir es hin, wenn sich die Post damit begnügt, daß nur neunzig Prozent der Normalbriefe am nächsten Tag zugestellt werden. »Null Defekte«, meint Crosby, der amerikanische Qualitätsexperte, »so muß der Standard für jedes moderne Unternehmen heißen.«

Wenn uns der Kunde begleitet, dann sollten wir besser auf ihn hören.

John, ein Freund, hatte in seinen Anfängen als Bilderrahmenhersteller mit einem besonders pingeligen Kunden zu tun. Immer wieder kam er in den Laden und verlangte diese oder jene Nachbesserung. Er brachte Beispiele anderer Arbeiten mit und fragte John, ob er es nicht genauso gut oder besser, aber billiger machen könnte.

»Immer dieser verfluchte Mr. Woolcroft«, beklagte er sich eines Abends bei seiner Frau. »Ein furchtbarer Mensch. Ich habe inzwischen soviel Arbeitszeit in seine Bilder reingehängt, daß ich ihm die Rahmen gleich hätte umsonst geben können. Keine müde Mark verdiene ich an dem.«

»Du Armer«, tröstete sie ihn. »Aber ich finde, daß deine Rahmen immer besser werden, seit er dich mit seinen ständigen Beschwerden auf Trab hält.«

»O ja, gelernt habe ich einiges von der Nervensäge.«

»Vielleicht solltest du ihn dafür bezahlen?« bemerkte sie mit einem schelmischen Lächeln.

»Sei bloß still! Schlaf lieber!«

Marks and Spencer zeigen sich als sehr anspruchsvolle Kunden gegenüber ihren zahlreichen Zulieferern. Sie legen die von ihnen gewünschten Standards fest, erteilen gute Ratschläge und schicken ihre eigenen Inspektoren zur Überprüfung der Arbeiten vorbei.

»Erscheint Ihnen das nicht als Zumutung?« fragte ich einen deutschen Textilhersteller.

»Ganz im Gegenteil«, antwortete er. »Wir sind sehr dankbar dafür. Wir können dadurch unsere Standards verbessern, und das bringt auch für den Rest unseres Unternehmens Vorteile.«

Wie sie auch aussehen, gute Produkte ziehen gute Kunden an, und gute Kunden halten Sie im Geschäft.

Der Kunde ist überall

Die zweite Lektion lautete, daß Kunden nicht nur die Leute im Supermarkt oder im Verkaufsraum sind oder Leute, die Anzeigen beantworten oder Pauschalreisen buchen. Alle Eltern sind die Kunden der Schule ihrer Kinder, alle Patienten sind Kunden des Arztes oder des Krankenhauses, alle Leser sind die Kunden des Autors, jeder Arbeitslose ist Kunde der Stellenbörse, und jeder Pendler ist Bahn- oder Buskunde. Doch diese Erkenntnis ist noch nicht bis zu allen vorgedrungen.

Kommen Sie um 14²⁰ Uhr ins Krankenhaus, hatte man mir gesagt. Die Zeit schien sehr genau, also kam ich pünktlich. Wie zwanzig andere, mit denen man die gleiche Zeit vereinbart hatte und die sich jetzt alle wie ich in ein kahles Wartezimmer setzen durften, bis ihr Name aufgerufen wurde. Nach einer Stunde erkundigte ich mich, wann ich an der Reihe war.

»Noch acht Namen vor Ihrem«, lautete die Auskunft.

»Und warum haben Sie mich für 14²⁰ herbestellt, wenn ich sowieso nicht vor 16⁰⁰ drankomme?«

»Wir können die Ärzte nicht warten lassen«, teilte sie mir mit. »Ihre Zeit ist kostbar.«

»Und was ist mit meiner Zeit?« wollte ich wissen.

»Ihre Zeit?« Sie sah mich ausdruckslos an. »Ich verstehe nicht.«

Ich gab es auf und setzte mich wieder ins Wartezimmer.

Viele Institutionen behandeln den Empfänger ihrer Dienstleistungen immer noch wie einen unerwünschten Querulanten. »Du hättest das Krankenhaus mal sehen sollen, bevor sie die Patienten reingelassen haben – alles blitzblank.« Oder sie betrachten sich als Monopolinhaber und verstehen ihre Dienste als besondere Gunst, für die man dankbar zu sein hat. Aber Organisationen mit einer solchen Einstellung schneiden sich ins eigene Fleisch. Wir alle brauchen Reaktionen auf unsere Arbeit, am besten natürlich verständnisvolle Reaktionen. Wenn niemand auf uns eingeht, dann wird die Arbeit zur freudlosen Tretmühle, die man schnellstmöglich hinter sich bringen möchte. Und nichts befriedigt uns so sehr wie die dankbare Reaktion eines Kunden, Klienten, Vaters, Studenten, Arbeitssuchenden, Behinderten, Obdachlosen, Kranken oder Armen, für den man etwas tun will.

In einem bestimmten Unternehmen dürfen die Arbeiter, die eine Werkzeugmaschine hergestellt haben, das Gerät persönlich an den Kunden ausliefern. Diese kleine Fahrt stört zwar den Ablauf in der Fabrik, aber dieser Nachteil wird mehr als wettgemacht durch die Wirkung auf die Moral der Belegschaft, die den zukünftigen Anwendern ihrer Produkte von Angesicht zu Angesicht gegenübertritt.

Dazu kommt noch, daß sie sich natürlich doppelt und dreifach vergewissern, um auch ja nicht mit einem Blindgänger beim Kunden zu erscheinen. Ein weiterer Vorteil besteht darin, daß niemand so gut wie sie dafür Sorge tragen kann, daß der Kunde das Gerät richtig montiert.

Der Kunde ist überall, nicht nur draußen. Als ich in einem großen Unternehmen anfing, stellte sich bei mir erst nach einiger Zeit die Erkenntnis ein, daß die meisten meiner Kunden ja in der Organisation saßen. Kollegen, andere Abteilungen. Wenn ich ihre Bedürfnisse und Wünsche ernst nahm, konnte ich ihnen und der Organisation von großem Nutzen sein. Nur dann machte ich meine Arbeit richtig. Es war wie eine Offenbarung für mich. Ich arbeitete damals in der Ausbildungsabteilung. Bis dahin hatte ich meinen Job als die Durchführung einer Reihe von Kursprogrammen aufgefaßt. Jede Abteilung sollte in jeden Kurs einen Vertreter entsenden. Dazu mußte ich sie immer wieder erinnern und beknien. Kein Wunder, daß ich mich mit meiner ständigen Nörgelei unbeliebt machte. Aber für mich waren die Abteilungen auch keine Kunden, sondern Magazine, die das Rohmaterial für meine Kurse speicherten – Magazine mit schwer beweglichen Türen allerdings. Dank meiner neuen Einsicht vereinbarte ich mehrere Treffen, in denen ich die Abteilungen um ihre Hilfe bei der Gestaltung effektiverer Programme bat. Außerdem ersuchte ich sie um die Möglichkeit von Vorbesprechungen mit den jeweiligen Kunden – den zukünftigen Kursteilnehmern. Alle Blockaden verschwanden. Bald waren die Kurse überfüllt. Das positive Echo verstärkte sich, die Kurse gewannen an Ansehen, und ich wurde befördert.

Ob im Büro, im Laden oder zu Hause, jede Arbeit läßt sich als kundenorientiert begreifen. Jeder erwartet etwas von uns – oft als Gegenleistung. Nehmen wir sie als Kunden auch wirklich ernst? Versuchen wir herauszufinden, was ihren Bedürfnissen am meisten entgegenkommt? Versuchen wir unser Verhalten ihren Wünschen anzupassen? Bemühen wir uns um Reaktionen und Urteile zu unserer Arbeit? Sprechen wir mit ihnen über den stillschweigend vorausgesetzten Vertrag: Wenn ich das mache, dann machst du jenes?

Dem Buchhalter mag es seltsam erscheinen, den Fachgebietsleiter als Kunden und nicht als Feind zu betrachten, aber die veränderte Perspektive kann zu einer völlig neuen Einstellung führen. Im Urlaub koche ich, weil es mir Spaß macht. Teilweise, weil ich für meine Freunde und Familie koche. Sie sind meine Kunden. Ich will sie zufrieden und glücklich sehen. Das klappt auch. Und ihre Zufriedenheit fördert meine. Kochen bleibt für mich ein Vergnügen, obwohl es recht leicht zum Routinejob werden könnte.

Der Kunde kommt zuerst

Früher dachte ich, daß man dem Erfinder einer besseren Mausefalle über kurz oder lang die Tür einrennt. Zuerst kommt das Produkt, und dann verkauft man es, wenn man muß. Ich erinnere mich noch an die allgemeine Betretenheit an der Universität, als die Berufung eines Marketingmanagers angeregt wurde. »Damit würden wir unser Versagen öffentlich eingestehen«, ereiferte sich ein Professor. »Die Welt würde erfahren, daß unsere Kurse nur spärlich besucht sind.«

Kluge Unternehmen gestalten ihre Produkte im Hinblick auf die erwünschte Kundschaft. Sie halten Ausschau nach ihrer ›Marktnische‹, nach einem besonderen Produkt für einen speziellen Kundentyp. Diese Politik zwingt sie jedoch, den Kontakt zu potentiellen Kunden zu suchen und sich von ihnen in ihrem Denken beeinflussen zu lassen. Kluge Schulen, Krankenhäuser, Wohlfahrtseinrichtungen handeln genauso. Wenn sie die richtigen Kunden ausfindig machen und auf sie hören, dann verkauft sich auch ihr Produkt. Im Wirtschaftsjargon: Gutes Marketing erleichtert den Verkauf.

Nicht alle Organisationen zeigen solche Umsicht. Noch vor wenigen Jahren fand ich am Tor einer Grundschule folgenden Anschlag: »Ab hier kein Zutritt für Eltern.« Ich erkundigte mich nach dem Grund. »Weil sie sich nicht hineinziehen lassen wollen, und wir wollen sie auch nicht hineinziehen, das macht alles nur komplizierter.« Kein Wunder, daß man sinkende Anmeldungen zu beklagen hatte. Es gibt nicht mehr viele Schulen, die sich so verhalten, aber noch genügend Krankenhäuser, die ihre Patienten als Produkte und nicht als Kunden behandeln. Immer noch betrachten Beamten die wartenden Schlangen als Bittsteller und nicht als Kunden, die ihre Dienstleistungen in Anspruch nehmen wollen. Und auch in manchen Geschäften begegnet man dem Käufer nach dem Motto: »Wenn's dir nicht paßt, dann laß es.« In solchen Organisationen interessieren die Ansichten des Kunden nicht – sie stören nur.

»Warum muß mich eigentlich die englische Eisenbahn ständig als Kundin bezeichnen?« beschwerte sich Wendy. »Ich bin Fahrgast. Und beim Arzt bin ich Patientin, und für die Schule meines Sohns bin ich die Mutter, und keine Kundin, verdammt noch mal.«

»Was ist denn daran so schlimm?«

»Es klingt, als hätten sie es alle nur auf mein Geld abgesehen«, sagte sie. »Alle schielen anscheinend nur noch aufs Geld.«

»Du täuschst dich«, sagte ich. »Mit dem Wort Kunde wollen sie betonen, daß sie dir für dein Geld den entsprechenden Gegenwert geben wollen, daß sie versuchen, deine Interessen zu berücksichtigen, dich ernst zu nehmen und nicht wie ein Frachtgut oder wie eine Nummer im Wartezimmer zu behandeln.«

»Fast hätte ich's dir geglaubt«, sagte sie.

Worte sind trügerisch. Klüger wäre es wohl, Taten sprechen zu lassen, bevor wir die Sprache verändern.

Besonders Experten können sich schlecht damit anfreunden, daß Laien in irgendeiner Form Einfluß auf ihre Tätigkeit nehmen sollen. Die meisten Museen sind immer noch nach den Vorstellungen von Fachleuten eingeteilt. Wenn ein neuer Direktor die Ausstellungsflächen neu organisiert, um sie auch einem Laienpublikum zugänglich zu machen, muß er sich den Vorwurf gefallen lassen, den Anspruch des Museums populistischen Forderungen preiszugeben. Und so ist es nicht nur in Museen, sondern praktisch überall. So muß es sein, sagt der Experte, ich kann meine Maßstäbe doch nicht durch Kompromisse aufs Spiel setzen.

Manchmal hat er recht. Die Fertigungsabteilung sollte bei Sicherheits- und Qualitätsstandards keine Kompromisse schließen, damit der Verkaufsleiter – also *ihr* Kunde – niedrigere Preise ansetzen kann. Bisweilen nehmen es die Experten in Kauf, daß ihre Lösung nur bei einer winzigen Minderheit auf Anklang stößt. Aber sie ziehen diese minimale Marktnische vor. Die Frage in diesem Fall sollte nicht lauten, welcher Weg der bessere ist, sondern welchen Kundentyp man will. Diese Entscheidung muß stets zuerst fallen, nicht zuletzt.

Die großen Pläne und umfassenden Unternehmensstrategien müssen mit Entscheidungen über Kunden beginnen. Wie viele wollen wir, was möchten sie, und was werden sie zahlen? Wo finden wir sie? Wie sehr unterscheiden sie sich voneinander, wie viele Unterschiede können wir tolerieren? Eines nicht so fernen Tages wird vielleicht jeder Kunde sein maßgefertigtes Produkt in Empfang nehmen können. Heute schon rollen von den Massenproduktionsbändern Autos, die sich alle voneinander unterscheiden; jedes maßgefertigt, um dem Käufer die Wahl der Ausstattung, der Extras und der Farbe zu überlassen. Mit den zig Wahlmöglichkeiten im Kabel- und Satellitenfernsehen kann jeder einzelne seine eigenen TV-Vorlieben ausleben, und jedes Programm nimmt ein genau umrissenes Publikum ins Visier. Dann hat es keinen Zweck mehr, den besten Dokumentarfilm zu produzieren, wenn ihn keiner sehen will. Es wird tatsächlich immer mehr so sein, daß der Kunde zuerst kommt.

Früher schrieb ich Bücher, um Kollegen und Konkurrenten meinen Scharfsinn zu beweisen. Sie verkauften sich nicht, und auch die Kollegen zeigten sich eher unbeeindruckt. Heute schreibe ich im Hinblick auf ein besonderes Publikum. Meine Kollegen ziehen immer noch über mich her. »Akademiker als Populärwissenschaftler und Journalist«, schimpfen sie. Frei nach dem alten lateinischen Sprichwort entgegne ich ihnen: »Wenn ich geschwiegen hätte, dann wäre ich zwar ein Philosoph geblieben, aber hätte ich dann auch etwas verkauft?« Ich entschied mich einfach für einen anderen Kunden. Hätte ich nach akademischem Ruhm gestrebt, dann hätte ich auch weiterhin für die fünf oder sechs eventuell interessierten Experten schreiben können. Ich habe es mir anders überlegt. Die Wahl des Kunden kommt immer zuerst.

Einige Fragen zum Nachdenken und Diskutieren

Eine gute Organisation setzt voraus, daß Sie sich über Ihre Kunden Klarheit verschaffen.

1 Listen Sie die verschiedenen Kunden-/Kliententypen Ihrer Organisation auf. Kommen auch noch andere in Frage? Wer?

2 Wie ernsthaft kümmert sich die Organisation um diese Kunden? Geben Sie Beispiele (Forschung, Reaktionen, Besuche). Ließe sich noch mehr machen? Wenn ja, was?

3 a) Wer sind Ihre internen Klienten?
  b) Wissen Sie, was sie von Ihnen erwarten?
  c) Entsprechen Sie diesen Erwartungen?
  d) Wie könnten Sie sich noch ernsthafter auf ihre Wünsche einstellen?

»Wenn du dir einen Job suchen mußt, dann enttäuschst du mich«, sagte ich neulich zu meiner jungen Tochter. Sie sah mich erschreckt an.

»Aber ich dachte, du magst keine Leute, die absichtlich keine Arbeit finden«, erwiderte sie. »Sozialschmarotzer hast du sie einmal genannt.«

»Ich habe nicht gesagt, daß du nicht arbeiten sollst. Ich will nur, daß du dir *Kunden* suchst und keinen Job. Wenn du etwas kannst oder machst, wofür die Leute gutes Geld zahlen, dann baut dich das auf. Du hast dein Leben selbst in die Hand genommen und bist von anderen unabhängig. Und das Seltsame ist, wenn du Kunden findest, dann werden dir viele Leute nachlaufen und dir einen Job anbieten. Fragt sich nur, ob dir ein Job dann nicht stinklangweilig vorkommt.«

»Ich weiß nicht, ob sich meine Talente verkaufen lassen«, bemerkte sie kläglich.

»Natürlich lassen sie sich verkaufen. Du hast eben nur an Jobs und Qualifikationen gedacht. Denk lieber mal an Kunden, und du wirst staunen, was dir alles an möglichen Angeboten einfällt.«

18

Den Neugierigen gehört die Welt

»Da ich aber ein Mann ward«, schrieb Paulus vor fast zweitausend Jahren an die Korinther, »tat ich ab, was kindlich war.« Zum Beispiel diese ewige Lernerei, dachte ich, als ich diese Worte zum ersten Mal hörte, und all die Unannehmlichkeiten des Schullebens: Kleider, die man nicht tragen wollte, Essen, das man normalerweise nicht anrühren würde, kalte Räume und Klassentyrannen. »Nie wieder«, rief ich, als ich zum letzten Mal aus dem Schultor trat. Kein Auswendiglernen von Daten und Fakten und Zahlen mehr, keine stotternden Versuche mehr, die Antwort aus dem Lösungsheft zu erraten, keine Formeln oder Tafeln oder Vokabeln mehr. Das Lernen war vorbei. Ich war ein Mann.

Natürlich hatte ich unrecht. In zweifacher Hinsicht sogar. Das Lernen fing jetzt erst so richtig an. Aber nicht die Sorte, die ich gewöhnt war. In der Schule wußte ich zumindest eines mit Sicherheit: daß jedes Problem schon von jemandem gelöst worden war. Die Antworten auf die meisten Fragen hatte der Lehrer im Kopf, oder sie standen in seinem Lehrbuch. Und wenn nicht, dann mußte sie jemand anderer parat haben. Daraus ergab sich für mich als eindeutige Botschaft, daß ich mich angesichts unbekannter Probleme einfach an einen im Normalfall älteren oder erfahreneren Experten zu wenden hatte.

Eine lähmende Botschaft. Als ich mich endlich von ihr freimachen konnte, war ich ungefähr fünfunddreißig, ein bescheidener, alles in allem fügsamer, aber langweiliger Laufbursche. Ich war mir meiner Fähigkeiten nicht bewußt und bezweifelte manchmal, ob ich überhaupt welche hatte. Ich hatte ›gelernt‹, daß Leute in höherer Stellung unbedingt mehr wußten als ich und immer recht hatten. Ich hatte mir eine Einstellung der *Dummheit* – meiner Dummheit – zugelegt, statt mir eine Haltung der *Neugier* zur Gewohnheit zu machen.

Wir alle glauben zu wissen, wie wir lernen. Man könnte sogar sagen, daß sich tief in uns drinnen eine unausgesprochene und unerkannte *Theorie des Lernens* verbirgt. Leider handelt es sich oft um die falsche. Eine mögliche falsche Theorie habe ich gerade angedeutet. Man könnte sie als die ›Schwammtheorie‹ bezeichnen. Sauge alle Kenntnisse und Fähigkeiten auf, die über dir ausgeschüttet werden. Dann quetschst du dich aus, um alles zu reproduzieren, auch wenn dabei das eine oder andere auf der Strecke bleibt. »Heute lernen wir das«, pflegte mein alter Lehrer zu sagen und schrieb etwas an die Tafel. Wir mußten es abschreiben, auswendig lernen und eines Tages wiedergeben. Wer vierzig Prozent davon wiederkäuen konnte, hatte das Klassenziel erreicht.

Doch eines Tages kam ich zu einer blitzartigen Erkenntnis, die mein ganzes Leben veränderte. Lernen funktioniert ganz anders. Man kann es sich als ein Rad vorstellen, das von immer neuen Stößen in Bewegung gehalten wird. Mit der Bewegung des Rads lernen und wachsen wir. Je schneller es sich dreht, desto schneller wachsen wir. Das mag banal klingen, aber die daraus ableitbaren Lehren spielen eine entscheidende Rolle für unsere Entwicklung und die Effektivität von Organisationen.

So sieht das Rad des Lernens aus:

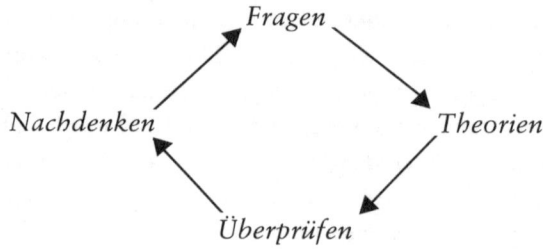

Fragen

Das Rad des Lernens wird von Fragen in Bewegung gesetzt, die der reinen Neugier entspringen oder dem Zwang, etwas in Erfahrung zu bringen. Wer keine Fragen stellt, bekommt auch keine dummen Antworten. Stimmt vielleicht, aber sein Wissen über die Welt kann er damit nicht erweitern. Kinder platzen vor Neugier, und es heißt nicht umsonst, daß man die Hälfte seines Wissensschatzes schon mit sieben erworben hat. Liegt das nun daran, daß man die Gewohnheit der Neugier mit den Jahren ablegt, oder vielleicht daran, daß man sie uns ausprügelt?

Theorien

Fragen brauchen Antworten oder zumindest mögliche Antworten in Gestalt von Theorien. Das müssen keine großartigen naturwissenschaftlichen Formeln sein, sondern nur ›Weil‹-Aussagen. »Wasser kocht, weil es 100° C erreicht hat« ist eine durchaus akzeptable Arbeitstheorie. (Sie könnte natürlich ihrerseits die Anschlußfrage herausfordern, weshalb es bei 100° C kocht; aber auch so kann sie als Ausgangspunkt für weitere Überlegungen dienen.) Theorien werden von Kenntnissen gespeist und von Ideen vorangetrieben. Theorien ohne Wissen sind Zeitverschwendung und können sogar Schaden anrichten, weil sie in eine völlig falsche Richtung führen. Einerseits stellt die Theoriestufe im Lernprozeß daher

192

eine Rechtfertigung meiner Schulerfahrungen dar. Andererseits vergißt man Theorien, die keine Fragen beantworten, sofort wieder. Sie bleiben nicht hängen und werden nicht gespeichert.

Überprüfen

Die Richtigkeit von Theorien muß man anhand von Tests überprüfen. Ohne Tests bleiben sie bloß interessante Ideen oder schlicht Träume. Und »Träume beflügeln nur Narren«, wie meine Kinder mich oft ermahnen. Deswegen fällt der Gelegenheit zur Praxis hier eine entscheidende Rolle zu. Ich kann noch so viele Bücher über Maurerarbeiten lesen, aber ohne den Mörtel anzumachen und die Ziegel aufeinanderzulegen, lerne ich nie, wie man eine Mauer baut – wie ich zu meinem Leidwesen erfahren mußte. Bücherwissen wird von Realisten und Pragmatikern als Teilersatz für das Echte verspottet. Sie haben recht, wenn sie es nur als Teil ansehen, aber unrecht, wenn sie es als völlig überflüssig abtun, weil Tests ohne wohlbegründete Ideen und Theorien lediglich auf Zufallsexperimente hinauslaufen. Sicherlich kann jemand, der in ein Auto steigt und einfach ein paar Knöpfe und Pedale drückt, herausfinden, wie man es fährt, aber als Fußgänger möchte ich ihm im Dunkeln nicht begegnen!

Nachdenken

Das letzte Stadium des Rades, das Nachdenken, sorgt dafür, daß sich das Erlernte im Verstand festsetzt. Unter Umständen in einem völlig unbewußten oder automatischen Prozeß, der sich so spontan abspielt, daß der Ausdruck Reflexion viel zu hoch gegriffen scheint. Geht der Schuß weit links am Ziel vorbei, dann zielt man beim nächsten Versuch automatisch weiter nach rechts. Eigentlich stellt jede Handlung die Überprüfung einer Annahme dar. Wenn sie nicht stimmt, dann sollten wir fragen weshalb, die Hypothese modifizieren und einen neuerlichen Versuch unternehmen. Nur unserer eigenen Trägheit haben wir es schließlich zuzuschreiben, wenn wir nichts dazulernen.

So gesehen erscheint der Prozeß des Lernens – fragen, Theorien aufstellen, überprüfen und nachdenken – eher selbstverständlich und uninteressant. Aber man kann recht leicht in dem einen oder anderen Stadium des Rades steckenbleiben oder voreilige Abkürzungen einschlagen.

> Daniel war der ›Spürhund‹ der Organisation. Er konnte überall ein Problem finden, oder wenn nicht, dann zumindest ein Verdachtsmoment und bestimmt eine Frage. Man konnte sein Hemd darauf verwetten, daß Daniel eine der Aussagen einer Präsentation kritisierte und als erster die Frage stellte: »Aber sollten wir nicht besser...?« Niemand konnte seine Fragen einfach als irrelevant abtun, aber da er sich für Antworten auf seine Fragen grundsätzlich nicht zuständig fühlte, wurden seine Einwände normalerweise nur noch mit einem allgemeinen Aufstöhnen begrüßt und im Lauf der Zeit einfach ignoriert. Daniel war von Natur aus ein ›Zweifler‹, aber niemand zollte ihm dafür Anerkennung, weil er in diesem Stadium des Rades festhing.
>
> Auriol war die Abteilungsexpertin. Kein Eingeweihter war so dumm, einen Kundenvorschlag vorzulegen, ohne sich mit ihr ins Benehmen zu setzen. Nicht nur verfügte sie über eine Kartei, in der die meisten Leute erfaßt waren, sondern auch über die Fähigkeit, einige der Karteikarten zusammenzulegen und damit eine völlig neue Idee oder einen anderen Ansatz zu entwickeln. »Sprechen Sie mit Auriol«, erklärte man dem Anfänger, »aber fragen Sie sie nicht, was Sie tun sollen. Für Entscheidungen hat sie nichts übrig.« Sich auf eine Idee festzulegen bedeutete für Auriol, daß sie die anderen aufgab. Also überließ sie die Überprüfung ihrer Ideen anderen. Auch das Fragenstellen war nicht unbedingt ihre Stärke. Sie reagierte lieber auf andere. Die geborene Akademikerin, sagte man allgemein und beförderte sie nicht. Auch sie steckte auf ihrer Stufe im Rad fest.

»Damit begibst du dich doch auf das Niveau eines Journalisten«, spötteltеn meine akademischen Freunde, als ich großes Interesse an der Frage erkennen ließ, ob meine Ideen von Organisationsangehörigen tatsächlich aufgegriffen wurden und einige von deren entscheidenden Fragen beantworten konnten. Einem Akademiker erscheint der Journalist als jemand, der alles ins Triviale zieht, dem mehr an der Wirkung als an der

Wahrheit liegt und dessen Arbeitsweise jeder Wissenschaftlichkeit hohnspricht. Umgekehrt gilt auch für den nicht weniger stolzen Berufsstand der Journalisten die Bezeichnung Akademiker als Beschimpfung. Dem Betroffenen gibt man damit zu verstehen, daß er weltfremd ist und irgendwelchen Ideen und Kenntnissen um ihrer selbst willen nachjagt, ohne sich darum zu kümmern, ob die Sache auch für andere interessant sein könnte. Alles hängt also davon ab, welchem Teil des Rades man seine Aufmerksamkeit schenkt.

Aber diese Räder können auch *gebremst* werden. Und leider gibt es Organisationen und Familien, in denen die Bremse anscheinend ständig angezogen ist. Eine der Bremsen hat den Namen ›Sie-Syndrom‹. Damit ist das Gefühl gemeint, daß jemand anderer dafür zuständig ist, die Probleme zu bewältigen und das eigene Schicksal in die Hand zu nehmen.

Mary hatte sich von ihrem Mann scheiden lassen, einem Soldaten.

Ich fragte sie, wohin sie ziehen wollte, als sie die Wohnung auf dem Militärgelände verließ.

»Das haben sie mir noch nicht gesagt«, erwiderte sie.

»Wer sind ›sie‹?« wollte ich wissen.

»Ich glaube, das haben sie mir auch noch nicht gesagt«, meinte sie spitz, verärgert über meine Dummheit.

Ich lachte. Vor vielen Jahren reagierte ich ganz ähnlich. Ich wartete vor der Personalabteilung meiner Ölgesellschaft, als ein alter Freund vorbeikam.

»Worauf wartest du?« fragte er.

»Um zu sehen, was sie für mich in petto haben«, erwiderte ich.

»Laß dir einen guten Rat geben. Verlaß dich nicht auf ›sie‹, wer ›sie‹ auch sein mögen. Um deine Zukunft mußt du dich schon selbst kümmern.«

Ich folgte seinem Rat und lernte, stellte Fragen, suchte nach Ideen und Gelegenheiten, sie zu testen – ich hatte das Rad in Gang gesetzt.

Es ist nicht weiter schwer, Neugier zu bremsen. Ob sie nun als unverschämt, als frivol oder als Zeitverschwendung diffamiert wird – den Mächtigen kommen anderer Leute Fragen nur selten gelegen. Gleiches gilt für neue Ideen, es sei denn, es handelt sich um die eigenen. Organisationen, die auf geordnete Abläufe im Sinne *ihrer* Ideen drängen, die bedingunslosen Gehorsam und Disziplin verlangen und ihren Angehörigen kaum Spielraum zur Überprüfung neuer Wege und Gedanken einräumen, halten das Rad des Lernens an.

Meine erste Stellung in Malaysia war eigentlich keine richtige Arbeit. Ich war angewiesen, alle Depots und Büros des Unternehmens aufzusuchen und mich über die dortigen Arbeitsabläufe zu informieren. Außerdem sollte ich nach Möglichkeit Bekanntschaften schließen und dann in der Zentrale Bericht erstatten. Ich wollte unbedingt einen guten Eindruck hinterlassen und freute mich sehr, als ich auf eine Lücke in der Vertriebslogik stieß oder das, was ich dafür hielt. Ich rechnete nach, und siehe da, der Vertrieb von Paraffin ließ sich unverpackt in Güterwaggons tatsächlich viel rationeller abwickeln als in Büchsen und mit Lieferwagen. Es bedurfte nur einer geringfügigen Invetion für neue Einrichtungen. Ich legte dem Geschäftsleiter in Singapur meinen Bericht und meinen Vorschlag vor. Er würdigte ihn kaum eines Blickes.

»Wie lange sind Sie schon hier, Handy?« fragte er.

»Sechs Monate, Sir«, gab ich zurück.

»Und wie lange arbeitet die Gesellschaft schon hier?«

»Fünfzig Jahre, glaube ich, Sir.«

»Zweiundfünfzig, um genau zu sein. Und Sie denken also wirklich, daß Sie in Ihren sechs Monaten eine Verbesserungsmöglichkeit gefunden haben, auf die wir in zweiundfünfzig Jahren noch nicht gestoßen sind?«

»Äh, wohl kaum, Sir. Entschuldigen Sie, Sir.«

Damit war die Audienz beendet. Zusammen mit meiner Neugier hatte man jegliches Interesse an neuen Ideen und ihrer Überprüfung im Keim erstickt. Wenn ich mich recht besinne, widmete ich mich danach vorwiegend dem gesellschaftlichen Leben. Aber ich war mir sehr wohl darüber im klaren, daß ich nichts mehr lernte. Laut knirschend war das Rad zum Stillstand gekommen.

Lernwilligkeit setzt *Nachsicht* voraus. Ich fragte ein Vorstandsmitglied einer besonders dynamischen amerikanischen Bank nach dem Geheimnis seiner Personalpolitik. Nachsicht, sagte er und sah mir fest in die Augen – ein Hüne von einem Mann. Ich sah ihn wohl ein wenig entgeistert an. »Na klar«, erklärte er mir, »wir müssen unseren Jungs großen Entscheidungsspielraum geben, wir können einfach nicht über alles, was sie machen, Buch führen. Wir erwarten von ihnen Fragen, neue Ideen, Risikobereitschaft und eigene Urteile. Und manchmal hauen sie eben daneben. Natürlich. Dann zeigen wir Nachsicht, wenn wir den Eindruck haben, daß sie etwas daraus gelernt haben. Aber damit wir uns nicht falsch verstehen«, fügte er hinzu, »wir hatten auch mal einen, der es fertig gebracht hat, unser halbes Eigenkapital an Brasilien zu verleihen. Dem haben wir natürlich nicht verziehen!« Zu viele Organisationen vergeben und vergessen nicht, ohne zu ahnen, daß sie damit das Rad bremsen. Lernen braucht Freiraum. Raum zum Testen und die Freiheit, Fehler zu machen.

Lernwilligkeit setzt auch einen *gesunden Egoismus* voraus. Damit meine ich nicht, daß man sich immer und überall vordrängen soll. Eher denke ich dabei an ein Verantwortungsbewußtsein sich selbst gegenüber und genügend Selbstvertrauen, um daran zu glauben, daß man seine Ziele im Leben erreichen kann.

Vieles deutet darauf hin, daß diejenigen am besten lernen, die:

a) die Verantwortung für sich selbst und ihre Zukunft übernehmen;

b) eine klare Vorstellung vom Aussehen dieser Zukunft haben;

c) dafür sorgen wollen, daß sie dieses Ziel erreichen und

d) auch daran glauben.

Sie überlassen ihre Zukunft nicht einer anonymen Instanz mit dem Namen ›sie‹; sie drehen selbst am Rad ihrer Lebensgeschichte.

Allmählich bin ich zu der Erkenntnis gelangt, daß Lernen nicht das ist, wofür ich es in der Schule hielt. Lernen heißt *nicht* nur, daß man die richtigen Antworten kennt. Es ist nicht dasselbe wie Ausbildung und Studium, die meist nur Antworten auf anderer Leute Fragen bieten. Lernen umfaßt mehr.

Ein Lernprozeß vollzieht sich *nicht* automatisch, sozusagen im Vorbeigehen. Er erfordert Energie, Nachdenken, Mut, Selbstvertrauen und Unterstützung. Viele geben das Lernen schon frühzeitig auf und wachsen nicht mehr.

Lernen läßt sich *nicht* mit Prüfungen messen, die nur das theoretische Stadium testen, sondern an der Erfahrung, die aus der Überprüfung und dem daraus entstehenden Verständnis erwächst.

Lernen heißt *nicht*, daß man herausfindet, was andere längst wissen, sondern daß man seine eigenen Probleme löst. Man fragt und forscht und prüft und denkt nach, bis die Antworten in Fleisch und Blut übergegangen sind. Nur so wachsen wir und entfalten all unsere Fähigkeiten.

Organisationen, die das Rad des Lernens unterstützen, die Geschmack finden an Neugier, an Fragen und Ideen, die Freiraum gewähren für Experimente und Reflexion, die Fehler verzeihen und Selbstvertrauen fördern, sind lernende Organisationen, die auf einen Wettbewerbsvorteil bauen können, den ihnen niemand stehlen kann.

Menschen, die voller Willenskraft und Selbstbewußtsein am Rad des Lernens drehen, haben am meisten vom Leben, auch wenn sie bisweilen anecken, weil sie ihr Schicksal selbst in die Hand nehmen. Erst als ich das allmählich begriff, begann mein Leben Früchte zu tragen. Ich wünschte nur, es wäre ein bißchen früher passiert.

Einige Fragen zum Nachdenken und Diskutieren

Gute Organisation setzt voraus, daß man das Beste aus sich und anderen macht und daß der Lernprozeß wirklich gefördert und ermuntert wird.

1 Versuchen Sie sich an einen Fall zu erinnern, in dem das Rad des Lernens für Sie eine volle Umdrehung gemacht hat – am Anfang eine Frage und am Ende das Nachdenken über die Ergebnisse. Besinnen Sie sich jetzt eines Beispiels, in dem der Ablauf vorzeitig zum Stillstand kam.
   a) Können Sie die Gründe für den Stillstand benennen?
   b) Können Sie erklären, welche Umstände zu dem erfolgreichen Durchlauf führten?

2 Wenn Sie Ihre eigene Organisation oder Ihre Familie betrachten, gibt es Bremsen, die gelöst werden sollten?
   a) Wer lernt nicht so gut, wie es seinen Möglichkeiten entspricht? Weshalb?
   b) Wie könnte man mehr Neugier, mehr Ideen, mehr Praxis und mehr Gedanken auslösen – also das Rad in Schwung bringen?

3 Stellen Sie sich dieselben Fragen zu anderen Mitgliedern Ihrer Gruppe. Wie schneiden ihre Antworten im Vergleich zu Ihren ab? Welche Maßnahmen könnten Sie als Gruppe und unabhängig von der Organisation ergreifen?

4 a) Wo müssen Sie *persönlich* jetzt mehr unternehmen und wo weniger?
   b) Was würde Ihnen bei der Veränderung helfen?
   c) Mit wem sollten Sie sprechen?

Meine erste Stellung trat ich in Kuala Lumpur an, der Hauptstadt Malaysias. Die Hauptgeschäftsstelle beschäftigte damals ungefähr hundertfünfzig Leute und unterhielt weitere fünf Zweigniederlassungen. Ich war ein vollkommener Anfänger und kam ohne den Hauch einer Ahnung direkt aus England.

Ian war der fünfunddreißigjährige Generaldirektor, ein ungewöhnlicher Schotte, angeblich geradezu prädestiniert für höhere und höchste Aufgaben. Er wollte mich sofort sehen.

»In Ihrem ersten Monat hier«, sagte er, nachdem er mich herzlich begrüßt hatte, »werden Sie in diesem Zimmer dort drüben in der Ecke sitzen und sich so unauffällig wie möglich benehmen. Sprechen Sie nicht, wenn jemand außer mir im Zimmer ist, und gehen Sie auch auf keinen Fall raus, gleich, was passiert. Sie werden in diesem Monat mehr über unser Geschäft erfahren, wenn Sie mich beobachten, als wenn Sie bei irgendeinem Schreibtischhengst rumsitzen. Und ich werde auch etwas lernen, weil ich Ihnen erklären muß, was passiert und warum ich so und nicht anders handle. Wenn wir allein sind, können Sie mich alles fragen, was Ihnen in den Kopf kommt. Und noch etwas, führen Sie ein Tagebuch über Ihre Eindrücke, Fortschritte, Vorsätze. Sozusagen als Monatsbericht, nur daß ich ihn nicht lesen möchte. Er wird Ihnen als Ihr ganz persönlicher Bericht dienen.«

Es war ein faszinierender Monat. Ich wurde Zeuge einer Verhandlung mit der Gewerkschaft, der Entlassung eines Verkaufsmanagers wegen Untreue, der Planung einer neuen Raffinerie – und vieler anderer kleiner Vorfälle. Außerdem lernte ich zwangsläufig einige entscheidende Managementlektionen. Die wichtigste hieß: Vertrauen.

Eines Tages, notierte ich in mein Tagebuch, werde ich einem jungen Menschen so vertrauen wie Ian mir.

19
Massenweise Kleeblätter

Vor dreißig Jahren in einer großen Ölgesellschaft. Ich sollte im Ausland einen neuen Posten übernehmen. Ich stand vor einem ereignisreichen Tag. Ein Termin beim Arzt, das heißt beim Betriebsarzt im achtzehnten Stock, dann ein Besuch bei der Reiseabteilung im zweiten Stock, um meine Visa und Flugkarten abzuholen, die dort für mich bereitlagen, eine Stippvisite bei der Einkommensteuerabteilung (Personal) im dritten Stock, um ein paar Formulare für die Steuerbehörden und die Sozialversicherung zu unterschreiben, die von unseren Steuerspezialisten vorbereitet worden waren, und schließlich eine Sitzung mit der Wohnungsabteilung, die eine Woche später ihre Leute zur Inspektion in mein bescheidenes Appartement schicken wollte, um es für mich zu vermieten.

Damals ein ganz normaler Vorgang. Große Unternehmen unterhielten für alles eigene Dienste. Wenn man etwas kontrollieren wollte, dann mußte man es besitzen. Allen wurde dadurch das Leben erleichtert. Alles konnte hausintern abgewickelt werden, von Mitarbeitern desselben Unternehmens, dem sie wie eine große Armee in Loyalität verbunden waren. Tatsächlich beschäftigte diese Ölgesellschaft damals weltweit doppelt so viele Menschen wie die britische Armee.

Das war freilich nicht gerade billig. Das Unternehmen zahlte gut, und diese Leistungen bezogen sich auf Sachbearbeiter aus der Reiseabteilung nicht weniger als auf Geologen, die im Dschungel nach Öl forschten.

Außerdem war es nicht gerade rationell. Diese internen Dienstleistungsbetriebe agierten wie kleine Monopolinhaber. Sie mußten ihre Kosten nie mit anderen Unternehmen vergleichen. Sie hatten keine Preise und liefen lediglich als Teil der Gemeinkosten des Unternehmens. Und die Gesellschaft störte sich auch nicht weiter daran, solange man diese Kosten über die Produktpreise wieder hereinholen konnte.

Es war meine erste richtige Stellung in der Hauptgeschäftsstelle der Region Südostasien des Unternehmens. Ich sollte die Preise für alle Schmieröle festsetzen, die das Unternehmen in diesem Teil der Welt absetzte. Allem Anschein nach eine überaus wichtige Aufgabe. Aber bald mußte ich einsehen, daß es ein Kinderspiel war. Ich erhielt eine Aufstellung aller Kostenarten, die im Preis erschienen. Eine Liste für jede Sorte Öl. Dann holte ich mir in der Buchhaltung die aktuellen Zahlen für jeden Posten, zählte sie zusammen und trug den letzten Punkt auf der Liste ein: »Gewinnspanne: 15 %.« Abschließend mußte ich nur noch die Gesamtkosten und die Gewinnspanne zusammenrechnen, und schon hatte ich den Preis.

»Aber heißt das nicht«, fragte ich den Verkaufsmanager, »daß der Profit um so höher ausfällt, je höher unsere Kosten sind?«

»Natürlich«, antwortete er, »aber so dürfen Sie das nie formulieren. Wir holen nur unsere Kosten herein und verlangen einen geringfügigen Aufschlag. Klingt doch viel besser, oder?«

Das war meine erste Erfahrung mit einem Monopolisten.

Auch diese Branche wurde von der Konkurrenz ereilt, als weltweit das Angebot die Nachfrage zu übersteigen begann. Heutzutage erhalten Unternehmen Vorzugsbedingungen von ihren Reisebüros, die aber nicht mehr dem Betrieb angehören. Meine Nachfolger müssen ihren eigenen Arzt konsultieren, ihren eigenen Steuerberater aufsuchen und ihre eigenen Formulare ausfüllen. Solche Dinge fallen nicht mehr unter die Gemeinkosten eines Unternehmens, es sei denn, man erfreut sich immer noch einer Monopolstellung.

Unternehmen gleichen immer mehr einem Kleeblatt. Das soll heißen, daß es heute in praktisch jeder Branche drei sehr verschiedene Typen von Mitarbeitern gibt, die man aber immer noch als eine zusammenhängende Einheit betrachten muß.

Die drei Kleeblätter repräsentieren:
– die Stammbelegschaft;
– das Vertragsumfeld und
– flexible Arbeitskräfte.

Jedes der drei grundverschiedenen Kleeblätter ist unverzichtbar und Teil eines größeren Ganzen. Jedes Unternehmen steht heute vor der Schlüsselentscheidung, Fachbereiche und Personal den einzelnen Teilen zuzuweisen. Dieser Prozeß vollzieht sich auch in immer mehr Organisationen außerhalb des Erwerbslebens, weil auch sie dem wachsenden Konkurrenzdruck und den ökonomischen Realitäten Tribut zollen müssen.

Die Stammbelegschaft

Die Stammbelegschaft besteht aus den für das Unternehmen wesentlichen Managern, Technikern und Facharbeitern. Sie verleihen dem Unternehmen seinen besonderen Charakter. Die Organisation versucht sie mit guter Bezahlung, hohen freiwilligen Sozialleistungen und hervorragenden Bedingungen an sich zu binden. Dafür verlangt sie Flexibilität – machen Sie dies, sehen Sie mal dort nach, hängen Sie sich rein – in der Fertigungshalle genauso wie in den Managerbüros. Das bedeutet Engagement und harte Arbeit. Die Mitglieder der Stammbelegschaft sehen das halbe Jahr über ihr Zuhause nicht bei Tageslicht, ihre Kinder erinnern sich vage an sie als die Typen, die am Sonntag zum Mittagessen vorbeischauen, und sie fragen sich, was eigentlich aus der vielbeschworenen Freizeitgesellschaft geworden ist.

Aber weil sie so teuer sind, nimmt ihre Zahl immer mehr ab. Jedes erfolgreiche Unternehmen hat in den vergangenen zehn Jahren seinen Geschäftsumsatz vervierfacht, aber gleichzeitig seine Stammbelegschaft halbiert. Die Übriggebliebenen stehen dadurch natürlich unter noch größerem Druck. Im Kern eines Unternehmens lebt es sich nicht mehr besonders gemütlich, auch wenn man dafür wenigstens einen halbwegs sicheren Arbeitsplatz besitzt.

Das Vertragsumfeld

Dieser Teil des Kleeblatts hat in den letzten Jahren immer mehr Arbeit übernommen. Für ein Unternehmen ergibt es wenig Sinn, die hohen Gehaltszahlungen und die privilegierten Bedingungen des Stamms für Aufgaben bereitzustellen, die sich ohne weiteres außerhalb der Organisation erledigen lassen.

Das fängt bei den Fahrern und dem Reinigungspersonal an. Spezialunternehmen leisten diese Arbeiten genauso gut, wenn nicht besser, und normalerweise auch billiger. Aber der Trend hat schon ganz andere Bereiche erfaßt. Die meisten Herstellerfirmen sind mittlerweile nur noch Konstruktions- und Montageorganisationen mit einer breiten Palette von Zulieferern. Und es ist nur ein kleiner Schritt vom Materiallieferanten zum Dienstleistungslieferanten. Toyota in Japan verfügt über 30 000 Subunternehmer, das Unternehmen setzt also konsequent auf Outsourcing, wie es im neuen Jargon heißt.

Man kann es allerdings auch übertreiben. Ein deutscher Hersteller von Gartengeräten überließ nicht nur die Herstellung der Werkzeugteile, sondern auch die Montage Vertragsfirmen. Er trat das Alleinverkaufsrecht nach Regionen gestaffelt an verschiedene Niederlassungen ab, engagierte eine professionelle Firma für die Buchhaltung und einen Beratungsdienst für die Designarbeiten. Nachdem er sich auch noch seines Büros entledigt hatte, blieb ihm nur noch der Mercedes mit Autotelefon. Ein solch extremes Vorgehen beschwört natürlich Gefahren herauf, weil man nur allzu leicht die Kontrolle verlieren kann. Doch es zeigt auch auf eindrucksvolle Weise die Möglichkeiten auf.

Aber was soll man an Vertragsfirmen vergeben und was als den charakteristischen Kern des Unternehmens bewahren? Keine leichte Frage. Viele Unternehmen lassen sich ihre strategischen Planungen von Beratern abnehmen. Ist es nicht unklug, wenn sie so ihre Zukunft anderen anvertrauen, oder brauchen sie einfach die externen Fachkenntnisse? Die Antwort wird je nach Unternehmen verschieden ausfallen. Aber in jedem Fall läßt sich nur schwer eine Rechtfertigung finden für die Beschäftigung von Spezialisten im Stamm, die nur gelegentlich gebraucht werden. Besser wäre es, sie als eigenständige Geschäftszweige auszulagern und ihnen nur die benötigte Arbeitszeit abzukaufen. Weil so die Kosten für ihre Altersversorgung und ihre Büros entfallen, kann man diesen Leuten sehr viel mehr pro Tag oder Woche zahlen, als sie vorher als Angestellte verdienten, und dennoch Geld sparen. So selten man sonst im Geschäftsleben auf solche Fälle trifft, hier hat keine der beiden Seiten unter den neuen Vereinbarungen zu leiden.

Flexible Arbeitskräfte

Die Dritten im Bunde sind die Teilzeitkräfte. Auch hier ergibt es keinen wirtschaftlichen Sinn, die Stammbelegschaft in der Spitzenbelastungszeit Überstunden machen zu lassen. Genauso unpraktisch wäre es, so viele Arbeitskräfte zu beschäftigen, daß man jede Spitzenbelastung auch ohne Überstunden bewältigen kann. Stammitarbeiter sind teuer und ihre Überstunden noch teurer. Eine wesentlich billigere, wenn auch für den Manager weniger praktische Lösung stellt die Einstellung von Aushilfspersonal mit niedrigeren Löhnen dar, das entweder Teilzeit oder auf Zeit arbeitet.

Das hört sich nach Ausbeutung billiger Arbeitskräfte an. Aber die Betroffenen selbst fassen es nicht unbedingt so auf. Viele Leute schätzen Teilzeitarbeit, vorausgesetzt, sie müssen ihren Lebensunterhalt nicht ausschließlich damit bestreiten. Frauen mit Kindern in der Schule; Leute, die an einem Buch schreiben oder einem künstlerischen Beruf nachgehen, aber davon nicht leben können; Rentner, die sich über drei Tage Arbeit pro Woche freuen, aber nicht mehr vertragen; oder der Gelegenheitsarbeiter, der im Winter acht Monate lang arbeiten und im Sommer das verdiente Geld ausgeben will. Mit anderen Worten, Menschen, die sich mit mehreren Teilzeitjobs ihre Flexibilität wahren möchten – in Großbritannien fast eine Million.

Die Zahl flexibler Arbeitskräfte wächst. Derzeit macht sie in Großbritannien etwa ein Viertel aller bezahlten Arbeitskräfte aus. Rechnet man dazu noch die Selbständigen, die zum Großteil dem Vertragsumfeld von Organisationen angehören, dann ergibt sich, daß über ein Drittel der Lohn- oder Gehaltsempfänger in Großbritannien keinen konventionellen Ganztagsberuf ausübt. Und die Gesamtentwicklung deutet darauf hin, daß schon bis zum Ende des Jahrhunderts mehr Leute *außerhalb* des Stamms arbeiten werden als *innerhalb*. Das Kleeblatt entfaltet sich allenthalben.

Auch Schulen können und sollten vielleicht zu Kleeblättern werden. Ein Grund für die Vergrößerung von Schulen und die damit einhergehenden Schwierigkeiten ihrer Leitung liegt darin, daß den Schülern eine breite Palette von Möglichkeiten geboten werden soll. Ein Angebot von fünfzehn Fächern in der sechsten Klasse heißt im Klartext, daß die Schule 1200 Schüler braucht, um die benötigten Lehrer bezahlen zu können. Und das ist eine große Organisation. Aber Schulen müssen nicht alle Lehrer einstellen. Sie könnten Spezialfächer von externen Lehrkräften unterrichten lassen und sich nur die Stammfächer sowie die Betreuung und Beaufsichtigung der Schüler vorbehalten. Sprachen zum Beispiel werden wahrscheinlich am besten in besonderen Sprachschulen, Datenverarbeitung an Handelsschulen und Sport an Sportschulen gelehrt. Keines dieser Fächer muß dem traditionellen Schulsystem angehören. Anstatt weitere Lehrer einzustellen, könnten sich die Schulen um die professionelle Unterstützung externer Lehranstalten bemühen. Dadurch könnten sie ihre Ausgabenpolitik an den wechselnden Bedürfnissen ihrer Schüler ausrichten, anstatt umgekehrt zu versuchen, den Lehrstoff den gerade vorhandenen Lehrkräften anzupassen.

Organisationen müssen sich darauf einstellen, daß jeder Teil des Kleeblatts andere Eigenschaften hat und anders behandelt werden muß. Das vertragliche Umfeld läßt sich durch eine sorgfältige Überprüfung seiner Arbeitsleistung kontrollieren. Die Organisation muß sich natürlich vergewissern, daß die bestellten Sach- oder Dienstleistungen die richtige Qualität aufweisen, rechtzeitig geliefert und zum vereinbarten Preis berechnet werden. Wie der Subunternehmer das schafft, muß die Organisation nicht kümmern, solange es sich nicht auf die Endleistung auswirkt.

Kontrolle der Ergebnisse, nicht der Abläufe – des ›Was‹ und nicht des ›Wie‹. Eine einfache und einleuchtende Botschaft. Die meisten Manager verstehen sich jedoch nur auf die Leitung innerbetrieblicher Angelegenheiten. Sie sind es gewohnt, das ›Wie‹ zu kontrollieren, um das richtige ›Was‹ zu erhalten, weil sie der Überzeugung sind, daß die richtigen Abläufe und Verfahrensweisen auch zum gewünschten Resultat führen. Der Verzicht auf die Überwachung des ›Wie‹ ist für sie gleichbedeutend mit Kontrollverzicht. Aber sie täuschen sich. Es handelt sich lediglich um eine andere Form des Managements, die die Beschaffung ohnehin schon von jeher anwendet. Es ist ein bedauerlicher Irrtum, daß der Beschaffungsleiter nur selten hohes Ansehen genießt. Meist ist er ebenso schlecht bezahlt wie ausgebildet. Kleeblattorganisationen müssen Beschaffungsorganisationen sein, die Sach- und Dienstleistungen erwerben. Es handelt sich lediglich um eine andere Form des Managements.

Wieder ganz anders müssen die flexiblen Arbeitskräfte geführt werden. Sie stehen nicht unter permanentem Druck, haben keine Aufstiegschancen und keine Arbeitsplatzsicherheit. Daher kann man von ihnen auch nicht das Engagement und die Loyalität der Stammbelegschaft erwarten. Sie sind – zwangsläufig – Aushilfskräfte. Zunächst einmal kommt es darauf an, sie gut zu bezahlen und sie als eigenständige Persönlichkeiten zu behandeln und nicht als Lohnsklaven auf Zeit. Das allein reicht jedoch noch nicht. Wenn sie die Traditionen und Standards der Organisation respektieren sollen, dann müssen sie sie auch kennen. Man darf nicht erwarten, daß sie sie einfach so aufschnappen oder selbst erkunden. Schließlich wollen sie sich ja nur die Wurst aufs Brot verdienen.

Eine große Einzelhandelskette fand eine Lösung für die Personalprobleme in ihren Läden: Eine winzige Stammbelegschaft von Managern und Geschäftsführern und eine wechselnde Truppe von Teilzeit- und Zeitarbeitern. So langweilte sich niemand, weil keiner lang genug blieb, und das Unternehmen konnte seinen Personalbedarf an der Jahreszeit, dem Wochentag und sogar am Wetter ausrichten. Ein reicher Arbeitsmarkt stand zur Verfügung, besonders die Jungen schätzten die flexible Arbeitszeit und wollten sich nicht an eine bestimmte Arbeit oder Firma binden.

Aber man ging zu weit. Kundenbeschwerden wurden laut. Die neuen Kräfte kannten nicht alle Abläufe, sie wußten wenig über das Angebot und kümmerten sich auch nicht darum. Sie zeigten sich nicht gerade hilfsbereit und hatten anscheinend kein Verständnis für die von der Handelskette im Lauf der Jahre mühsam etablierte Servicetradition. Wohl oder übel mußte man einsehen, daß Teilzeit- und Zeitbeschäftigte nur aushelfen, aber nicht die Stammbelegschaft ersetzen können.

Die Stammbelegschaft wird immer kostbarer. Ihre Mitglieder werden weniger. Jeder einzelne trägt daher größere Verantwortung. Sie lassen sich weniger leicht ersetzen, weil sie ein Stück des Gedächtnisses der Organisation in sich tragen. Sie sind keine Nummern mehr, die man nach Bedarf austauscht. Sie *sind* im eigentlichen Sinn die Organisation, auch wenn die Eigentümer und Kapitalgeber von außen kommen. Man muß sie daher als Partner behandeln. Wenn schon nicht nach Vertrag, dann zumindest in der gewohnheitsmäßigen Praxis. Ohne ihr Einverständnis und ihre Einbindung läuft nichts.

Die Stammbelegschaft wird daher immer mehr freiberuflichen Organisationen gleichen. Betrieben, in denen die talentierten und qualifizierten Leute als die wirklichen Aktiva gelten, als der geistige Besitzstand der Organisation. Die Hierarchie in solchen Organisationen ist nur schwach ausgeprägt, die meisten weisen nur vier Ebenen auf: vom Anfänger über die Fachkraft und den Vorgesetzten bis hin zum Teilhaber. Sie arbeiten in wechselnden Teams, in denen sogar der Teilhaber zum Anfänger degradiert werden kann, wenn sein Beitrag nicht wesentlich ist. Man achtet den einzelnen und ermuntert ihn zur Betreuung eigener Kunden, zur Unterzeichnung der eigenen Arbeit. Sie sollen selbständig handeln und nicht wie Räder im Getriebe. Beispielsweise ließe sich hier an Fernsehteams denken, die zwar viele Spezialisten als Hilfe hinzuziehen, aber deren Kern aus talentierten Personen besteht, die *mit*einander statt *für* andere arbeiten.

Die Leitung eines Kleeblatts stellt viel höhere Anforderungen als die einer altmodischen Organisation. Die jeweils benötigten Leute sitzen nicht mehr in Reichweite des Managers. Man kann nicht mehr einfach binnen einer Stunde eine Besprechung anberaumen und erwarten, daß alle kommen. Die Kernmannschaft hat mehr zu tun und läßt sich nicht mehr soviel dreinreden, und viele Schlüsselpersonen sitzen im Vertragsumfeld. Konferenztermine müssen also genau abgestimmt und im voraus geplant werden. In einem Kleeblatt lassen sich Engpässe oder schlechte Planung nicht mehr einfach mit Überstunden ausgleichen, denn auch für den Einsatz flexibler Arbeitskräfte müssen vorausblickend die Weichen gestellt werden, ganz abgesehen davon, daß er immer einen eigenen, gut erkennbaren Kostenblock ausmacht. Nur wenige Manager werden daher Kleeblätter mit offenen Armen begrüßen. Sie finden sie unpraktisch. Gewerkschaften betrachten sie als Bedrohung für bestehende Arbeitsplätze, und die Menschen fürchten, daß man sie verdrängt. Auch die Kunden sehen es gern, wenn sich alles unter einem Dach befindet. Aber der Markt ist ein strenger Lehrmeister, und wenn sich das Kleeblatt erst einmal bewährt hat, dann wird es wahrscheinlich auch nicht mehr zurückgenommen. Ob es einem nun gefällt oder nicht, das Kleeblatt ist die Organisationsform der Zukunft.

Einige Fragen zum Nachdenken und Diskutieren

Gute Organisation setzt voraus, daß man sich am Kleeblatt orientiert, gleich, ob als riesiges Unternehmen oder als Einzelperson. Eine kleine Analyse kann sich hier sehr hilfreich erweisen.

1 a) Welche Aufgaben aus Ihrem Zuständigkeitsbereich könnten von Außenstehenden übernommen werden, das heißt, von anderen Organisationen oder Einzelpersonen?
  b) Wie könnten Sie diese Arbeit bewerten? Und wie einen Preis dafür festsetzen?
  c) Listen Sie die Alternativen für jede Aufgabe auf.

2 Müssen irgendwo in Ihrem Verantwortungsbereich Überstunden geleistet werden? Könnte ein Teil dieser Mehrarbeit auch von Teilzeit- und Zeitbeschäftigten übernommen werden? Wo lägen die Vorteile? Und wo die Schwierigkeiten?

3 Wenn Sie sich selbst in das Vertragsumfeld begeben würden, was würden Sie verkaufen (Sachen, Fähigkeiten oder Dienstleistungen) und an wen? Welche Schwierigkeiten würden dabei für Sie entstehen?

Als Vorsitzender einer Gesundheitsbehörde sah sich Stephen mit einem Problem konfrontiert. Es stand nicht genügend Geld für alle in den Krankenhäusern benötigten Berater zur Verfügung. Und zuviel davon floß an die ältesten, aber nicht immer oder nicht mehr die besten. Zu viele potentielle Berater hatten die Nase voll von der Warteschleife. Die Moral war auf ein bedrohlich niedriges Niveau gesunken.

Weshalb machen wir nicht einfach einen radikalen Schnitt, schlug Stephen vor, und zahlen allen Beratern nur das Grundgehalt ohne Erhöhung, ohne Sonderzulagen, ohne Prämien? Wir vergüten all diese Extras mit Zeit, nicht mit Geld. Die Dienstältesten müßten dann für ihr Gehalt nur noch drei Tage arbeiten, die ehrgeizigen Nachwuchskräfte dafür sechs. Dadurch stünden uns zweimal so viele Berater zur Verfügung. Die Alten könnten ihre Erfahrung, die Jungen ihren Elan einbringen. In ihrer zusätzlichen Freizeit können die Älteren private Arbeiten erledigen oder einfach Golf spielen. Das heißt, sie können sie nach Belieben nutzen.

Man lachte ihm ins Gesicht. Aber die allgemeine Entwicklung geht in diese Richtung, erklärte ich ihm. Ich kenne genügend dienstältere Angestellte, die bei gleichbleibendem Grundgehalt nur noch die halbe Zeit arbeiten.

»Wir brauchen dich, Jim«, erklärte man einem meiner Freunde, »wir brauchen deine Erfahrung, deine Kontakte, deine Umsicht. Aber wir brauchen sie nur dienstags, Jim, nur dienstags.«

Wenn es auf die Weitergabe von Erfahrung ankommt, muß man nicht Vollzeit arbeiten, um seine volle Nützlichkeit zu entfalten. In manchen Lebensabschnitten kann Zeit mehr wert sein als Geld.

20
Portefeuilles im Rotationsprinzip

»Und was machen Sie?« fragte ich sie.

»Ich schreibe Fernsehspiele«, antwortete sie, »und ich arbeite an einem Roman.« Voller Bewunderung sah ich sie an. Genau das hatte ich auch einmal angestrebt, bis mich der Mangel an Talent und Geld eines Besseren belehrte. Sie mußte meinen Blick bemerkt haben, denn sie setzte rasch hinzu: »Aber bis jetzt habe ich noch keinen gefunden, der mir etwas davon abkaufen oder die Sachen anschauen wollte.«

»Und wie verdienen Sie dann Ihr Geld?«

»Oh, ich verpacke sonntags Eier. Schrecklich langweilig, aber recht gut bezahlt.«

210

Als ich sie fragte, erzählte sie mir zuerst von ihrer Leidenschaft und erst danach von ihrer Einkommensquelle. Ich staunte nicht schlecht. Sie war jung und stand am Anfang ihres Lebens. In ihrem Alter hatte ich mich verzweifelt um ein sicheres Einkommen bemüht. Kein Mensch, so dachte ich verzagt, würde so unbesonnen sein und mir eine Stelle anbieten. Leidenschaften mußten da natürlich zurückstehen.

Ich erinnere mich noch, daß ich meinen Eltern telegrafierte (damals schickte man noch Telegramme), daß man mich in einem Ölkonzern als Praktikant eingestellt hatte. Sie fielen aus allen Wolken. »Aber ich dachte immer, du willst Schriftsteller werden«, sagte meine Mutter. »Das muß jetzt noch warten«, antwortete ich. Und es mußte auch warten. Lange Jahre. Im nächsten Abschnitt meines Lebens war ich der leitende Angestellte einer Ölgesellschaft. Meine Einkommensquelle definierte und beschrieb mich, zumindest in den Augen der Öffentlichkeit. Nie hätte ich gesagt: »Ich bin Schriftsteller, aber ich verdiene mein Geld in der Ölbranche.«

Das Leben hat sich geändert, für mich und für viele andere. Heute kann ich bedenkenlos sagen: »Ich bin Schriftsteller, aber das meiste Geld verdiene ich mit anderen Sachen.« Ich arbeite nach dem Rotationsprinzip, das heißt, mein Arbeitsportefeuille enthält verschiedene Arten von Beschäftigungen, so wie ein Aktienportefeuille eine Palette von Aktien enthält. Einige dienen dem Einkommen, manche der Sicherheit und andere, mit Risiko verbundene, dem Kapitalwachstum. Das Arbeitsportefeuille läßt sich auch mit der Mappe eines Malers vergleichen, in der sich Beispiele seiner verschiedenen Arbeitsweisen befinden.

Mein Portefeuille besteht aus Bruchstücken verschiedener Tätigkeiten. Einige wie das Schreiben nehmen mich gefangen, andere Arbeiten leiste ich aus Mitgefühl und unentgeltlich für Verbände, Gemeinschaften und soziale Einrichtungen. Einige bringen mir Geld ein, und wenn es nicht so wäre, dann würde ich sie auch nicht machen. Manche wie das Kochen oder die Gartenarbeit sind richtiggehende Leidenschaften – beides Arbeiten, für die andere Geld verlangen. Andere sind lästige Verpflichtungen, darunter rechne ich die Instandhaltung des Hauses oder wiederkehrende Verwaltungsarbeiten. Mein Leben ist in der Balance, wenn genügend Geld hereinkommt und wenn der erfreuliche Teil meines Portefeuilles den unerfreulichen bei weitem überwiegt.

Und eigentlich ist das nichts Neues, weder für mich noch für andere. Der Unterschied zu früher liegt einfach darin, daß ich die Balance nach Bedarf verändern kann. Als ich bei der Ölgesellschaft anfing, übernahm ich nolens volens *ihr* Portefeuille, weil sie den größten Teil meiner Arbeits- und eigentlich sogar Lebenszeit gekauft hatte.

»Bruchstücke verschiedener Tätigkeiten, das hört sich ja nicht gerade nach einer tollen Karriere an«, meinte ein Freund. Ist es auch nicht, wenn man darunter die berühmte Karriereleiter von Job zu Job versteht. Aber es ist eine wunderbare Karriere, wenn man darunter eine Abfolge von interessanten Projekten versteht. Hier einige zufriedene Kunden, dort erfolgreiche Pionierarbeit für eine neue Idee, in einem Jahr die Renovierung des Hauses, im anderen die Neuanlage des Gartens, die Kinder in die Schule eingewiesen, ein kleines Unternehmen aus der Taufe gehoben, ein Abenteuer in Übersee, einen Ausbildungskurs erfolgreich abgeschlossen, eine neue Geschäftspartnerschaft erkundet. Die Liste von Projekten reicht vom rein Geschäftlichen bis zum streng Privaten, aber alles zusammen ergibt ein Leben, eine Karriere, die viel zu reich an Erlebnissen ist, als daß man sie in den dürren Daten eines Lebenslaufs zusammenfassen könnte.

So gesehen ist Arbeit nicht nur etwas, was man für Geld macht. Arbeit zeigt sich vielmehr als vorsätzlich angewandte Mühe und Energie. Fußballspielen ist also Arbeit? Für den Profi ganz bestimmt, dessen Einkommen davon abhängt, aber auch für den ernsthaften Spieler, der hart trainiert und dem es etwas ausmacht, ob er gewinnt oder verliert. Die Tatsache, daß er es aus eigenem Antrieb tut und nicht aus Not, zeigt nur, daß er keine Lakaienarbeit verrichtet. Das sind keine Wortspielereien. Die Neudefinition von Arbeit in der modernen Gesellschaft verändert unsere Lebenseinstellung und unsere Prioritäten. Daher spielt es eine entscheidende Rolle, daß Menschen, Organisationen und Regierungen die Vorgänge begreifen. Diese Neudefinition ist nicht auf dem Mist eines Wörterbuchverfassers oder eines weltfremden Grammatikers gewachsen. Sie vollzieht sich, weil die Leute selbst das Wort allmählich auf andere Weise verwenden.

»Ich habe soviel Arbeit«, sagte mein Onkel ein Jahr nach seiner Pensionierung, »daß ich gar nicht verstehe, wie ich früher Zeit zum

Arbeiten fand.« Ich warf ihm einen irritierten Blick zu. »Was soll das heißen, daß du soviel Arbeit hast, daß du keine Zeit zum Arbeiten findest?«

Er lachte. »Stimmt, klingt albern, wenn man es so formuliert. Wahrscheinlich spreche ich von verschiedenen Sorten von Arbeit. Ich habe so viele Dinge, die ich machen möchte und für die ich jetzt auch Zeit habe, daß ich unmöglich auch noch in dieses elende Büro gehen könnte, selbst wenn ich müßte.«

Arbeit, das hieß früher, daß wir für andere etwas machen *mußten* oder für etwas bezahlt wurden. Heute verstehen wir darunter immer mehr etwas, das wir *aus freien Stücken* machen. Dieser kleine Schritt bedeutet einen Riesenunterschied. Zum einen folgt daraus, daß niemand je arbeitslos sein muß. Man mag zwar vielleicht kein Geld mehr haben, aber das drückt weniger auf die Moral, als wenn man nichts zu tun hat. Außerdem läßt sich leichter etwas dagegen unternehmen. Die Verbindung zwischen Geld und Arbeit lockert sich und ist in vielen Fällen bereits unterbrochen. Beispielsweise ist es gesellschaftlich akzeptabel und sogar respektabel, wenn ältere Leute wie mein Onkel, ohne noch dafür arbeiten zu müssen, ihre Pension erhalten, aber andererseits umsonst arbeiten. Mehr noch, bis vor kurzem war es in Großbritannien sogar verboten, daß Rentner für ihre Arbeit mehr als nur einen geringfügigen Geldbetrag erhielten.

Weshalb diese langen Ausführungen? Weil in Zukunft immer mehr Arbeit in Fragmenten geleistet wird. Immer mehr Menschen werden Einkommen und Zufriedenheit aus einer ganz persönlichen Zusammenstellung solcher Fragmente gewinnen. Sie werden nach dem Rotationsprinzip leben: Jeder Monat oder jede Woche wird anders aussehen, eine andere Mischung bieten. So etwas wie eine feste Routine wird es nicht mehr geben, kein Pendlerzug oder -bus, den man regelmäßig wie ein Uhrwerk erwischen muß. Eine Woche wird man sich abhetzen, um einen dringenden Termin einzuhalten, und sich die nächste über Freizeit in Hülle und Fülle freuen. Ohne Tagebuch und Telefon wird man sich nicht mehr zurechtfinden. Manche Leute kennen dieses Leben freilich schon lange.

»Ich verstehe nicht, was an deinem Rotationsprinzip so neu sein soll«, sagte sie. »Ich lebe schon immer so, weil ich muß. Sieh mal«, sie deutete auf den großen Kalender an der Küchenwand. Jeder Tag hatte einen Kasten. In jeden Kasten waren in verschiedenen Farben zwei oder drei Sachen geschrieben, oder besser gekritzelt.

»Wozu sind die Farben?« fragte ich.

»Oh, das ist mein Privatsystem. Rot steht für die Kinder, Schule, Ausflüge, Einladungen von Freunden. Grün sind meine Angelegenheiten, mein Kurs am College und die drei Vormittage, an denen ich in einem Laden arbeite. Dann haben wir noch Blau für gesellschaftliches Leben, Ausgehen und so weiter – herzlich wenige Einträge, wie du sehen kannst. Braun steht für die ganzen langweiligen Sachen wie den Installateur und die Versicherungsrechnung.«

»Fast so eine Art Wandkartei«, meinte ich.

»Klar, wahrscheinlich hätte ich ein Vermögen verdient, wenn ich es hätte patentieren lassen. Ich wußte bloß nicht, daß es etwas Neues ist.«

Organisationen jeder Couleur reduzieren die Zahl festangestellter Mitarbeiter. Sie entdecken, daß die ständige Präsenz der Leute zur Erledigung der Arbeit nicht nötig ist. Einige werden nur gelegentlich zu Beratungszwecken gebraucht. Manche werden nur in Zeiten hoher Belastung oder zu unchristlicher Stunde als Aushilfen benötigt. Und andere müssen nicht jeden Tag ins Büro, in die Schule, ins Krankenhaus oder in die Fabrik. Sie können ihre Arbeit auch selbständig erledigen und an bestimmten Tagen mitbringen.

Manche Leute mögen es so. Mütter von kleinen Kindern ziehen flexible Arbeitszeiten vor. Sie arbeiten gern, wann und wo sie können, und nehmen die Arbeit mit nach Hause, statt ins Büro zu gehen. Sie arbeiten lieber am Abend, wenn die Kinder im Bett liegen, und verlassen das Haus, wenn jemand da ist, und nicht, wenn es das Büro vorschreibt. Wenn Organisationen sich die Fähigkeiten und Talente solcher Leute sichern wollen, dann werden sie immer mehr dazu übergehen müssen, sich geeignete Arbeitsfragmente für sie auszudenken.

Manchen Leuten werden die Daumenschrauben angesetzt. Nicht wenige müssen ihre Karriere schon zwischen fünfzig und sechzig beenden. Der permanent besetzte Arbeitsplatz mit Heizung, Kaffee, vielleicht sogar Sekretärin, dazu Pension und eigenem Dienstwagen wird für die Organisation mit der Zeit unerschwinglich. Wenn sie gegen ihren Willen die Organisation verlassen haben, stellen sie fest, daß ihnen auch die anderen nur noch fragmentarische Arbeiten zu bieten haben. Sie sehen sich zu einer Portefeuillekarriere genötigt, die sie aus eigenem Antrieb nie gewählt hätten. Einige, aber bei weitem nicht alle können sich allmählich damit anfreunden.

Manche Leute kennen es gar nicht anders. Journalisten, Schauspieler, Künstler, Musiker, Fernsehteams, einige Architekten und Bauunternehmer, Installateure, Maler, Tischler, überhaupt Handwerker und Selbständige in jedem Beruf wissen sehr genau, daß ihr Unternehmen ein Portefeuille aus Arbeitsfragmenten ist. Die einen Aufträge sind umfassend und langfristig, die anderen geringfügig und nur von kurzer Dauer. Sie kennen es nicht anders und würden normalerweise nur ungern ihre unsichere Freiheit gegen die Sicherheit einer Vollzeitstellung mit Chef und Arbeitsvertrag eintauschen.

Es ist nicht von der Hand zu weisen, daß die meisten Menschen, die heute im Arbeitsleben stehen, einen Teil davon im Rotationsprinzip verbringen werden. Je eher sie den Zeh ins kalte Wasser stecken, desto leichter wird ihnen der Übergang fallen.

Es scheint unvermeidlich, daß Organisationen immer mehr Arbeiten in Fragmenten vergeben. Sie müssen sorgfältig über die Gestaltung dieser Fragmente nachdenken und sich etwas einfallen lassen zu ihrer Bewertung und Bezahlung. Außerdem sollten sie sich auch über die Konsequenzen Gedanken machen, wie zum Beispiel die Auswirkungen auf die Einrichtung ihrer Gebäude.

Büros sind tagsüber das Zuhause der Mitarbeiter, ob in einer Bank, einem Geschäftsunternehmen, einer Schule oder einem Rathaus. Einige bieten ein ziemlich behagliches Ambiente mit Privaträumen für alle und besserem Tee oder Kaffee, als man ihn zu Hause bekommt. Andere gleichen mehr alten Schülerheimen mit riesigen Schlafsälen und Mahlzeiten, die eher den Namen Fressen als Essen verdienen. Wie auch immer, beide wurden im Hinblick auf volle Auslastung erbaut. Aber voll ausgelastet waren sie noch nie. Wenn die meisten Angestellten vierzig Stunden pro Woche präsent waren, dann durfte sich die Organisation freuen. Aber selbst dann läßt sich so etwas vom ökonomischen Standpunkt eigentlich nur als verrückt bezeichnen. Niemand würde ein Hotel bauen, das nur vierzig von hundertachtundsechzig Stunden pro Woche genutzt wird. Noch verrücktere Dimensionen nimmt die Sache an, wenn ein Drittel bis eine Hälfte des Personals geschäftlich unterwegs ist und seine Zimmer gar nicht benutzt. All dieser teuere Gewerberaum steht die meist Zeit leer!

»Mein Büro ist kein Wohnblock«, meinte Marianne, die Leiterin eines Designunternehmens, »das wäre zu teuer. Es sieht mehr wie ein Klub aus. Es gibt viele Zimmer, die alle benutzen können, Räumlichkeiten zum Essen und zum Reden oder zur Benutzung unserer teuren Computer, aber nur sehr wenige Privaträume. Mitgliedern, das heißt den Mitarbeitern steht alles offen. Sie kommen nach Bedarf, um Sitzungen abzuhalten, Ideen auszutauschen oder die Geräte zu benutzen, aber die meiste Zeit sind sie unterwegs mit Kunden oder Experten, oder sie arbeiten sowieso zu Hause. So reicht ein kleineres Gebäude, das ich besser ausstatten kann, und außerdem gibt es bei mir wunderbares Essen – das lockt sie auf jeden Fall an, auch wenn sie sich sonst lieber irgendwo rumtreiben.« Ein Klub, und kein Büro. Hört sich gut an.

Mariannes Angestellte allerdings werden einige Zeit brauchen, bis sie sich daran gewöhnt haben. Sie werden in dem neuen Klubhaus ihre kleinen Reviere vermissen und sich zu Hause einen Ersatz suchen müssen. Marianne steht vor der Herausforderung, das neue gemeinsame Territorium angenehmer zu gestalten als die kleinen Schachteln, die vorher als Büros galten.

Portefeuillearbeit – diese Idee gestattete mir eine sinnvolle Lebensplanung, eine Bündelung meiner verschiedenen Interessen in einem vorhersagbaren und praktikablen Rahmen. Inzwischen begegne ich immer mehr Leuten, die mit der Zusammenstellung ihres Portefeuilles beschäftigt sind. Sie hätten bestimmt mehr Freude daran, wenn sie sich über die damit verbundenen Vorteile Rechenschaft ablegen würden.

Und auch Manager müssen einsehen, daß es Alternativen gibt zu weiteren Einstellungen und der Belastung des Gesamtbudgets. Man kann den Mitarbeitern Fragmentarbeiten anbieten, sie können nur drei Tage pro Woche arbeiten, die fertige Arbeit mitbringen, statt sie im Büro zu

erledigen, und sie können ›telekommunizieren‹, statt auf der Schiene hin-
und herzupendeln. Freilich bereitet es größere Schwierigkeiten, einen
Haufen von unabhängigen Portefeuille-Mitarbeitern zu leiten als eine
Kolonne von Lohnsklaven. Aber dafür kostet es weniger, wirkt oft bele-
bend und entspricht entschieden dem allgemeinen Trend.

Einige Fragen zum Nachdenken und Diskutieren

Gute Organisation kann bedeuten, daß Sie die Art Ihrer Arbeitsgestal-
tung und die anderer überdenken müssen.

1 Wie sieht Ihr gegenwärtiges Arbeitsportefeuille aus? Beziehen Sie alle
möglichen Arbeiten mit ein. Würden Sie gerne etwas an der Balance
ändern?

2 Führen Bekannte von Ihnen ein unabhängiges Leben nach dem Rotationsprinzip? Listen Sie die Punkte in ihrem Portefeuille auf. Wo liegen
die Probleme?

3 Könnten Sie als Manager einige Arbeiten in Fragmente aufteilen, die
sich für das Portefeuille von jemand Bestimmtem eignen? Nehmen Sie
eine Arbeit als Beispiel. Wie könnten Sie die Fragmente festlegen? Wo,
wann und wie würden sie erledigt? Wie würden Sie dafür bezahlen?

»Es ist wirklich nett von Ihnen«, sagte ich, »sich für unsere Stiftung soviel Zeit zu nehmen, und noch dazu Ihre Arbeitszeit.« Ich sprach mit dem Generaldirektor eines großen Handelskonzerns, der sich an jedem zweiten Montag im Monat an unserer Vorstandssitzung beteiligte.

»Oh, das tut mir nur gut, ich komme aus dem Büro heraus, und ich kann meinen Horizont erweitern. Außerdem vertreten wir die Ansicht, daß wir der Gesellschaft etwas zurückgeben müssen.«

Aha. Was ich ihm damals allerdings nicht auf die Nase band, war, daß die örtliche Gesamtschule auf mein Drängen hin das Unternehmen darum gebeten hatte, einige junge Ingenieure alle vierzehn Tage einen halben Tag lang für ein gemeinsames Arbeitsprojekt mit der sechsten Klasse freizustellen. Das Ersuchen war rundweg abgelehnt worden. Keiner seiner Mitarbeiter, so ließ der Generaldirektor die Schule wissen, konnte soviel Zeit erübrigen.

Wieso, fragte ich mich, war für die Ingenieure schlecht, was für den Generaldirektor gut war? Wir alle müssen doch mal aus dem Büro herauskommen. Und unseren Horizont erweitern. Wir alle wollen der Gesellschaft etwas zurückgeben. Sollten diese Privilegien nur für Leute reserviert sein, die ganz oben stehen?

Nachwort

Es ist schon eine komische Sache mit der Sprache. ›Geschäfte‹ haben für einige Leute einen negativen Beigeschmack, aber ›geschäftsmäßig‹ ist in Ordnung. ›Management‹ klingt für manche Ohren nach Manipulation oder zumindest nach Kontrolle, der man am besten aus dem Weg gehen sollte, aber wir sind froh, wenn wir etwas ›managen‹ können. ›Organisationen‹ können bei einigen Leuten Widerwillen hervorrufen, aber wir wissen es durchaus zu schätzen, wenn etwas gut ›organisiert‹ ist.

Doch nicht die Wörter lassen uns im Stich, sondern die Institutionen. Um ehrlich zu sein, Organisationen sind nicht immer so geführt worden, daß der Verdacht von Menschenfreundlichkeit aufkommen konnte. Gebäude und Maschinen bezeichnet man als Aktiva, das Personal dagegen verursacht Kosten. Die Menschen nennt man ›Arbeitskräfte‹ oder neuerdings ›Human-Ressourcen‹. Die Aufgabe des Managers umfaßt Planung, Entscheidungen, Umsetzung und Kontrolle, alles Dinge, die die Menschen zu passiven Befehlsempfängern statt zu aktiven Mitarbeitern machen. Aber die Stimmung schlägt allmählich um.

Dies ist ein optimistisches Buch, weil ich nach wie vor die Überzeugung hege, daß Menschen zu den für sie und andere erstaunlichsten Taten fähig sind, daß jeder mehr und Besseres leisten kann und daß Vertrauen und Offenheit billiger und wirksamer sind als Überwachung und Kontrolle.

Natürlich sind Enttäuschungen unvermeidlich. Manche Menschen denken nur an sich selbst. Es gibt Tyrannen und Angeber, die durch Geschrei und Angst etwas bewegen wollen. Oder Betrüger und Gauner. Es gibt Leute, die vor Verantwortung davonlaufen und denen bei jeder Herausforderung das Herz in die Hose rutscht.

»Es steht nicht zum Verkauf«, teilte ich dem Bauunternehmer mit.

Er ließ nicht locker. Er bot mir für mein Haus das Dreifache seines Wertes. Die ganze Umgebung würde er sowieso bald in eine riesige Baustelle verwandeln. Ich kapitulierte. Ich bat meinen Anwalt, einen Vertrag aufzusetzen. Ich befaßte mich mit Umzugsplänen. Schließlich erfaßte die Aufregung die ganze Familie. Wir unterzeichneten einen Vertrag für ein anderes Haus. Am Tag vor dem Vertragsabschluß zum Verkauf meines Hauses rief der Bauunternehmer an. Es gab ein Problem. Seine Geldgeber hatten einen Rückzieher gemacht. Konnten wir die Dinge vielleicht noch ein wenig hinausschieben? Das ging so eine Woche, einen Monat lang. Schließlich stellte ich ihn zur Rede.

»Sie wollen nicht kaufen, stimmt's?«

»Nein, eigentlich nicht«, antwortete er, »nicht zu diesem Preis.«

»Ich habe mich an die Spielregeln gehalten«, sagte ich. »Ich habe Ihnen vertraut. Ihretwegen bin ich große Verpflichtungen eingegangen, und Sie hatten überhaupt nie die Absicht, soviel Geld für das Haus zu zahlen. Auf eines können Sie sich verlassen: Mit Ihrem Verein gebe ich mich bestimmt nicht mehr ab.«

Er sah mich mitleidig an. »Haben Sie so lang gelebt und diese Lektion erst jetzt verstanden?«

»Die meisten Leute, mit denen ich zu tun habe, sind nicht wie Sie.«

»Täuschen Sie sich nicht«, war seine Antwort.

Wir dürfen uns nicht von solchen Typen unsere Maßstäbe vorschreiben lassen. Trotz vieler Enttäuschungen glaube ich immer noch, daß die meisten Menschen es lieber sehen, wenn man ihnen Vertrauen anstatt Mißtrauen entgegenbringt und wenn man ihnen Großes zutraut, statt sie für inkompetent zu halten. Sie würden lieber Worte der Ermunterung als des Tadels hören und, nachdem sie sich verwundert die Augen gerieben haben, voller Begeisterung darauf eingehen. Auch hinter den Tyrannen und Aufschneidern verbergen sich oft nur schüchterne Feiglinge, die sich nicht anders zu helfen wissen. Wie man in den Wald hineinruft, so schallt es auch wieder heraus.

Aber die Organisationen selbst sorgen für zusätzliche Verwirrung. Da vergißt man recht schnell auch die einfachsten Lektionen. »Von jeher hasse ich alle Nationen, Berufe und Gemeinschaften, und meine gesamte

Liebe gilt den Menschen«, schreibt der Dichter Alexander Pope. Er fährt fort: »Aber prinzipiell hasse und verachte ich die Bestie Mensch, obwohl ich John, Peter, Thomas und so weiter herzlich liebe.« Unter der Voraussetzung, daß er ihnen auch noch eine Mary, eine Catherine und eine Kate hinzufügt, stimme ich ihm voll zu. Organisationen sprechen heute nicht mehr soviel von Arbeitskräften und Human-Ressourcen. Sie stützen sich zwangsläufig mehr auf eigenständige Persönlichkeiten. Wir alle müssen jetzt hinter unserem Namensschild stehen.

Und ich bin froh darüber. In diesem Buch geht es darum, wie man selbständige Menschen mit Namen zu Bestleistungen anspornt. Darin besteht heute das eigentliche Geheimnis einer guten Organisation. Außerdem ist es wirklich eine aufregende Erfahrung, wenn die Leute allmählich aufblühen und die Organisationen in Schwung kommen.

»Die Theorie kenne ich auch«, meinte sie verärgert, »aber die praktische Umsetzung sieht doch ganz anders aus. Und du bist auch nicht besser, du beherzigst nicht die Hälfte von dem, was du predigst.«

Leider hat sie damit nicht so unrecht. Verstehen allein reicht nicht, man muß es auch verwirklichen. Besäße die Jugend die Weisheit des Alters oder das Alter die Kraft der Jugend, dann würden wir in einer besseren Welt leben.

Ich weiß aus eigener Erfahrung, daß die Ideen in diesem Buch für die Mehrheit der Leute, denen ich begegne, die meiste Zeit Gültigkeit haben. Und wenn man einmal von Exzentrikern, Kriminellen und Verrückten absieht, dann funktionieren sie auch. Um sie aber in die Tat umzusetzen, braucht man oft eine gehörige Portion Mut (zum Kampf gegen Konventionen), großes Vertrauen (daß die Leute die Erwartungen erfüllen) und viel Geduld (weil sich die Welt nur langsam dreht und die Menschen ihre Farben und ihr Verhalten nicht über Nacht verändern).

Ich selbst verfüge über eine Liste von zehn Ausreden, damit ich nicht beherzigen muß, was ich predige:

Ich habe zuwenig Zeit.

Die Arbeit kann warten.

Sie sind der Sache nicht gewachsen.

Sie würden es nicht verstehen.

221

Ich kann ihnen nicht vertrauen.

Es ist meine Arbeit, also muß ich es machen.

Nur wenn man die Peitsche schwingt, springen die Leute.

Sie erhalten lieber genaue Anweisungen.

Mal ehrlich, ich kann es doch einfach besser.

Sie haben sowieso schon alle Hände voll zu tun.

Alles Ausreden. Ohne Mut, Vertrauen und Geduld läßt sich auch mit dem umfassendsten Verständnis und der besten Theorie nichts bewegen. Wie alle Bücher stößt also auch dieses auf Grenzen. Ideen können Sie daraus schöpfen, aber niemals den Mut und die Bereitschaft, anderen zu vertrauen. Ebensowenig werden sie ihm Geduld entnehmen können, die Geduld, die man braucht, um auf die vertrauensvolle Öffnung der anderen zu warten und um ihnen zu verzeihen. Letzten Endes bedeutet gute Organisation, daß man keine Ausreden für die unangemessene Behandlung von Mitarbeitern gelten läßt. Eigentlich sehr einfach, und doch so schwierig.

Danksagung

Die Symbole und die Anekdoten in diesem Buch sind neu. Die meisten Theorien dagegen haben schon seit langem Bestand. Ich bin allen zu großem Dank verpflichtet, die dieses Feld schon vor mir erforscht und im Lauf der Jahre mit ihren Schriften zu meinem Wissen beigetragen haben. Besonderen Dank schulde ich jedoch meinen frühesten Lehrern an der Sloan School of Management des Massachusetts Institute of Technology: Warren Bennis, Ed Schein, Dick Beckhard und Mason Haire. Sie zeigten mir einen Weg, den ich immer noch mit großem Vergnügen beschreite.

Suzanne Webber von BBC Books gab mir die Gelegenheit und eigentlich auch den Mut, solch ein Buch zu schreiben. Nicky Copeland sorgte für bessere Lesbarkeit und größere Verständigkeit im Vergleich zur ursprünglichen Fassung. Beiden bin ich sehr dankbar, so wie auch Gray Jolliffe, der meine Prosa mit einem Schuß Kunst und Humor gewürzt hat. Meine Familie lieferte, wie der Leser recht bald merken wird, unwissentlich Fallbeispiele für die einzelnen Kapitel. Meine Frau Elisabeth tippte nicht nur das Manuskript, sondern stand mir auch mit klugem Rat zur Seite. Wie so vieles in meinem Leben wäre es ohne sie nicht halb so gut geraten.

Jacques Horovitz, Michele Jurgens Panak

Marktführer durch Service

Lehren aus 50 hervorragenden europäischen Unternehmen

Aus dem Englischen von Patricia Künzel
Ca. 270 Seiten · ISBN 3-593-34849-7

Unter den verschärften Wettbewerbsbedingungen
des europäischen Binnenmarktes gewinnt die Qualität von Service
als Unterscheidungsfaktor an Bedeutung.

Stimme zum Buch:
»Horovitz und Panak geben dem Manager wirklich praxisbezogene,
lesenswerte Tips«
Helmut Maucher, Nestlé

Robert R. Blake, Jane Srygley Mouton,
Anne Adams McCanse

Unternehmensentwicklung mit GRID

Der Weg zur effektiven Organisation

Aus dem Englischen von Barbara Gabel
175 Seiten · ISBN 3-593-34807-1

Wie läßt sich eine Organisation so umstrukturieren,
daß sie erfolgreicher wird und den schnellen Wandel besser bewältigt?
Dieses Buch zeigt anhand zahlreicher Fallstudien und Beispiele
des GRID-Kozepts aus der Praxis,
welche konkreten Schritte erforderlich sind.

Campus Verlag · Frankfurt/New York